FACULTÉ DE DROIT DE PARIS

DROIT ROMAIN

ESSAI

SUR LE

DROIT PÉNAL MILITAIRE

DES ROMAINS

DROIT INTERNATIONAL

DE

L'OCCUPATION MILITAIRE

EN TEMPS DE GUERRE

SES EFFETS SUR LES PERSONNES ET SUR L'ADMINISTRATION
DE LA JUSTICE

THÈSE POUR LE DOCTORAT

PAR

Joseph BRAY

AVOCAT

PARIS

LIBRAIRIE

DU RECUEIL GÉNÉRAL DES LOIS ET DES ARRÊTS

ET DU JOURNAL DU PALAIS

L. LAROSE ÉDITEUR

22, RUE SOUFFLOT, 22

1894

THÈSE

POUR

LE DOCTORAT

TOURS, IMPRIMERIE E. SOUDÉE

FACULTÉ DE DROIT DE PARIS

DROIT ROMAIN

ESSAI

SUR LE

DROIT PÉNAL MILITAIRE

DES ROMAINS

DROIT INTERNATIONAL

DE

L'OCCUPATION MILITAIRE

EN TEMPS DE GUERRE

SES EFFETS SUR LES PERSONNES ET SUR L'ADMINISTRATION
DE LA JUSTICE

THÈSE POUR LE DOCTORAT

L'ACTE PUBLIC SUR LES MATIÈRES CI-DESSUS

Soutenue le mercredi 23 mai 1894, à une heure

PAR

Joseph BRAY

AVOCAT

PRÉSIDENT : M. RENAULT, PROFESSEUR.

SUFFRAGANTS
MM. ESMEIN, PROFESSEUR.
WEISS, AGRÉGÉ,
CHÉNON, AGRÉGÉ.

PARIS

LIBRAIRIE

DU RECUEIL GÉNÉRAL DES LOIS ET DES ARRÊTS

ET DU JOURNAL DU PALAIS

L. LAROSE ÉDITEUR

22, RUE SOUFFLOT, 22

1894

A LA MÉMOIRE DE MON PÈRE

THÈSE DE DROIT ROMAIN

ESSAI
SUR LE DROIT PÉNAL MILITAIRE DES ROMAINS

INTRODUCTION

SOMMAIRE : — Principes sur lesquels repose la justice militaire. — Rapports entre la justice et la discipline dans les armées. — Idée générale du droit pénal militaire chez les Romains. — Sources diverses. — Plan du sujet.

La condition juridique des militaires en Droit romain a été souvent et attentivement étudiée. On connaît avec exactitude les nombreux privilèges dont les soldats jouissaient à Rome et qui avaient pour caractère général de les affranchir de tout ce que les actes juridiques, et particulièrement la procédure, avaient de trop formaliste et de trop rigoureux.

Les dispositions de cet ordre occupent dans les recueils de textes une large place et on ne saurait les négliger sans méconnaître tout un côté de la loi romaine. Mais, en dehors du point de vue historique, cette étude ne présente aux jurisconsultes actuels qu'un intérêt secondaire. Nos codes n'offrent que peu de traits qui aient quelque analogie avec ces dispositions et il ne viendra à l'idée de personne que l'on puisse songer à ressusciter dans nos sociétés modernes quoi que ce soit qui leur ressemble. Il est cependant toute une partie des lois militaires dont l'importance n'a pas diminué mais s'est au contraire plutôt accrue de nos jours : Il s'agit du droit pénal spécial aux soldats, de ce que la langue juridique moderne appelle : *La justice militaire*.

Plusieurs raisons ont obligé les législateurs de tous les temps à punir les crimes militaires avec une rigoureuse sévérité. En premier lieu, les fautes contre le devoir militaire peuvent avoir en tout temps, et plus particulièrement pendant la guerre, des conséquences beaucoup plus graves que n'en ont dans la plupart des cas les délits de droit commun. En outre, le devoir du soldat devant aller jusqu'au sacrifice même de sa vie est de tous le plus difficile à remplir, et il ne faut rien moins qu'une loi de fer pour refréner chez la plupart des hommes l'instinct impérieux de la conservation. Il convient de remarquer enfin que les armées sont sujettes, plus encore que les foules, à la contagion de l'exemple. Dans un danger pressant il peut suffire du cri d'un lâche pour semer l'alarme autour de lui et faire naître une confusion, parfois même une panique que nulle force ne pourra plus arrêter. Aussi, pour retenir les soldats dans le devoir, la loi militaire doit-elle porter des peines sévères et en faciliter l'application par une procédure simple et brève.

Mais, pour assurer l'obéissance dans les petites circonstances comme dans les grandes, en temps de paix comme en temps de guerre, il est nécessaire que la justice militaire se complète par la *répression disciplinaire*.

On entend par là le droit qui appartient à un supérieur de prononcer lui-même, dans les limites des lois et des règlements, les peines applicables à ses subordonnés pour les infractions les moins graves et les plus fréquentes. C'est le premier degré de la juridiction militaire. De même que nos conseils de guerre n'ont pas seulement pour objet d'appliquer une loi plus sévère, mais encore d'opérer avec plus de simplicité et de rapidité que nos tribunaux criminels ; de même le droit de punir, qui appartient en France à tous les militaires pourvus d'un grade, correspond en quelque sorte à l'autorité des tribunaux de simple police et de police correctionnelle.

Mais la justice militaire et la répression disciplinaire n'ont pas seulement pour objet de se compléter l'une l'autre, elles se soutiennent encore et se fortifient réciproquement. Il faut, en effet, la continuelle menace d'une punition à la fois juste et ferme, pour former progressivement le soldat à l'obéissance absolue et lui donner l'esprit de discipline sans lequel aucune loi, aucune force ne pourrait le maintenir dans le rang au jour du danger.

Les exemples abondent dans l'histoire militaire de l'impuissance où se trouve le chef le plus redouté malgré les châtiments les plus terribles et les exécutions les plus multipliées de forcer en un moment donné à l'obéissance une armée indisciplinée. De son côté, la discipline trouve sa force principale, en même temps que sa plus inexorable sanction, dans la menace de peines sévères contre lesquelles viendrait se briser à coup sûr la résistance de tout soldat qui tenterait de s'affranchir de l'obéissance due à ses chefs. Ainsi, l'autorité de la loi pénale et la puissance de la discipline dépendent réciproquement l'une de l'autre. Toutefois leurs domaines respectifs sont sujets à varier avec les temps et les lieux. Les fautes que nous appelons disciplinaires n'ont aucun caractère intrinsèque qui les distingue, et la seule définition exacte qu'on en puisse donner est qu'elles sont au-dessous de la compétence des tribunaux et que la répression en est directement confiée aux supérieurs hiérarchiques (1).

Cette distinction, qui nous semble aujourd'hui facile et presque nécessaire entre la justice et la discipline, était inconnue des Romains. Aucun historien, aucun jurisconsulte ne l'indique. Ce n'est pas qu'il n'y eut chez eux des crimes militaires prévus par les lois et des peines fixées d'avance pour ceux qui s'en rendraient coupables. Mais l'autorité chargée d'appliquer la loi, cette autorité qui, nous l'avons dit, sert précisément à distinguer de nos jours entre la justice proprement dite et la discipline ne change pas suivant l'importance du délit. Il semble qu'elle n'ait eu d'autre organe que le commandant de l'armée et les tribuns. Il est probable que toute condamnation militaire même capitale était rendue en la forme aujourd'hui propre à la répression disciplinaire ; mais, lorsque cela paraissait utile, avec un plus grand appareil et une plus grande publicité.

(1) Dans les législations modernes, il semble qu'il y ait une tendance à élargir le cercle d'action des tribunaux et à diminuer les droits des chefs en matière de répression disciplinaire. En France, le règlement du 28 nov. 1883 abrogeant l'ordonnance du 2 nov. 1833 a notablement restreint le droit de punir accordé aux titulaires des grades inférieurs, mais il n'a pu étendre la compétence des conseils de guerre, qui est fixée par une loi. En Allemagne, en Autriche, en Belgique, le droit de punir n'appartient à aucun militaire inférieur au grade de capitaine, à moins qu'il ne commande un détachement. Les États-Unis enfin nous présentent l'exemple singulier d'une armée où la répression disciplinaire n'existe à aucun degré et où toute peine, même légère, doit être portée par un jugement. Un tel système peut à bon droit paraître excessif. Les Américains en ont atténué les défauts en créant en temps de paix un tribunal par régiment et en instituant pour le temps de guerre une juridiction dite : « Conseil d'officier supérieur » composée d'un seul juge employant une procédure toute sommaire. C'est bien rétablir, sauf la dénomination, la répression disciplinaire.

Nous devons donc remarquer que le mot — justice militaire, — transporté dans le Droit romain, n'y doit pas avoir le sens étroit qu'on lui donne aujourd'hui. Les Romains employaient pour désigner tout ce qui était relatif à l'autorité militaire, à la justice, à la discipline le terme le plus général, le mot le plus vague de leur langue : ils disaient : « *res militaris.* »

C'est sous la mention — *de re militari* — que sont réunies au Digeste les principales dispositions de la loi pénale militaire des Romains. La lecture des seize fragments qui composent ce titre démontre mieux qu'on ne saurait le faire combien étaient vagues, variables et mal coordonnées les dispositions de cet ordre. Le droit civil à Rome absorba presque exclusivement l'attention des jurisconsultes. Le droit pénal n'occupe dans les recueils de textes qu'une place comparativement infime et il n'y a rien de surprenant à ce que la justice militaire y soit presque laissée de côté. Si nous n'avions que des documents juridiques, il serait bien difficile de préciser quoi que ce soit sur le sujet qui nous occupe ; mais, tandis que le droit civil a été l'objet presque unique de l'attention des jurisconsultes, les événements militaires ont au contraire frappé plus particulièrement l'esprit des historiens et c'est chez eux que nous trouverons les plus exactes indications sur la justice et la discipline dans les légions romaines.

Toutefois, il est bon de se rappeler que, si les faits rapportés par les auteurs doivent être tenus pour vrais, les considérations qui en accompagnent le récit ne sauraient avoir l'importance d'un texte juridique.

Par suite, il serait imprudent d'analyser trop minutieusement les citations des historiens. Au contraire, chaque fragment du Digeste peut être étudié de beaucoup plus près. Il a été écrit par un jurisconsulte et recueilli par d'autres jurisconsultes. Aussi chaque mot y a un sens déterminé qu'on doit autant que possible parvenir à préciser, et chaque membre de phrase, même étranger au sujet principal, doit être tenu pour exact à moins qu'il ne soit contredit par un autre texte ou par des citations nombreuses et concordantes.

Il est impossible d'ailleurs d'arriver à tracer de la discipline et de la justice militaire à Rome un tableau précis, complet et susceptible d'être comparé à l'une de nos législations modernes. Mieux vaut exposer les faits certains, indiquer les points douteux ou mal connus, laisser subsister même les contradictions, si l'on en rencontre qui ne se puissent effacer, que de construire de toutes pièces un système dont les Romains n'ont sans doute jamais eu connaissance, puisque leurs historiens et leurs jurisconsultes ne nous en ont transmis aucun souvenir.

C'est pourquoi nous nous rallions complètement à cette opinion d'un auteur moderne parlant des peines militaires à Rome : « Il ne faut accepter qu'en masse ce que nous en pouvons savoir, se persuader que les usages ne furent les mêmes, ni sous les différents gouvernements, ni sous les généraux revêtus de grands pouvoirs : Le vague qui règne dans les récits historiques prouve que le droit et la juridiction avaient moins pour base un texte légal que des traditions banales, des usages consacrés ou même des innovations capricieuses qui prirent force de loi. » (1)

Il est aisé de comprendre qu'une étude pareille peut difficilement être enfermée dans un cadre régulier. Nous ne croyons pas qu'il y ait un plan qui permette d'éviter toute espèce de redites. On ne peut parler d'une peine sans indiquer les crimes auxquels elle s'appliquait ni étudier un crime sans énoncer la peine dont il était frappé.

(1) Bardin. — *Dictionnaire de l'Armée*, V° Milice romaine.

Les études de droit pénal actuel et de législation criminelle, les codes même en usage de nos jours n'échappent pas à ces difficultés. Mais on les rencontre bien plus nombreuses quand il s'agit de suivre à travers plus de dix siècles une législation incertaine et mal fixée, basée principalement sur des usages qui n'avaient pas force de loi et dont l'application incombait toujours à un juge unique investi d'un pouvoir qui était en fait à peu près arbitraire.

Bien que la justice et la discipline ne soient nulle part distinguées par les historiens ou les jurisconsultes, nous croyons cependant devoir analyser en premier lieu les principes généraux de la discipline dans l'armée romaine. Nous réunirons dans le chapitre suivant ce que nous avons pu rassembler sur les crimes et les délits militaires. Nous étudierons ensuite les peines en usage dans les légions, et nous terminerons par l'examen des diverses questions que l'on peut se poser à propos de la manière dont la justice fut rendue dans les armées romaines depuis le temps de la République jusqu'à l'époque de Justinien.

CHAPITRE I

LA DISCIPLINE DANS LES ARMÉES ROMAINES

SOMMAIRE : — État de la discipline dans les légions. — Du serment militaire : ses diverses formes et ses transformations successives. — Rôle disciplinaire du travail dans l'armée romaine. — Principes généraux de la discipline à Rome.

C'est une opinion généralement admise que nulle part la discipline ne fut plus forte que dans l'armée romaine. On se tromperait cependant si on croyait qu'elle obtint un respect également absolu à toutes les époques de l'histoire et à tous les degrés de la hiérarchie.

« Quand Marius, écrit M. Duruy (1), ouvrit les légions aux prolétaires, il y avait dans cette mesure toute une révolution. Jusqu'alors on n'avait enrôlé que des hommes qui, possédant quelque bien, laissaient à la République un gage de leur fidélité : Sous les drapeaux ces soldats restaient citoyens. Quand Marius eut donné des armes à la populace, le service militaire, au lieu d'être un devoir civique, devint un métier, et les pauvres, qui à la ville vendaient leurs votes, au camp,

(1) *Hist. des Rom.*, T. II, p. 461 et T. III, p. 675 édition in-4.

vendirent leur courage. Durant quatre-vingts ans, les légions ne seront plus les armées de la République, mais celles des chefs qui sauront les acheter par l'indiscipline, le butin ou la gloire. — Les soldats, recrutés au hasard, appartenaient à qui les payait le mieux. Sylla qui leur avait livré l'Asie, César qui avait gagné avec eux tant de lucratives victoires, avaient pu compter sur leur dévouement. Lucullus maintient une discipline sévère, ils l'abandonnent. Antoine leur refuse les legs de César, ils le quittent. Octave met ses biens en vente afin de remplir les promesses de son père, ils vont à lui. « Ils ne combattaient pas, dit Montesquieu, pour une certaine chose, mais pour une certaine personne. » La postérité, qui se trompe rarement, a laissé à cette révolution son caractère véritable, en ne donnant aux Césars que leur titre militaire, *imperator*. »

On voit que le tableau présenté par M. Duruy de l'état de la discipline dans les légions entre le premier consulat de Marius et l'avènement d'Auguste est loin d'être d'accord avec l'opinion générale qui trouve dans cette armée le modèle achevé de toutes les vertus militaires.

Mais, pour rester dans les limites de la vérité, il faut tenir compte du point de vue auquel l'éminent historien s'est placé. Reflétant la pensée des écrivains anciens, il a nécessairement mis en relief les faits saillants de l'histoire et constaté la fréquence des rébellions dont les auteurs nous ont conservé le souvenir. Or cet esprit d'insubordination, qu'il n'est pas possible de contester, n'atteignit pas, croyons-nous, les rangs inférieurs de l'armée, ou ne les atteignit qu'à une époque bien plus reculée, alors que déjà la puissance romaine était en pleine décadence. Si l'armée dans son ensemble, poussée par ses chefs ou par quelques meneurs ambitieux, s'est plus d'une fois affranchie de l'obéissance due au pouvoir suprême ou au général qui en était le représentant, on peut affirmer cependant que, sauf de très rares exceptions, la subordination des soldats à leurs chefs immédiats a toujours été fidèlement maintenue dans la légion.

On a sur ce point le témoignage de presque tous les historiens anciens : mais ce témoignage même peut paraître superflu en présence de la force des armées de Rome ; car une puissance aussi considérable est certainement incompatible avec une indiscipline générale.

On est alors conduit à se demander comment il a pu se faire qu'aux époques de trouble et de rébellion l'obéissance ait pu être maintenue parmi les soldats. Il y en a plusieurs raisons. La plus puissante fut le serment militaire dont l'importance fut extrême, tant que persista le respect de la vieille religion, parce qu'il transformait le devoir de l'obéissance en un engagement personnel envers les Dieux : — « *Primum militiæ vinculum*, écrit Sénèque, *est religio et signorum amor et deserendi nefas ; tunc deinde facile cætera exiguntur mandanturque jusjurandum adactis.* » (1)

Il y avait plusieurs serments en usage dans l'armée romaine. Le plus important portait le nom de *sacramentum*. Pendant les premières années de la République et jusqu'à l'année 537 qui fut celle de la bataille de Cannes, ce serment était prêté au moment même de la conscription et avant que les soldats eussent été répartis en centuries (2).

On n'en connaît pas les propres termes mais on sait que les soldats juraient : « *conventuros se jussu consulum, neque injussu abituros.* » (3). Il s'appelait *sacramentum*, parce qu'il contenait une *sacratio*. Celui qui le violait com-

(1) Senec. — ad Lucil. — epist. 95.
(2) Denys d'Halicarnasse : lib. VIII, § 88 et lib. X, § 16. —
(3) Tite-Live : lib. III, cap. 20; lib. XXII, cap. 38.

mettait un *nefas* (1) et devenait *sacer*. Il était maudit et méritait la mort (2).

Aulu-Gelle énumère, d'après Cincius, les seules excuses qu'on pût invoquer pour avoir manqué à ce serment. Elles se ramènent à trois : 1° les circonstances de force majeure, 2° certaines cérémonies religieuses à accomplir, 3° les auspices qui en avaient relevé le soldat (3).

Il faut remarquer que les soldats n'étaient liés qu'envers les consuls ou le dictateur entre les mains de qui ils avaient juré (4). Aussi lorsqu'un dictateur entrait en possession de son autorité, qui ne pouvait durer plus de six mois, il faisait prêter serment aux soldats, non seulement en son nom, mais encore au nom des consuls, afin qu'ils demeurassent fidèles à ceux-ci à la fin de la dictature (5).

En l'an 293, le consul Valérius étant mort en charge, Cincinnatus qui lui fut subrogé ne put que grâce à son énergie obtenir des soldats qu'ils se considérassent comme liés envers lui par le serment prêté entre les mains de son prédécesseur (6).

Au moment de la conscription, quand les citoyens devenus soldats avaient prêté ce serment, ils se séparaient jusqu'au jour désigné par les consuls. A la date fixée ils se rassemblaient dans un lieu déterminé et étaient divisés en centuries. Aussitôt après, ils prêtaient un deuxième serment qui n'était pas obligatoire, mais que l'usage avait fait passer dans les mœurs. Par ce serment, les soldats s'obligeaient les uns envers les autres et promettaient que ni la fuite ni la crainte ne

(1) Sénèque : *Ep.* 95, 35.
(2) Macrobe : *Sat.* 3, 7, 5.
(3) *Noct. attic* : lib. XVI, cap. IV.
(4) Cicéron : *De off.*, lib I, cap. 11.
(5) Tite-Live : lib. II, cap. 32.
(6) Tite-Live: lib. III, cap. 20; Denys d'Halic.: lib. X, § 18.

leur feraient abandonner leur drapeau ou quitter leur rang, si ce n'est pour prendre ou ramasser un javelot, pour frapper un ennemi ou sauver un citoyen (1).

Ce second serment, qui précisait bien plus que le premier les devoirs spéciaux du soldat, fut longtemps facultatif et les généraux y restaient absolument étrangers. Mais, en l'an 537 de Rome, dans la conscription qui précéda la bataille de Cannes, ce second serment fut réuni au premier et les usages antérieurs se trouvèrent par là complètement modifiés. Le texte de Tite-Live, qui nous rapporte ce fait (2), a soulevé bien des difficultés et donné lieu à de nombreuses interprétations dont il serait superflu de nous occuper. Il nous suffit d'en dégager les points saillants. Pour les éclaircir nous avons du reste le témoignage de Polybe (3) qui a écrit plus de 58 ans après Cannes, à une époque où l'innovation signalée par Tite-Live était devenue une coutume déjà ancienne.

A partir de l'an 537, et jusqu'à l'établissement de l'empire, les deux serments dont nous avons parlé ont été réunis en un seul appelé le plus souvent *sacramentum*, et quelquefois aussi *jusjurandum*. Ce serment était prêté aussitôt que la conscription était achevée et avant que les soldats fussent répartis en centuries.

Il était reçu par les tribuns dans la forme suivante : Dans chaque légion, le tribun choisissait un soldat et lui faisait prononcer la formule sacramentelle. Les autres, nominativement appelés, défilaient devant le tribun en disant : « *idem in me* », ce qui les engageait comme celui de leurs camarades qui avait juré le premier. Le serment ainsi prononcé devait renfermer à la fois les engagements contenus dans

(1) Tite-Live : lib. XXII, cap. 38.
(2) Tite-Live : lib. XXII, cap. 38.
(3) Polybe : lib. VI, cap. 21 — Voir aussi Festus : V° Præjuratio.

l'ancien *sacramentum* et dans le serment volontaire que les soldats faisaient entre eux et notamment la formule d'imprécation finale, qui attirait sur le parjure la colère des Dieux : « *si fallat, Jovem patrem gravidumque Martem aliosque iratos invocat Deos* (1) ». Le serment ainsi prêté resta en usage jusqu'à l'établissement de l'empire. Par exception, lorsqu'il y avait lieu de se défier de la fidélité des légionnaires on les faisait appeler devant les tribuns et jurer individuellement (2).

Les soldats étaient déliés de leur serment si le général tombait aux mains de l'ennemi ; et celui-ci ne recouvrait pas *jure postliminii* les droits qu'il avait précédemment à l'obéissance de ses troupes. (3)

L'armée romaine connaissait encore un autre serment qu'on prêtait après l'établissement du camp. A ce moment les tribuns faisaient comparaître devant eux, non seulement les soldats, mais encore les valets et les esclaves employés à l'armée et leur faisaient jurer de ne rien voler qui eût quelque importance. Aulu-Gelle nous a conservé d'après Cincius la formule de ce serment. Il n'est pas inutile de la rapporter en entier parce qu'elle jette quelque lumière sur plusieurs règles de la discipline. Le tribun, prenant la parole, disait : « *C. Laelii, C. fili consulis, L. Cornelii, P. fili consulis in exercitu decemque milia passuum prope, furtum non facies dolo malo, solus neque cum pluribus, pluris nummi argentei in dies singulos: extraque hastam, hastile, pomum, pabulum, utrem, follem, faculam si quid ibi inveneris sustulerisre*

---

(1) Cette formule, rapportée par Tite-Live (lib. II, cap. 45), est empruntée à un serment exceptionnel prêté par Flavoleius ; mais, Denys d'Halicarnasse (lib. IX, § 10) en racontant le même fait remarque que ce centurion se servit de l'imprécation en usage chez les Romains.

(2) Tite-Live : lib. XXVIII, cap. 29.

(3) Caesar : De bello civ., lib. II, cap. 32.

quod tanta non erit, quod plurius nummi argentei erit, uti ad C. Lælium C. filium consulem Lucinmve Cornelium P. filium consulem sive ad quem eorum jusserit proferes aut profitebere in triduo proximo. Quidquid inveneris sustulerisve sine dolo malo aut domino suo cujum id censebis esse, reddes, uti quod recte factum esse voles. » (1)

Il y a plusieurs remarques à faire sur ce serment. Il obligeait le soldat à ne rien voler au-dessus d'un sesterce par jour. Cette tolérance peut sembler étrange au premier abord: elle est cependant fondée sur une connaissance très exacte du caractère du soldat et des habitudes qu'entraîne presque fatalement la vie des camps. En voulant obliger le soldat à une probité tout à fait rigoureuse, il eut été peut-être impossible de rien obtenir, et le serment, violé dans les petites choses, n'eût plus semblé obligatoire dans les grandes. On voit que le soldat s'obligeait à ne voler ni au camp, ni à dix mille pas à la ronde, ce qui était le rayon extrême dans lequel avaient lieu toutes les manœuvres. Le serment protégeait ainsi non seulement les biens des soldats, mais encore ceux des habitants dans le pays où les troupes étaient campées. La maraude était donc interdite, et celui qui s'en rendait coupable pouvait être puni comme ayant violé son serment.

Ce serment a pour objet, non d'empêcher le vol proprement dit, puisqu'il ne parle que des actes commis *sine dolo malo*, mais plutôt d'empêcher le soldat de s'approprier les objets perdus ou sans maître. C'est pour cela que la formule citée exclut toute une série d'objets, particulièrement utiles au point de vue militaire, dont le vol était certainement réprimé, mais que le soldat pouvait légitimement s'approprier s'il en devenait maître sans dol. C'étaient les lances, bois de lance,

(1) Aulu Gelle: Noct. Attic., lib. XVI, cap. 4.

fruits, fourrages, outres, sacs ou torches. Ainsi on atteignait un double but : intéresser plus vivement le soldat à la garde de ces objets lorsqu'il en était le maître et éviter, s'ils étaient perdus qu'ils ne restassent abandonnés et sans maître. Aulu-Gelle, dans le texte que nous avons cité, paraît croire qu'on prêtait ce serment au moment de la conscription ; mais cette assertion est détruite par celle beaucoup plus précise de Polybe. Aulu-Gelle, d'ailleurs, en empruntant sa citation à Cincius, prouve qu'il était tombé en désuétude au temps où il écrivait (1).

Polybe (2) parle encore d'un autre serment qui ressemblait beaucoup au précédent et par lequel les soldats s'engageaient à ne rien détourner du butin qu'ils feraient à la guerre afin qu'il pût être équitablement partagé entre tous les légionnaires suivant leur grade. Il y avait à craindre en effet que le soldat ne compromît le succès d'une bataille en abandonnant la lutte pour le pillage. Il était juste d'ailleurs que les blessés, les malades et les gardiens du camp ne fussent pas privés du bénéfice de la victoire.

Tels étaient les serments ordinaires et, en quelque sorte, légaux ; mais les Romains attachaient tant d'importance à ces actes solennels, qu'on les vit souvent dans des circonstances difficiles s'engager par des serments spéciaux à pousser jusqu'à ses dernières limites le courage ou la discipline militaire.

En l'an 273 de Rome, le centurion Flavoleius, dans une guerre contre les Toscans, jure de ne revenir du combat que vainqueur et l'armée entière jure la même chose après lui (3).

---

(1) Aulu-Gelle est mort sous Marc-Aurèle et Cincius a vécu au temps d'Annibal.
(2) Lib. X, cap. 16.
(3) Tite-Live : lib. II, cap. 45.

Après la bataille de Cannes, devant la jeunesse romaine réunie à Canuse, Scipion qui n'était encore que tribun des soldats, prononce les paroles suivantes : « Ex animi mei sententiâ ut ego rempublicam populi Romani non deseram neque alium civem Romanum deserere patiar : si sciens fallo, tum me Jupiter, Optime, Maxime, domum, familiam remque meam pessimo leto afficias. » Il oblige l'épée à la main tous ceux qui sont présents à répéter les mêmes paroles (1).

Les serments particuliers se multiplièrent surtout à l'époque des guerres civiles. Ce fut le moment où ils furent le moins observés et où la discipline parut presque ruinée dans les légions.

Dès les derniers temps de la liberté il n'est plus parlé que d'un seul serment et il paraît certain qu'à époque d'Aulu-Gelle, c'est-à-dire sous les Antonins, il n'en subsistait plus qu'un qui était prêté au nom de l'Empereur et remplaçait l'ancien *sacramentum*. Sans doute les guerres civiles, la licence que César permit à ses troupes durent faire disparaître le serment de ne rien voler, soit dans le camp, soit sur le butin.

Le vieux *sacramentum* devint un serment de fidélité aux empereurs prêté à l'avènement de chacun d'eux et renouvelé au 1er janvier de chaque année : *solemne calendarum januarium sacramentum* (2).

On jura d'exécuter tous les ordres de l'empereur sans hésitation et sans crainte, de mourir, s'il le fallait, pour le peuple Romain et de ne rien faire de contraire aux lois (3). Ce serment fut fidèlement tenu : car, en exceptant les deux

---

(1) Tite Live : lib. XXII, cap. 53. — Frontin : *Sratag* ; lib. IV, cap. VII, 39.

(2) Tacite : Hist. lib.; I, cap. 55.

(3) Amm. Marcell : lib. XXI, cap. 5.

années d'anarchie (68-69), où les soldats firent trois empereurs, on ne trouve dans un espace de plus de deux siècles, que trois insurrections militaires dont aucune ne réussit.

Mais il faut mettre les prétoriens à part. Ceux-ci, en effet, depuis que Scipion devant Numance les avait choisis pour former sa garde particulière, s'isolèrent de plus en plus du reste de l'armée. Ils purent donner maintes fois l'exemple du courage et du mépris de la mort, mais leur troupe resta toujours un foyer d'indiscipline d'où la contagion finit par se communiquer à l'armée entière pour la ruiner complètement. Déjà, sous Commode, les légions de Bretagne se révoltent ; à sa mort, ce sont les prétoriens et à leur suite toute l'armée.

Sévère, au jour de son avènement, dut réduire deux séditions dans son propre camp, une troisième à Rome et une quatrième dans la province d'Arabie. Sa fermeté et son exemple purent encore une fois rétablir l'ordre et remettre en honneur la fidélité et l'obéissance. Après lui ses successeurs n'auront pas l'énergie suffisante pour continuer cette tâche et la vieille discipline qui avait donné aux légions tant de victoires disparaîtra avant que les aigles Romaines aient plié devant les Barbares.

Néanmoins le serment dura autant que l'armée. Végèce (1) nous apprend que sous les empereurs chrétiens les soldats jurent par le nom de Dieu, du Christ, du Saint-Esprit et par la majesté impériale qu'ils feront de bon cœur tout ce que l'empereur leur commandera, qu'ils ne déserteront jamais et qu'ils sacrifieront leur vie pour l'Empire Romain (2).

(1) Lib. II, cap. 5.
(2) Le serment n'est plus en usage dans l'armée française, mais il existe encore dans plusieurs pays de l'Europe et notamment en Allemagne. Il n'est pas sans intérêt de rapprocher des divers serments qui furent en usage à Rome celui qui est prêté aujourd'hui par les soldats d'outre-Rhin. On en remarquera le caractère religieux aussi accentué

La tâche la plus pressante pour Auguste, quand il fut devenu maître de l'empire, fut de rétablir l'ordre et la discipline si profondément troublés dans les légions depuis que Marius y avait fait entrer les prolétaires. Pour y parvenir, il changea complètement les anciennes institutions militaires. Jusque-là l'armée romaine avait été formée de citoyens que les censeurs choisissaient parmi les hommes de 17 à 47 ans et qui étaient appelés pour la durée d'une expédition. La campagne achevée, ils rentraient dans leurs foyers. Tous les citoyens pouvaient être soldats, mais tous les soldats restaient citoyens. Ce mode de recrutement fournit des armées vaillantes et disciplinées pendant les premiers siècles de la République, à une époque où les vertus civiques atteignirent à Rome une grandeur presque héroïque ; mais la discipline se trouva irrémédiablement ruinée à la suite des guerres civiles. Pour lui rendre son ancienne vigueur, Auguste employa divers moyens dont le plus efficace fut d'assujettir les armées devenues permanentes à de pénibles et continuels travaux.

que dans l'antiquité. Le serment au drapeau, (*fahneneid*) est ainsi conçu : « Je (nom) jure à Dieu qui sait et qui peut tout un serment personnel que je veux servir loyalement et fidèlement Sa Majesté l'Empereur d'Allemagne, Roi de Prusse, mon très gracieux souverain, en toutes circonstances, sur terre et sur mer, en temps de guerre et de paix, et, en quelque lieu que ce puisse être, favoriser tout ce qui est utile à sa Haute Majesté, détourner tout dommage et désavantage, obéir exactement aux articles du Code militaire qui m'ont été lus, ainsi qu'aux prescriptions et ordres qui me sont donnés, et me conduire comme il appartient et convient à un loyal et intrépide soldat qui aime l'honneur et son devoir Aussi vrai que je désire que Dieu m'aide à arriver par Jésus-Christ à la félicité éternelle. »

Pour les catholiques la formule d'affirmation est ainsi conçue : « Aussi vrai que je désire que Dieu et son saint Évangile me soient en aide ». La formule de serment ci-dessus sert aux soldats prussiens ; ceux qui appartiennent aux autres fractions de l'armée allemande jurent obéissance à leurs souverains et font en outre le vœu d'obéir aux ordres du général fédéral.

Les historiens anciens ont mis bien souvent en relief ce fait qui contient pour les armées de tous les temps une leçon et un exemple.

Bien que les légions fussent placées sur les frontières et que le voisinage des peuples insoumis ou hostiles eût suffi à les tenir en haleine, on les employait encore à de grands travaux publics, en particulier à des constructions de routes d'un intérêt général autant que militaire. C'était le grand moyen disciplinaire des romains et on peut y voir le trait caractéristique de leur armée. Tacite nous apprend que la fameuse sédition des légions de Pannonie eut sa cause première dans l'interruption des travaux auxquels les soldats étaient employés : « Trois légions étaient réunies dans les quartiers d'été sous le commandement de Junius Blesus. En apprenant la fin d'Auguste et l'avènement de Tibère, ce général avait en signe de deuil ou de réjouissance interrompu les exercices accoutumés. De là naquirent, parmi les soldats, la licence, la discorde, l'empressement à écouter les mauvais conseils, enfin l'amour excessif des plaisirs et du repos, le dégoût du travail et de la discipline (1). »

Les généraux redoutaient tellement l'oisiveté du soldat qu'ils allaient jusqu'à faire exécuter des travaux sans autre but que de soustraire leurs troupes à l'inaction « *adversus otium castrorum* » (2). Frontin rapporte que P. Nasica, pour empêcher les soldats en quartier d'hiver de s'amollir dans le repos ou de donner, dans la licence de l'oisiveté, des sujets de plainte aux alliés, leur fit construire une flotte dont il savait n'avoir pas besoin (3).

Mais aucun général et aucun empereur ne fit exécuter à

(1) Tacite : Annal ; lib. I, cap. 16.
(2) Tacite : Annal ; lib. I, cap. 35.
(3) Frontin : Stratag ; lib. IV, cap. 15.

ses soldats autant de grands ouvrages que Probus. Il construisit des ponts, des temples, des portiques, des basiliques; il répara les anciennes digues du Nil et en éleva de nouvelles, il rendit plus navigable la bouche de ce fleuve qui faisait passer d'Alexandrie dans les mers d'Italie le tribut de l'Egypte et la subsistance du peuple romain; il élargit l'embouchure de plusieurs fleuves et dessécha plusieurs marais qu'il changea en terres labourables. Tout cela fut exécuté en moins de six ans et seulement dans l'intervalle de plusieurs guerres, jusqu'à ce qu'enfin tant de travaux rebutèrent les légions dégénérées et coûtèrent la vie à Probus, qui périt victime de ses soldats révoltés.

Si les armées étaient régulièrement employées à des travaux publics, c'était aussi une règle qu'aucun soldat ne fût détourné du service pour quelque besogne d'intérêt privé. Jamais, par exemple, des soldats n'étaient mis à la disposition des particuliers au moment des grands travaux agricoles, comme il arrive aujourd'hui dans plusieurs états de l'Europe. En cas de contravention à cette défense, la personne qui avait employé un ou plusieurs militaires était passible, d'après une constitution d'Arcadius et Honorius d'une amende de cinq livres d'or : « *Si quis posthac militem in privato obsequio repertus fuerit retinere, quinque libras auri mulctae nomine feriatur* (1).

Cette constitution ne prononce aucune peine contre le soldat. La raison en est sans doute que celui qui travaillait ainsi chez des particuliers ne le pouvait faire que sur l'ordre ou tout au moins avec la complicité de ses chefs.

Une constitution de l'empereur Léon infligea à tout supérieur qui aurait permis à des soldats d'aller travailler chez un

____

(1) C. 15, *Cod. Theod.*, de re milit.; VII, 1.

particulier, une amende d'une livre d'or par chaque soldat ainsi détourné de la milice. La même peine était appliquée à celui qui avait profité de leur travail. Cette constitution mérite d'être citée pour montrer quelle haute idée on avait encore au cinquième siècle de notre ère des devoirs qu'impose la profession militaire.

« *Milites, qui a republica armantur et aluntur, solis debent*
« *utilitatibus publicis occupari : nec agrorum cultui, et custodiæ*
« *animalium, vel mercimoniorum quæstui, sed propriæ muniis*
« *insudare militiæ, nullum præterea ex militibus posthac præ-*
« *dictis obsequiis vacare magnitudo tua patiatur : sed frequentes*
« *in numero suo esse jubeat : ut armorum quotidiana exercitio ad*
« *bella se præparent. Quod si quis ex militaribus judicibus ul-*
« *los militum tam divinis quam regiis, vel privatis domibus ac*
« *possessionibus diversisque aliis obsequiis contra interdictum*
« *serenitatis nostræ crediderit deputandos : sciat se ab eo, qui*
« *contra vetitum fecerit et ab eo, qui ausus accipere militem fue-*
« *rit, per singulos milites singulas libras auri protinus exigen-*
« *das. » (1)

Il n'était pas moins défendu aux officiers eux-mêmes d'employer des soldats dans leur intérêt ou pour leur service personnel. En l'an 462 de Rome, Postumius, personnage consulaire, fut condamné à une amende de 200.000 sesterces pour avoir employé l'armée qu'il commandait à des travaux sur ses terres. (2)

La défense allait jusqu'à interdire d'employer les soldats aux plus légers travaux par exemple en les envoyant à la pêche ou à la chasse.

« *Paternus quoque scripsit debere eum qui se meminerit ar-*

<hr>

(1) Const. 15 — Cod ; de re milit.; XII, 36.
(2) Tite-Live — Epist : XL.

« *malo præesse..... ad opus privatum, piscatum, venatum mili-*
« *tem non mittere.* » (1)

Suétone rapporte que Tibère cassa un lieutenant de légion pour avoir envoyé des soldats à la chasse. (2)

Il était en outre interdit aux soldats de travailler pour eux-mêmes. Nous avons sur ce point une constitution de l'empereur Léon. La défense qu'elle porte n'est pas nouvelle et avait toujours existé dans l'armée depuis Auguste, mais elle innove certainement par la répression sévère dont elle frappe les contrevenants. « *Militares viros civiles curas arripere prohibemus :* « *aut si aliquam hujus modi sollicitudinem forte susceperint, et* « *militiâ statim et privilegiis omnibus denudari decernimus, for-* « *midantibus his motum nostræ serenitatis, qui temeritate salu-* « *berrimis statutis obviam ire tentaverint.* » (3) C'était en effet une peine bien grave que le congé ignominieux pour s'être employé à des travaux étrangers à la milice.

Le mode de contravention le plus fréquent à cette défense était de travailler ses propres terres, quand le soldat en possédait à proximité du camp. Aussi fut-il défendu aux soldats d'acheter des fonds dans la province où ils tenaient garnison, — « *ne studio culturæ militiâ suâ avocentur* » — (4) écrit Macer. Toute la législation assez compliquée qu'il y avait sur cette matière s'explique par ce motif. Ainsi : 1° le soldat pouvait acheter des fonds dans une autre province que celle où il tenait garnison : 2° il pouvait, même à proximité du camp, acheter une maison. Quelques exceptions étaient apportées au principe. Il était permis au légionnaire de conserver les fonds qui lui venaient par héritage. Sévère et Antonin autorisèrent

<hr>

(1) L. 12, § 1 . — Digeste : De re milit. — XLIX, 16.
(2) Suétone : in Tiber. 19.
(3) C. 16 — Cod : De re milit. — XII, 36.
(4) L. 13, pr. — Digeste : De re milit. XLIX, 16.

paternels vendus par le fisc alors même qu'ils étaient situés dans la province où il tenait garnison. Quand aux fonds acquis en violation des dispositions légales, même sous le nom d'un tiers, ils étaient revendiqués par le fisc et vendus au profit du Trésor public. La confiscation n'avait pas lieu si le délit n'était connu qu'après que son auteur était libéré du service. (1)

Certaines professions avaient aux yeux des Romains un caractère tellement ignominieux qu'on ne pouvait s'y adonner sans crime. C'étaient celles où l'homme se donne en spectacle au public comme un comédien ou un bateleur. On les appelait : « *artes ludicræ* ». — « *Ludicræ artes sunt,* » écrit Sénèque, « *quæ ad voluptatem oculorum atque aurium tendunt.* » (2). Celui qui exerçait un métier de ce genre, s'il n'était que « *paganus* » était noté d'infâmie (3) : s'il était soldat, était puni de mort. C'est ce que rapporte ce texte de Macer : « *Quædam delicta pagano aut nullam aut leviorem pœnam irro-* « *gant : militi vero graviora : nam si miles artem ludicram* « *fecerit, vel in servitutem se venire passus est, capite punien-* *dum Menander scribit.* » (4) Il est probable que les soldats qui par lâcheté ou par paresse s'enfuyaient de l'armée, embrassaient les conditions les plus viles ou se donnaient en esclavage afin de se dérober aux recherches dont ils devaient être l'objet. C'est sans doute ces fugitifs que le texte a eus en vue car il serait difficile de penser qu'un soldat pût en même

(1) Sur tous ces points : L. 9 pr. et § 1 et L. 13 pr. Dig : de re milit — XLIX, 16.

(2) Senec. ad Lucil : Epist 88. — Toutefois on ne comptait pas parmi les « *artes ludicræ* » les professions qui pouvaient être remplies dans un but avouable. Les athlètes, par exemple étaient censés exercer leur métier « *virtutis gratiâ* », L. 4 pr. et § 1 — Dig : De his qui not. infam. — III, 2

(3) L. 1 — Dig : De his qui not. infam. — III, 2.

(4) L. 14 — Dig : De pœnis — XLVIII, 19.

le soldat pour conserver son patrimoine à racheter ses biens temps paraître à l'armée et se donner ailleurs pour esclave ou comédien.

Les serments que prêtait le soldat, les travaux continuels auxquels il était assujetti n'étaient que des moyens indirects de maintenir la discipline. Les premiers transformaient le devoir militaire en une obligation religieuse contractée envers les Dieux, les seconds accoutumaient le soldat à des habitudes de rigoureuse et immédiate obéissance. C'étaient là des procédés excellents, et leur influence était considérable ; mais ils demandaient à être complétés par des règles formelles et précises.

Le principe fondamental de toute discipline militaire est le respect dû par tout membre de l'armée à ses supérieurs hiérarchiques. L'armée romaine en était pénétrée et les récits des historiens en fourniraient mille exemples. Le Digeste a retenu et consacré cette règle dans toute sa généralité : « *Irreverens miles.* » écrit Macer, « *non tantum a tribuno vel centurione sed etiam a principali coercendus est* » (1). Le mot « *irreverens* » embrasse dans sa généralité tous les faits contraires à la discipline et vise plus spécialement le manque de respect envers les chefs. Pour plus de précision le jurisconsulte continue en citant un cas particulier : « *nam eum qui centurioni* « *castigare se volenti, restiterit, veteres notaverunt : si vitem* « *tenuit militiam mutat; si ex industria fregit vel manum cen-* « *turioni intulit, capite punitur.* » Il eût été impossible de trouver un exemple plus saisissant que celui-ci pour montrer jusqu'où le soldat devait pousser vis-à-vis de ses chefs le respect et la déférence qui sont également contenus dans le terme « *vere-*

(1) L. 13, § 4 - Dig. : de re milit. — XLIX, 16.

rentia ». Le centurion portait comme insigne de son autorité un cep de vigne dont il se servait comme instrument de correction. Il avait le droit d'en frapper le soldat et celui-ci ne devait donner aucune marque de protestation. S'il écartait, par un mouvement qui pouvait être instinctif, la baguette levée sur lui, il était changé de corps : s'il manifestait une résistance positive, une véritable rébellion, soit en brisant le cep, soit en portant la main sur le centurion, il était puni de mort.

Le texte cité fixe encore un point qui aurait pu sans cela rester douteux. Il établit que le droit de punir appartenait dans l'armée romaine à tout militaire pourvu d'un grade, au moins dans le cas d'urgence. Le grade de « *principalis* » était en effet le premier de l'armée romaine qui en comptait d'ailleurs fort peu. Celui qui en était investi avait une position analogue à celle de nos sous-officiers.

Le droit de punir, quand il n'était pas exercé par le général en chef dont le pouvoir était absolu, se trouvait limité par des règles que nous ne connaissons que très imparfaitement et qui devaient avoir été établies par l'usage. Ce qui le prouve c'est que les tribuns, qui jouissaient après le général de la plus haute autorité, n'avaient pas un pouvoir discrétionnaire. Parmi les devoirs de ces officiers le jurisconsulte Macer cite celui de punir les délits « *secundum auctoritatis suae modum* ».

Le respect de la discipline n'était pas imposé seulement au simple légionnaire, mais à tous ceux qui portaient les armes et non moins aux chefs qu'aux soldats. C'est ainsi que Sévère dans une lettre à Rogonius Celsus, gouverneur des Gaules, blâme l'indiscipline des soldats et en trouve la cause dans celle des tribuns. Il conclut en ces termes : *Emenda primum tribunos, deinde militem : quem quamdiu timueris, tam-*

diu non timeberis. Sed scias id de Nigro militem timere non posse nisi integri fuerint tribuni et duces militum » (1).

Le devoir d'observer la discipline allait jusqu'au général lui-même. — « *Officium regentis exercitum non tantum in dandi sed etiam in observandâ disciplinâ constitit* » (2), écrit Macer. Il ne faut pas croire que ce fût là une formule toute théorique. Sous la République, un consul pouvait être puni par un dictateur ; il pouvait l'être par le peuple quand, sortant de charge, il rendait compte de son administration. Rappelons l'exemple que nous avons déjà cité de Postumius condamné par le suffrage des tribus à une amende de 200 000 sertercès pour avoir employé ses troupes à la culture de ses terres. Sous l'empire un général commandant plusieurs légions pouvait être puni par l'Empereur et Ulpien dit même qu'il pouvait recevoir un congé ignominieux (3).

Les meilleurs généraux dans tous les temps et les empereurs qui exercèrent avec le plus d'éclat le commandement des troupes ont donné l'exemple du respect dû à la discipline en se soumettant tout les premiers à ses plus dures exigences. Celui-là seul peut impunément être sévère pour les autres qui l'est d'abord pour lui-même. C'est par leur exemple avant tout que des empereurs tels qu'Adrien et Sévère surent restaurer les vieilles mœurs militaires de la légion. A une époque où l'indiscipline était générale, Pescennius Niger ramena ses troupes à la rigueur du temps de Marius, mais ce fut en subissant le premier toutes les fatigues qu'il voulut imposer à ses soldats.

Nulle part l'obéissance ne fut plus en honneur que dans l'armée romaine : nulle part aussi la désobéissance ne fut plus

(1) Spartien : In Pescen. Nigrum : cap. 3.
(2) L. 12, pr. — Dig. de re milit. — XLIX, 16.
(3) L. 2, pr. et § 1 — Dig : de his qui not. infam. — III, 2.

sévèrement réprimée. L'histoire nous fournit sur ce point des exemples qui sont dans toutes les mémoires. Le plus connu est celui de Manlius Torquatus qui fit mettre à mort son propre fils parce qu'il avait accepté sans l'autorisation des consuls un combat singulier contre un des chefs latins et l'avait tué. On cite aussi la rigueur de Papirius Cursor qui condamna à mort Quintus Fabius, maître de la cavalerie et le premier officier après lui, parce qu'il avait combattu malgré la défense et remporté sur les Samnites une brillante victoire. Insensible aux prières de l'armée, le dictateur ne consentit à faire grâce à Fabius que devant les supplications du Sénat et du peuple entier.

Plus tard, sous Marc-Aurèle, on vit encore Avidius Cassius s'inspirer de ces anciens exemples et les renouveler en y apportant un raffinement de cruauté qui l'a rendu célèbre. Il choisissait un grand arbre encore vert de 80 ou 100 pieds et y faisait attacher depuis le haut jusqu'en bas les soldats coupables de s'être écartés du camp ou d'avoir combattu sans ordre : après quoi on allumait au pied un feu de bois vert et humide de manière qu'ils périssaient tous, les uns par le feu et les autres par la fumée. On cite encore de lui le trait suivant : Une troupe d'auxiliaires avait engagé un combat contre les Sarmates, sans prendre d'autres ordres que ceux des centurions. Bien que la victoire leur fût restée, Avidius condamna les centurions coupables à être mis en croix comme des esclaves (1).

L'ensemble des faits que nous avons énumérés montre donc que l'armée romaine était assujettie à une forte discipline dont le maintien était assuré par des peines très sévères. Cependant les lois les plus rigoureuses peuvent rester ineffi-

(1) Vulcatius : in Avid. Cass., cap. IV.

caces si une autorité vigilante n'en garantit pas l'exécution. En fait, l'histoire romaine offre à coté de beaux exemples de vertu militaire des cas d'indiscipline et d'insubordination très rares d'abord sous la République, de plus en plus fréquents ensuite sous les empereurs et qui finirent par amener l'Empire dans les derniers temps de la décadence à un état voisin de l'anarchie.

CHAPITRE II

LES CRIMES ET LES DÉLITS MILITAIRES CHEZ LES ROMAINS

SOMMAIRE : L'introduction illicite dans l'armée est un délit.
Sont exclus de la milice : les esclaves, les étrangers, les
condamnés, prévenus et plaideurs, enfin les personnes de
condition vile.
Insoumission aux appels : mutilation volontaire.
Délits proprement militaires : Trahison, désertion, lâcheté,
inobservation des consignes militaires, désobéissance, coups
et blessures à un soldat, vol d'armes ou vol dans les camps,
vente d'armes et d'effets militaires, tentative de suicide.

Arrius Menander, parlant des délits militaires, les divise
d'abord en deux catégories : ceux qui sont spéciaux aux
soldats et ceux qui leur sont communs avec tous les citoyens
— « aut propria, aut cum cæteris communia » (1). C'est
dire qu'un militaire outre qu'il peut commettre toutes les infractions de droit commun comme le vol, le meurtre, l'adultère, est soumis par sa qualité de soldat à des devoirs spéciaux dont la violation constitue des délits proprement militaires.

(1) L. 2, p. — Dig. de re milit. — XLIX, 16.

La désertion, la fuite devant l'ennemi ne peuvent évidemment être reprochées qu'à un soldat. C'est ce que le jurisconsulte explique quand il ajoute : « *Proprium militare est delictum quod quis uti miles admittit.* » — Le délit spécialement militaire est celui qu'un homme commet en qualité de soldat.

Quelque large que cette définition puisse paraître, elle nous semble devoir être encore étendue. Il est plus exact de définir le délit militaire : tout fait commis en violation d'une loi d'intérêt militaire. Telle était bien la pensée de Ménander car, dans le § 1 de la loi 2 (*Dig : de re milit. : XLIX, 16*), il considère comme délit militaire le fait d'entrer sans droit dans la milice et, dans les §§ 11 et 12 de la loi 4 (*eod. tit.*), il signale comme puni par les lois militaires le fait par un père de soustraire son fils au service. Dans ces deux cas on ne peut dire que le coupable ait agi « *uti miles* », tandis qu'on voit bien qu'il sera puni pour avoir violé une loi militaire.

Quant à adopter comme donnant une définition plus exacte de la culpabilité militaire le principium de la loi 6. (*eod. tit.*) appartenant aussi à Arrius Ménander, nous craindrions, en le faisant, de contredire la pensée du jurisconsulte : « *Omne* « *delictum est militis, quod aliter quam disciplina communis* « *exigit committitur, velut segnitiœ crimen, vel contumaciœ,* « *vel desidiœ.* »

Certains interprètes traduisent : Tout délit militaire est un fait contraire à ce qu'exige la discipline générale.— C'est justement la définition que nous croyons devoir adopter : mais il ne nous semble pas que cette interprétation de la pensée de Ménander soit bien exacte. Nous préférons traduire : Tout fait contraire à la discipline générale est un délit militaire.— La différence entre les deux versions n'est pas grande, elle a néanmoins son importance. En adoptant la seconde, nous pensons que le jurisconsulte a voulu indiquer que les crimes militaires ne sont pas moins punissables quoique consistant souvent en actes mal définis et presque insaisissables, souvent même en une simple abstention d'agir. Les exemples cités par le texte confirment entièrement cette manière de voir. Ce sont précisément les délits les plus difficiles à définir : la lâcheté, la rébellion, la paresse.

Avant d'étudier les délits commis par les militaires pendant la durée du service nous devons d'abord examiner deux crimes qui consistent, le premier, à entrer dans l'armée quand on n'en a pas le droit : le deuxième, à manquer au service militaire, quand on y est appelé.

Le premier de ces faits est devenu très rare de nos jours. Nous avons peine à comprendre avec nos idées modernes qu'un État puisse punir un homme de s'être constitué son défenseur, indépendamment de tout autre délit. Il en était bien différemment à Rome où la qualité de soldat pouvait être recherchée, non seulement comme impliquant les droits et l'état de citoyen, mais encore à cause des nombreuses faveurs dont jouissaient les militaires.

On ne sait rien que de très vague sur la composition de l'armée à l'origine de Rome; mais on connaît dans ses grandes lignes avec une suffisante exactitude l'organisation très ancienne attribuée à Servius Tullius et qui par des modifications successives s'accommoda aux diverses phases de la grandeur romaine. Cette organisation, à l'époque où elle fut établie, ne donnait place dans l'armée qu'aux riches.

Jusqu'à Marius il fallut pour être soldat avoir une fortune supérieure à 4000 as. Ainsi la République était défendue par tous ceux qui avaient le plus grand intérêt à sa sécurité. Ceux-ci luttaient vraiment non seulement pour la patrie mais

— 34 —

encore et avant tout pour eux-mêmes. Quant aux pauvres et aux prolétaires, on eût considéré comme un danger d'en faire des soldats. La plèbe fut de bonne heure turbulente et factieuse et Dion Cassius a fort bien rapporté l'opinion des patriciens au commencement de la République quand il dit que l'État ne doit pas permettre de s'armer à ceux qui n'ont pas un intérêt personnel à défendre la patrie. Faire partie de l'armée était donc non seulement un honneur mais encore le signe d'une certaine position sociale. Il est aisé de comprendre dès lors que ceux qui en étaient exclus pouvaient être désireux d'y entrer. Toutefois comme le soldat à cette époque ne recevait pas de solde et, sauf la maigre ration de blé qui lui était distribuée, devait s'entretenir entièrement à ses frais, ce n'était pas contre les pauvres qu'on avait le plus à se prémunir. Ils auraient eu beaucoup à souffrir à l'armée sans y gagner autre chose que la jouissance des privilèges militaires encore assez peu étendus. Quant aux esclaves et aux étrangers, leur admission dans l'armée leur faisait attribuer faussement le titre d'hommes libres ou de citoyens ; aussi s'efforçaient-ils par toutes sortes de moyens d'arriver à la milice.

Si l'on se reporte aux idées romaines, à celles surtout dont se sont inspirés les premiers siècles, on arrivera à cette conclusion que l'introduction illicite dans l'armée devait être réprimée avec la plus grande sévérité. Au point de vue civil, elle apportait dans l'état des citoyens une grave perturbation. Au point de vue militaire, elle introduisait dans la légion des soldats dont le patriotisme et la fidélité pouvaient à bon droit être suspectés.

L'introduction illicite des esclaves dans l'armée était punie de mort, comme l'exprime ce texte de Marcien : — *Ab omni militiâ servi prohibentur : alioquin capite puniantur* (1).

(1) L. 11 Dig. : de re milit (XLIX, 16.)

Tel était dans sa rigueur le principe juridique; mais il pouvait rester inappliqué en fait. Ainsi en était-il à l'égard des esclaves qui étaient découverts par leurs maîtres dans les rangs de l'armée et réclamés par eux. Ils étaient remis entre les mains de ceux à qui ils appartenaient. Les esclaves non réclamés et les étrangers étaient mis à mort sans forme de procès et sans aucun apparat. Toutefois, afin d'intimider par l'exemple du châtiment ceux qui auraient été tentés de se faire inscrire parmi les soldats, on pouvait affranchir les esclaves coupables de ce crime et les punir ensuite comme des citoyens. Ils étaient alors précipités du haut de la roche Tarpéienne (1).

Sous la République, on reçut dans l'armée les étrangers et on en fit des corps de mercenaires ou d'auxiliaires, mais l'accès des légions leur resta fermé jusqu'au décret de Caracalla qui appela tous les sujets de l'Empire à la cité et ôta ainsi toute raison d'être à cette exclusion. Dans les derniers siècles de Rome les barbares eux-mêmes devinrent soldats romains suppléant bien imparfaitement par leur nombre aux anciennes légions de citoyens et au vieux patriotisme disparu.

Quant aux esclaves, l'interdiction d'entrée dans l'armée subsista toujours contre eux. Une seule fois la République dérogea à cette règle. C'était après la bataille de Cannes : Rome avait vu le plus grand nombre de ses soldats tués; quelques-uns seulement, échappés au désastre, étaient venus porter la fatale nouvelle. Deux légions étaient prisonnières et Annibal, manquant d'argent, en offrait le rachat à des conditions avantageuses. Le Sénat repoussa ces propositions et ne voulut point pardonner à ceux qui n'avaient pas risqué

____

(1) Dion Cassius : Lib. XLVIII, 34.

leur vie pour le salut de la patrie. Huit mille esclaves choisis parmi les plus aptes au métier des armes furent achetés et armés aux frais du Trésor (1). A chacun d'eux on demanda s'il acceptait de servir comme soldat. Toutefois leur incorporation ne leur valut point la liberté. Celle-ci ne leur fut octroyée que plus tard en récompense de leur courage et des services qu'ils avaient rendus. Ce recrutement des esclaves ne violait du moins aucun droit particulier et, dans le cas que nous avons cité, Rome n'eut rien à reprocher à ceux qu'elle appela ainsi à l'honneur de prendre place dans la légion.

Il en fut bien différemment pendant les guerres civiles. A cette époque chaque chef de parti arma des corps d'esclaves. Le plus souvent il ne les achetait pas dans ce but, il faisait annoncer qu'il garantissait la liberté aux esclaves qui viendraient se joindre à ses troupes et il réussissait ainsi à remplir promptement ses cadres (2).

Peut-être ceux qui recoururent à ce moyen espéraient-ils par l'appât de la liberté intéresser les nouvelles recrues au succès de leurs armes : mais ils furent vite détrompés. Tandis que les esclaves armés après la bataille de Cannes étaient restés en servitude et avaient pu dans le métier des armes s'accoutumer peu à peu à la discipline militaire et aux devoirs du citoyen, les soldats de Marius et de Cinna, plus tard encore de Labienus furent enivrés par la possession d'une liberté à laquelle ils n'étaient pas préparés. Ils se livrèrent aux plus grands excès et ceux-mêmes qui les avaient réunis se virent contraints plus d'une fois de les faire massacrer jusqu'au dernier.

Au Bas-Empire cette situation se trouva modifiée d'une

(1) Tite-Live : XXII, 57.
(2) Appien : Bell. civil. I, 74 — Plutarque : in Syll. 9 — Cæsar : Bell. Afric. 19.

façon qu'il faut signaler : Si un esclave est entré dans l'armée et que son état vienne à être connu, Justinien veut que l'on s'informe s'il s'est engagé en fraude de son maître ou du consentement de celui-ci. Si le maître a ignoré l'engagement il peut réclamer son esclave devant le juge compétent dans un délai de trente jours à partir de celui où le fait est venu à sa connaissance, et l'esclave lui est rendu. Il n'y a là aucune innovation. Si le maître a su que son esclave entrait dans l'armée, ou s'il a laissé passer trente jours sans réclamer depuis qu'il en a eu connaissance, il perd tout droit sur celui-ci : non seulement tout droit de propriété, mais encore tout droit de patronage. Sur ce point encore la décision de l'empereur est bien conforme à l'esprit du droit classique ; mais où elle accuse la décadence des traditions militaires, c'est en ce qui concerne l'état de l'esclave ainsi affranchi de la puissance dominicale. Si nous nous reportons aux principes du droit classique, il n'y a pas de doute que cet esclave eût été mis à mort. Les constitutions de Justinien fixent que l'esclave ainsi affranchi de la puissance de son maître devient ingénu.

Quant à sa qualité de soldat, elle lui sera conservée s'il paraît devoir faire un bon service ; elle lui sera retirée dans le cas contraire. La décision sur ce point est réservée à l'empereur (1). Il est probable qu'il ne s'agit que d'une décision en deuxième et dernier ressort, mais c'est cependant une preuve que le cas dont il s'agit ne devait pas être très fréquent. — Une pareille législation porte en elle-même sa date : elle appartient certainement à la dernière période du droit romain. On ne saurait toutefois affirmer qu'elle n'est pas antérieure à Justinien, car rien dans les textes n'indique que l'Empereur crée ici un droit nouveau.

_____

(1) C, 6 et 7 Cod. : Qui milit. poss. (XII. 34.)

L'interdiction de la milice s'étendait encore à tous ceux dont la condition était incertaine ou qui étaient en procès sur leur état (1). Peu importait qu'ayant la posssesion d'état d'hommes libres ils eussent à résister à quelqu'un qui les réclamait comme esclaves ou qu'étant en état d'esclavage ils revendiquassent la liberté. Si un ingénu, vivant en état d'esclavage, s'était engagé, alors même qu'en plaidant sur son état il triompherait dans la *causa liberalis*, il devait être dégradé et exclu de l'armée. Le principe était donc que pour s'engager il fallait avoir l'état de citoyen et en jouir sans contestation.

Mais il pouvait arriver qu'un individu jouissant légitimement de tous ses droits de citoyen se fût engagé dans l'armée et qu'il fût ensuite réclamé comme esclave. Ce cas a été prévu par Arrius Menander (*L. 29, pr., in fine — De liber. causâ*) — « Qui vero per calumniam petitus in servitutem in militiâ retinebitur. » On doit conclure de ce texte que celui qui était ainsi poursuivi comme esclave, conservait, en attendant l'issue du procès, la jouissance de tous les privilèges du soldat. En effet nul ne pouvait avant le jugement décider si la revendication était calomnieuse. Si la décision du juge la reconnaissait telle, le soldat était retenu dans la milice. Si l'accusation était fondée, la bonne foi du soldat ne devait pas nuire à son maître et il retombait en la possession de celui-ci.

Toutefois le jugement proclamant l'ingénuité du soldat pouvait encore être infirmé pour cause de collusion. Il y avait collusion lorsqu'un maître trop indulgent laissait proclamer l'ingénuité de son esclave : c'était une voie ouverte aux affranchissements prohibés. Un citoyen quelconque découvrant la fraude avait le droit de faire rapporter le premier jugement en agissant dans un délai de cinq ans depuis que

(1) L. 8 Dig. : de re milit (XLIX, 16) — L. 29 pr Dig. : de liber. causâ (XL, 12).

celui-ci avait été rendu. L'esclave était attribué comme récompense à celui qui avait entamé les poursuites. Les militaires n'échappaient pas à cette loi. La collusion pouvait être arguée contre eux et, quand elle avait été vérifiée, ceux qui en avaient profité étaient livrés à leurs nouveaux maîtres (1).

La milice était fermée encore aux *statuliberi* c'est-à-dire aux esclaves à qui la liberté avait été accordée, mais seulement *ex die* ou *sub conditione*. En attendant l'échéance du terme ou l'arrivée de la condition ils restaient en esclavage. Enfin on considérait aussi comme esclave celui qui, ayant été fait prisonnier, avait été relâché moyennant rançon, tant qu'il n'avait pas payé le prix de sa liberté (2).

Le Bas-Empire vit apparaître les colons dont la condition était intermédiaire entre celle des esclaves et des hommes libres. Les colons, comme les esclaves, n'étaient pas admis dans l'armée (3).

Les étrangers ne pouvaient prendre place dans les légions mais ils formaient à côté de l'armée romaine proprement dite de nombreux corps d'alliés ou de mercenaires dont l'importance alla toujours croissant depuis les premiers siècles de Rome jusqu'à former l'armée presque entière à l'époque de la décadence.

Les légions étaient encore fermées à diverses catégories de citoyens que nous devons passer rapidement en revue. On peut les diviser en deux groupes : 1° ceux qui sont exclus

---

(1) L. 20, § 1 Dig. : de liber. causâ (XL, 12) — L. 2 Dig. : de collus deteg (XL, 16).

(2) C'est une preuve bien frappante du respect que professaient les Romains pour la parole donnée. Le prisonnier revenu dans ses foyers à charge de payer rançon restait aux yeux de tous l'esclave de l'ennemi tant qu'il n'avait pas satisfait à ses engagements.

(3) C. 3 Cod. : qui milit. poss. (XII, 34).

de la milice à cause de leur situation juridique : condamnés, prévenus, ou même simples plaideurs ; 2° ceux qui ne peuvent être soldats à raison de la profession qu'ils exercent. Ces incapacités ont un caractère beaucoup moins absolu que celles des étrangers et des esclaves, aussi n'était-il pas possible de les frapper indistinctement d'une répression aussi grave que la peine de mort. Nous allons voir que la loi romaine essaya de proportionner les châtiments aux divers degrés de culpabilité.

Ceux qui avaient été condamnés à la peine de mort, aux bêtes ou à la déportation et qui, ayant réussi à s'évader étaient venus s'engager dans l'armée étaient punis de mort. La peine restait la même s'ils s'étaient seulement laissés enrôler (1). Si un individu, exilé à temps, s'engageait avant d'avoir accompli sa peine, il subissait la relégation dans une île pour une durée égale à celle qui avait été assignée à son exil. Si de plus il s'était livré à quelque fraude pour dissimuler son état et sa condamnation, son exil devenait perpétuel (2).

En ce qui concerne les condamnés à la relégation qui s'engageaient après l'accomplissement de leur peine, le texte d'Arrius Menander qui en fait mention manque de clarté : — *Ad tempus relegatus, si expleto spatio fugæ militem se dedit, causa damnationis quærenda est : ut, si contineat infamiam perpetuam, idem observetur : si transactum de futuro sit, et in ordinem redire potest, et honores petere militiæ non prohibetur.* (L. 4, § 4 — Dig : de re milit.— XLIX, 16).

La dernière partie de ce texte ne présente aucune difficulté : si la condamnation n'emportait pas infamie, le coupa-

____

(1) L. 4, § 1 et 2 Dig. : de re milit (XLIX, 16.)
(2) L. 4, § 3 Dig. : de re milit. (XLIX, 16.)

ble jouissait après l'accomplissement de sa peine de la plénitude de ses droits ; il pouvait entrer dans l'armée et y obtenir tous les honneurs militaires. Si la condamnation emportait infamie il devient difficile de fixer la situation de celui qui en était frappé lorsqu'il avait réussi à entrer dans l'armée. Nous croyons que la pensée de Menander vaguement exprimée par les mots « *idem observetur* » vise la dernière peine mentionnée dans le paragraphe précédent. En conséquence les coupables devaient être condamnés à l'exil perpétuel.

Les individus condamnés par les tribunaux criminels, soit pour adultère, soit pour tout autre fait, à des peines moindres que celles déjà énumérées étaient simplement écartés de l'armée. Quand leur condition était connue on refusait leur engagement : s'ils avaient réussi à entrer dans la milice, ils en étaient simplement expulsés pour tout châtiment (1).

Si un citoyen ayant commis quelque crime s'engageait et était découvert dans les rangs de l'armée, on distinguait suivant qu'il était coupable d'un crime capital ou d'une infraction moindre. Dans le premier cas, il était jugé militairement et condamné à mort en conformité d'un rescrit de Trajan. Dans le second cas, il était frappé d'un congé ignominieux : et, ainsi, dépouillé de la qualité de soldat et noté d'infâme, il était remis aux juges civils compétents (2).

Celui qui, ayant été impliqué dans une affaire criminelle mais non condamné, venait s'engager par crainte de nouvelles poursuites, devait être aussitôt délié de son serment et renvoyé ; mais cette exclusion n'avait aucun caractère infamant (3). Il arrivait fréquemment aussi que des citoyens sous le coup d'un simple procès civil vinssent s'engager dans

(1) L. 4, § 7 Dig. : de re milit. (XLIX, 15.)
(2) L. 4, § 5 et 6 Dig. : de re milit. (XLIX, 16.)
(3) L. 16, pr Dig. : de re milit. (XLIX, 16.)

l'armée, soit qu'ils voulussent par là changer la juridiction compétente en faisant porter l'instance devant les juges militaires, soit qu'ils espérassent se dérober aux poursuites de leur adversaire ou seulement bénéficier du prestige de la milice et de la présomption d'honnêteté attachée à l'état militaire.

Lorsq'il était reconnu que l'engagé n'avait eu, en se donnant à la milice, d'autre but que de ménager à son procès une issue plus favorable, il était dégradé et recevait un congé ignominieux qui emportait la note d'infamie. S'il abandonnait l'instance ou transigeait, il restait dans l'armée. Dans le cas contraire et, s'il n'y avait pas lieu à dégradation, le plaideur, à la demande de son adversaire, était délié de son serment et renvoyé. Son renvoi n'avait rien d'infamant et, à l'issue du procès, il pouvait être admis de nouveau dans l'armée (1).

Étaient également exclus de l'armée sans autre châtiment, ceux qui, en se faisant soldats, avaient eu pour but de se soustraire à une charge civile, à la tutelle, par exemple, à l'époque du droit classique et plus tard, bien plus fréquemment à la curie (2). Au Bas-Empire les « *decuriones* » ou « *curiales* » étaient chargés du recouvrement de l'impôt et en étaient responsables sur leurs biens personnels, charge des plus onéreuses qui était imposée aux plus riches et à laquelle chacun s'efforçait de se dérober et de dérober ses enfants. Aussi des constitutions spéciales furent-elles promulguées pour interdire l'accès de l'armée aux « *curiales* » et à leurs fils (3).

(1) L. 4, § 8 Dig. : de re milit. (XLIX, 16) — C. 1, § 1 Cod. : Qui milit. poss. (XII, 34).
(2) L. 2, § 2 *in fine*, Dig. : de his qui not. infâm. (III, 2).
(3) C. 2 et C. 4 Cod. : qui milit. poss. (XII, 34).

Étaient chassés de l'armée à raison de leur profession : les cuisiniers (*coci*), cabaretiers (*cauponarii*), taverniers (*tabernarii*), boulangers (*pistores*), baigneurs (*dulciarii*), et autres hommes de condition vile (1). Ces dispositions formulées par le Code Théodosien ne constituaient pas une innovation car l'armée avait été fermée de tout temps à ces personnes. Mais, à l'époque de décadence où l'empire était parvenu, le recrutement était fort difficile. On ne réussissait à trouver des soldats qu'en les prenant dans les derniers rangs du peuple. Il est vraisemblable que, faute de mieux, on avait admis dans l'armée les plus indignes et les moins considérés des citoyens et qu'il parut nécessaire de rappeler les exclusions qui n'avaient pas cessé de frapper certaines professions honteuses ou décriées.

Cependant la constitution de Gratien, Valentinien et Théodose qui portait ces diverses exclusions ne se retrouve pas dans le Code de Justinien et il est permis d'en conclure qu'au temps de cet empereur il avait paru préférable de fermer les yeux sur la plupart des dérogations aux anciens usages. Le Code Théodosien mentionne aussi comme étant exclus de l'armée les Juifs et les hérétiques sauf les Goths alliés (2). Toutes ces exclusions n'étaient accompagnées d'aucune peine. Ceux qu'elles atteignaient étaient seulement chassés de l'armée quand ils avaient réussi à s'y introduire.

D'après les dispositions qui viennent d'être signalées on voit que le Digeste se rapportait à une époque fort antérieure à Justinien quand il insérait le texte suivant emprunté à Arrius Menander : « *Dare se militem, cui non licet, grave crimen habetur, et augetur, ut in cæteris delictis, dignitate, gradu*

---

(1) C. 8 Cod. Théodos. : le tironibus (VII, 13).
(2) C. 24, Cod. Théodos. : de Judæis (XVI, 8).

specie militia (L. 2, § 1— Dig : de re milit XLIX, 16). Si, au temps de la République, l'introduction illicite dans l'armée fut toujours un crime grave et sévèrement puni, elle ne tarda pas avec le relâchement des mœurs militaires à devenir un délit plus ou moins énergiquement réprimé et ne constitua même dans plus d'un cas qu'une simple défense dépourvue de toute sanction.

Il est bon aussi de remarquer que, bien qu'Arrius Menander indique que la gravité de la faute est proportionnelle à la situation militaire à laquelle le délinquant a pu s'élever, l'étude des textes montre qu'en réalité les peines qui atteignaient cette infraction se proportionnaient seulement à la situation que le coupable avait avant son entrée dans la milice, situation à raison de laquelle il était précisément déclaré incapable d'être soldat.

En opposition avec le délit que nous venons d'examiner, on rencontre, à Rome et dans les armées de tous les temps, celui qui consiste à se dérober au service militaire, soit en se cachant, soit en se rendant volontairement impropre au métier des armes. Ce fut un fait très rare à l'origine de Rome et tant que dura la République. Etre soldat alors n'était pas une charge, ni seulement un devoir, c'était avant tout un honneur. A cette époque on ne pouvait briguer une fonction publique qu'après avoir passé dix ans au moins sous les drapeaux. L'empire garda ce principe pendant deux siècles et demi, mais en réduisant beaucoup la durée du service.

C'est dans la guerre contre Pyrrhus qu'on vit pour la première fois un citoyen romain refuser de se rendre à l'appel du consul. Il fut vendu avec tous ses biens au profit du trésor public (1). Plus tard, dans les guerres d'Italie, C. Vettienus qui s'était coupé les doigts de la main gauche pour

(1) Valère Maxime : Lib. VI, cap 3, § 4.

échapper au service militaire fut condamné par ordre du Sénat à la prison perpétuelle et vit ses biens confisqués (1). Sous l'empire quand les armées furent devenues permanentes et la charge du service militaire plus lourde, le nombre de ceux qui cherchèrent à s'y dérober s'accrut sensiblement et Suétone nous rapporte que, dès cette époque, des citoyens embrassèrent les professions les plus viles et allèrent jusqu'à travailler dans les ateliers composés d'esclaves pour échapper à la milice.

Un moyen fréquemment employé pour se rendre impropre au service consistait à se couper le pouce de la main droite, mutilation qui empêchait de tenir l'épée (2). Ceux qui s'étaient ainsi mutilés portèrent le nom de *murci*. Il ne paraît pas qu'ils aient jamais été très sévèrement punis. C'est qu'au début de l'empire, quand ce crime était encore assez rare pour pouvoir être efficacement réprimé, le nombre des volontaires était si grand qu'on ne s'inquiéta guère de ceux qui échappaient au service. Lorsque plus tard on eut besoin de recourir à des appels extraordinaires pour remplir les cadres, le nombre des réfractaires se trouva si considérable qu'on n'osa pas les punir avec une trop grande rigueur. On se borna à leur enlever le bénéfice qu'ils espéraient tirer de cette mutilation et à les reléguer soit dans les derniers rangs de l'armée, soit dans des emplois où ils pouvaient être utilisés. Il fallait sans doute que le recrutement fût devenu singulièrement difficile pour qu'une constitution de Gratien, Valentinien et Théodose autorisât les propriétaires à présenter au recrutement deux mutilés à la place d'un conscrit (3).

(1) Ibid., § 3.

(2) Quelques étymologistes trouvent dans l'expression « *pollex truncatus* » l'origine de notre mot « poltron. »

(3) L. 1, § 11 Dig. : de re milit. (XLIX, 16) — C. 4 et 10 Cod. Théodos. : de tironibus (VII, 13.)

Il arriva souvent que l'amputation du pouce était faite à leurs enfants par des parents désireux de les soustraire aux charges militaires. En pareil cas les parents étaient très sévèrement punis. Auguste ordonna de vendre corps et biens un chevalier romain qui avait coupé le pouce à ses deux fils pour les exempter du service, et, voyant que les fermiers publics s'empressaient de l'acheter, il le fit adjuger à l'un de ses affranchis avec ordre de le reléguer dans les champs et de l'y laisser abandonné à lui-même. (1)

On trouve au Digeste des textes qui prouvent que la loi resta toujours rigoureuse en pareil cas. Arrius Menander dit que, si un père a soustrait son fils au service en temps de guerre, il sera puni de l'exil et de la perte d'une partie de ses biens : si c'est en temps de paix, il sera battu de verges et le fils renvoyé dans les derniers rangs de l'armée. Le jurisconsulte ne vise ici que le cas où le jeune conscrit a été caché mais non mutilé. Dans le cas où il aurait été rendu impropre au service le père serait frappé de la déportation conformément à une décision de Trajan (2).

Les délits que nous avons examinés jusqu'ici, introduction illicite dans l'armée ou insoumission aux appels sont bien des délits militaires: mais, étant commis à propos de l'entrée dans la milice, ils se distinguent complètement des crimes dont le soldat se rend coupable dans l'exercice même de ses fonctions. Ce sont ces derniers que nous allons étudier maintenant. Il n'est pas facile d'en faire préalablement une classification méthodique. Nous n'avons pas pour nous guider une énumération semblable à celle que Modestin a donnée au Digeste des peines militaires (*Loi 3 § 1 Dig : de re milit — XLIX, 16*).

(1) Suétone : in Aug. 24.
(2) L. 4, § 11 et § 12 Dig. : de re milit. (XLIX, 16).

Parmi les modernes, Walter, dans son Histoire du Droit criminel chez les Romains (1), en a donné l'énumération la plus exacte et la plus complète. Voici, d'après lui, quels étaient les crimes et les délits militaires dans l'armée romaine : la trahison et le passage à l'ennemi ; la désertion ou l'éloignement du corps sans permission ; l'abandon du poste par celui qui est de garde ou de piquet ; le fait de ceux qui prenaient la fuite et jetaient leurs armes pendant le combat ou qui délaissaient un chef sans le défendre ; l'excitation à la révolte; l'insoumission et la résistance aux officiers ; la vente des armes ou des effets d'équipement ; une blessure faite à un compagnon d'armes ; le vol d'armes ou celui qui était opéré dans les camps ; le fait de pénétrer dans le camp par dessus les retranchements ou d'en sauter les fossés ; la tentative de suicide. Nous suivrons cette énumération en la complétant en quelques points et en groupant certains faits qui nous paraissent pouvoir être plus utilement examinés ensemble.

Nous étudierons les délits militaires dans l'ordre suivant :

1° Trahison et passage à l'ennemi.

2° Désertion et absence illégale.

3° Lâcheté sous ses diverses formes : fuite dans le combat, abandon du chef, etc.

4° Inexécution des consignes militaires : abandon du poste, sortie du camp en franchissant les fossés ou les retranchements, infidélité dans la garde des prisonniers ; etc.

5° Désobéissance : Insoumission aux chefs ; excitation à la révolte.

6° Coups et blessures à un soldat.

7° Vol d'armes ou vol dans les camps.

8° Vente d'armes et d'effets militaires.

____

(1) Liv. V, Ch. III, n° 817.

9° Tentative de suicide.

1° *Trahison et passage à l'ennemi.* — Les crimes les plus graves dont puisse se rendre coupable un militaire sont la trahison et le passage à l'ennemi. Les Romains appelaient « *proditor* » celui qui avait favorisé l'ennemi aux dépens de sa patrie, par exemple en fournissant des renseignements ou en attirant ses compagnons d'armes dans une embuscade. Ils appelaient « *transfuga* » le soldat qui passait à l'ennemi. Le transfuge n'est pas guidé par la haine de sa patrie et rarement il prend place dans les rangs ennemis; ce n'est le plus souvent qu'un lâche qui fuit les fatigues de la guerre ou les dangers de la bataille. Ces deux crimes, bien que distingués par le langage, étaient confondus par les Romains dans une répression également rigoureuse et formaient une catégorie à part entre tous les délits militaires. Ils faisaient perdre à celui qui en était coupable la qualité de soldat et celle de citoyen, par lesquelles on était exempt de certaines peines infamantes réservées aux étrangers et aux esclaves.

En principe tout ce qui était licite contre un ennemi l'était contre un transfuge et on pouvait le mettre à mort sans aucune forme de procès — *Transfugas licet, ubicumque inventi fuerint : quasi hostes interficere.* (L. 3, § 6, Dig : ad leg. Cornel. de sicar. — XVIII, 8). Il arrivait même en fait que la condition des transfuges était pire que celle des ennemis, qui, s'ils étaient faits prisonniers ou se rendaient, avaient presque toujours la vie sauve et étaient seulement réduits en servitude. Trois textes de Paul, Modestin et Paternus donnent sur les peines des transfuges d'assez précises indications et chacun d'eux appelle quelques observations.

Transfuga ad hostes, vel consiliorum nostrorum renunciatores, aut vivi exurantur aut furcæ suspendantur. (L. 38, § 1 : Dig.: de

Pœnis—XLVIII, 19). Les mots: « *consiliorum nostrorum renun-ciatores* » s'appliquent dans la pensée du jurisconsulte au citoyen romain qui a livré des renseignements à l'ennemi ; mais l'espion ennemi qui aurait surpris ces renseignements subissait probablement la même peine. C'est par cette idée qu'il convient d'expliquer les premiers mots de ce texte d'Ulpien : *Hostes autem, item transfugæ ed pœnâ adficiuntur ut vivi exururantur*— (*L. 8, § 2—Dig: de Pœnis XLVIII 19*). Cujas, ne pouvant admettre que les ennemis fussent par leur seule qualité dignes de la peine du feu, a proposé de rétablir ce texte en lisant « *Hostes autem, id est transfugæ* ». Cette correction n'a pas prévalu et le texte, tel qu'il est cité dans les recueils n'exprime rien qui ne fût conforme aux idées qu'avaient les Romains de leurs droits vis-à-vis des ennemis. A coup sûr, ils ne condamnaient pas au supplice du feu tous ceux des ennemis qui tombaient entre leurs mains, puisque, comme nous venons de le dire, les prisonniers avaient la vie sauve ; mais il ne faut pas oublier aussi qu'il n'existait à cette époque aucun des usages que le Droit International moderne a imposé aux nations civilisées. L'ennemi n'avait aucun droit. Il pouvait être mis à mort sans jugement et les peines qu'il subissait étaient celles des esclaves et non des hommes libres. Aussi était-il superflu de porter des peines spéciales contre l'espionnage. Celui qui en était coupable était passible des pires supplices, la torture, les bêtes, le bûcher. Ces peines, inapplicables aux soldats, furent celles des transfuges assimilés ainsi aux ennemis. Ce texte d'Ulpien, que Cujas croyait inexactement rapporté, est d'ailleurs corroboré par celui de Paternus que nous aurons à citer tout à l'heure et qui dit en parlant des transfuges « *nam pro hoste non pro milite habentur* ».

Modestin dit de son côté : « *Is qui ad hostem confugit et*

rediit, torquebitur ad bestiasque vel in furcam damnabitur, quamvis milites nihil eorum patiantur. (L. 3, § 10. — *Dig.*: *de re milit.* XLIX, 16). Ce texte montre que les crimes dont il s'agit étaient de ceux pour lesquels il n'y avait aucune circonstance atténuante. Nous verrons en effet que le déserteur quand il se représentait lui-même encourait une peine moindre. Le transfuge qui revient n'obtient aucune diminution de peine. On ne peut citer comme exception à ce principe qu'un rescrit d'Adrien dont les applications ne furent pas sans doute bien fréquentes. A cette époque les brigands étaient fort nombreux. La plupart étaient des déserteurs qui s'organisaient en bande et tenaient campagne. Un transfuge qui faisait découvrir et prenait lui-même un grand nombre de brigands pouvait obtenir sa grâce : mais le pardon ne lui était accordé qu'en récompense de ces faits déjà accomplis et non en égard à la promesse faite de les accomplir (1).

Enfin, voici le texte de Paternus. « *Proditores, transfuge plerumque capite puniuntur et exauctorati torquentur : nam pro hoste non pro milite habentur.* (L. 7. — *Dig*: *de re milit.* XLIX, 16). On peut se demander quelle portée il faut attacher au mot « *plerumque* » qui régit la première phrase de ce texte. Paternus a-t-il voulu indiquer par là que les transfuges subissaient parfois une peine moins sévère. Ce n'est guère probable car, à l'exception du rescrit d'Adrien, on ne trouve jusqu'au règne de Léon aucun texte qui porte la moindre trace d'indulgence à leur égard. — La novelle 67 de Léon qui transforma complètement la législation sur ce sujet indique au contraire très explicitement qu'il n'avait été apporté aucun tempérament à la rigueur de la loi, même dans les cas les plus favorables. Il est donc vraisemblable que

(1) L. 5 § 8 Dig : de re milit. (XLIX, 16).

notre jurisconsulte en indiquant la mort et la torture comme le châtiment le plus fréquent des transfuges a songé aux peines plus graves qui étaient quelquefois prononcées, telles que la peine du feu ou la condamnation aux bêtes dont Paul et Modestin ont parlé.

On voit dans le texte de Paternus que le transfuge avant d'être livré à la torture ou à la mort était « *exauctoratus* » dégradé. L' « *exauctoratio* » dans les cas ordinaires, avait pour effet de faire perdre la qualité de soldat et les privilèges qui y étaient attachés. Dans le cas qui nous occupe, elle n'était qu'une peine de plus précédant la torture ou la mort car il ne faut pas oublier que le transfuge avait perdu « ipso facto » la qualité de soldat et pouvait être mis à mort sans aucun jugement et sans la moindre forme de procédure. La loi 3, § 6. *Dig.: ad leg. Cornel. de sicar. (XLVIII, 8)* que nous avons déjà citée, l'établit avec certitude.

On assimilait au transfuge le soldat qui, ayant été fait prisonnier et ayant eu les moyens de s'évader, n'en avait pas usé. On considérait aussi comme tel celui qui s'était laissé faire prisonnier dans l'enceinte même du camp. Il était en effet coupable de ne s'être pas défendu ou de n'avoir pas appelé au secours et suspect de connivence avec l'ennemi ou d'extrême lâcheté. On excusait au contraire celui qui avait été surpris faisant route hors du camp, par exemple pour porter un message (1). Mais, que devait-on décider lorsqu'un soldat, après une absence de quelque durée, rentrait au camp revenant de chez l'ennemi et alléguant qu'il avait été fait prisonnier et s'était évadé? Il pouvait se faire qu'on fût en présence d'un transfuge. Adrien, par un rescrit, décida que, si le soldat fournissait la preuve de son assertion, il serait réintégré dans

(1) L. 5, § 5 Dig : de re milit. (XLIX. 16).

tous ses droits ; que, si les preuves n'étaient pas suffisantes, on examinerait ses antécédents : s'il avait été, antérieurement à sa disparition, réputé bon soldat, on le croyait sur parole ; si, au contraire, il s'était déjà absenté illégalement ou avait fait preuve de lâcheté, on le traitait en transfuge. Un prisonnier qui rentre au camp après une très longue absence et qui prouve qu'il a été réellement fait prisonnier est restitué dans tous ses droits de vétéran ; il reçoit les récompenses et jouit de toute la considération qui est attachée à ce titre (1).

La rigueur contre les transfuges n'avait pas été moindre sous la République qu'au temps des empereurs. Le supplice qui leur était ordinairement appliqué consistait à être battus de verges et mis à mort (2). Ainsi Fabius Maximus Verrucosus ayant repris dans le Samnium 370 transfuges les envoya à Rome où ils furent, au rapport de Tite Live (3), battus de verges et précipités de la Roche Tarpéienne. Le même historien raconte (4) que Marcellus en Sicile fit battre de verges et décapiter 2000 transfuges. Mais cette peine ne fut pas la seule appliquée au crime dont nous nous occupons. Dans la province de Celtibérie, Fabius Maximus Servilianus fit couper les mains à tous ceux des transfuges qui tombèrent en son pouvoir (5). Scipion après la bataille de Zama et la reddition de Carthage fit mettre en croix les transfuges romains, leur appliquant ainsi le châtiment des esclaves. En même temps les coupables du même crime qui étaient seulement d'origine latine furent frappés de la hache (6). D'autres généraux que Scipion ont eu égard à la nationalité dans le choix des

(1) L. 5, § 6 et 7. Dig.: de re milit. (L.XIX, 16) et L. 3 § 12 cod. tit.
(2) Tite-Live : XXIV, 45.
(3) Ibid, XXIV, 20.
(4) Ibid, XXIV, 30.
(5) Valère-Maxime : Lib II, cap. VII, § 11.
(6) Tite-Live : XXX, 43

peines qu'ils infligeaient aux criminels de cette espèce. Ainsi Paul-Émile après la défaite de Persée fit écraser sous les pieds des éléphants les transfuges étrangers et Scipion Émilien les fit conduire à Rome et exposer aux bêtes (1).

Parmi toutes les dispositions des lois criminelles dont nous aurons à nous occuper dans la suite de cette étude, celles que nous venons d'indiquer concernant les transfuges se sont maintenues le plus longtemps sans aucune modification. Justinien lui-même n'y a rien changé et il a inséré au Code une constitution de Constantin qui porte la peine du feu contre ceux qui partisent avec l'ennemi. — *Si quis barbaris scelerata factione facultatem depredationis in Romanos dederit, vel si quis alio modo factam diriserit, vivus comburatur* (2). Elles n'ont été abrogées que par la novelle 67 de l'empereur Léon. Cet empereur s'élève dans un long préambule contre la sévérité et la rigueur de la vieille loi qui ne permettait pas de faire grâce au transfuge repentant, en sorte que celui-ci préférait mourir chez l'ennemi que de s'exposer aux atroces châtiments qui l'attendaient dans sa patrie. Il est probable que la décision de l'Empereur ne lui fut pas dictée uniquement par les considérations d'humanité qu'il invoque. Il espérait sans doute que la novelle aurait pour effet de faire rentrer dans l'armée un grand nombre de transfuges. Le transfuge qui rentrait volontairement recevait sa grâce quand il n'avait déserté qu'une fois ; il subissait trois ans de servitude après une première récidive et il était après la deuxième condamné à la servitude perpétuelle. La peine de mort n'était applicable qu'au transfuge qui ne s'était pas représenté et avait été pris chez l'ennemi.

2° *Désertion et absence illégale*. — Après la trahison, le

(1) Valère-Maxime : lib. II, cap. VII, § 13 et 14.
(2) C. 9 Cod. : de re milit. (XII 36).

crime le plus grave était la désertion. Les Romains distinguaient, comme on le fait encore aujourd'hui, deux degrés dans l'absence illégale : l'un, moins grave, qu'ils appelaient *emansio* ; l'autre, plus sévèrement réprimé, qui prenait le nom de *desertio*.

La distinction entre ces deux crimes n'est pas difficile en théorie. Le *desertor* est celui qui s'est enfui sans esprit de retour ; l'*emansor* est celui qui s'est absenté pour vagabonder quelque temps, mais avec l'intention de rentrer bientôt sous les drapeaux. C'est ce qu'indique par une comparaison ce texte d'Arrius Menander : « *Levius itaque delictum emansionis habetur, ut erronis in servis; desertionis gravius, ut in fugitivis* » (*L. 4, § 14 — Dig.: de re milit — XLIX 16*). On compare l'*emansor* à l'esclave vagabond, le *desertor* au fugitif. Mais, comme cette distinction est uniquement basée sur l'intention du coupable, elle ne saurait être d'une grande utilité dans la pratique.

Modestin, préoccupé de trouver un critérium qui permît au juge de se prononcer facilement, a établi entre le *désertor* et l'*emansor* une distinction très simple, mais qu'on ne saurait regarder comme exacte: — *Emansor est, qui, diu vagatus, ad castra regreditur. Desertor est, qui, per prolixum tempus vagatus, reducitur.* (*L. 3, § 2 et § 3. — Dig : de re milit. — XLIX, 16*).

A ce point de vue on qualifierait souvent de *desertio* et on punirait comme telle une infraction moins grave en réalité que telle autre qui serait seulement qualifiée d'*emansio*. Un soldat s'absentant sans autorisation pendant un court espace de temps et qui serait pris serait *desertor*; celui, au contraire, qui rentrerait spontanément après une absence de plusieurs années serait *emansor*. Cela est absolument contraire aux idées romaines. Il semble bien au surplus que Modestin lui-même ne considérait pas les deux définitions par lui données comme rigoureuses, car il dit ailleurs (1) que, si un soldat ne rentre pas à l'expiration de son congé, il sera considéré comme *emansor* ou *desertor* « *pro numero temporis* » suivant la durée de son absence. On peut citer d'ailleurs plusieurs textes qui vont directement contre celui de Modestin, car ils parlent de déserteurs qui se représentent spontanément (2). En réalité la distinction entre la *desertio* et *l'emansio* était une question de fait tranchée souverainement et arbitrairement par le juge. Ces deux crimes comportaient chacun beaucoup de degrés tant dans la culpabilité du prévenu que dans l'application de la peine et, en tous ces points, le juge avait un pouvoir souverain d'appréciation.

La désertion en temps de guerre était punie de mort. La même peine était réservée en temps de paix au déserteur qui avait été arrêté « *in Urbe* » (3). Pour Arrius Menander « *Urbs* » voulait dire Rome ; mais, à l'époque où le Digeste a été rédigé, on devait l'entendre aussi de Constantinople. On ne voit pas clairement le motif qui a pu déterminer à punir de la manière la plus grave le déserteur réfugié dans la capitale. Peut-être espérait-on, par cette aggravation de peine, écarter les déserteurs du lieu où ils pouvaient le plus facilement échapper à toutes les recherches. Depuis le règne de Caracalla le déserteur qui se représenta de lui-même n'encourut plus que la peine de la déportation. (4) Macer cite l'exemple d'un fils déserteur qui, ayant été ramené par son père, fut seulement condamné à servir dans un corps moins honorable ; mais ce fait est purement exceptionnel (5).

(1) L. 3, § 5 Dig.: de re milit. (XLIX, 16).
(2) L. 5 pr. et § 4 et L. 13, § 6 Dig.: de re milit. (XLIX, 16).
(3) L. 5, § 1 et § 3 Dig.: de re milit. (XLIX, 16).
(4) L. 5, § 4 Dig.: de re milit. (XLIX, 16.)
(5) L. 13, § 6 Dig : de re milit. (XLIX, 16.)

Cette peine était celle ordinairement appliquée à la désertion en temps de paix (1). Celle-ci du reste était très diversement traitée suivant les circonstances atténuantes ou aggravantes dont elle était accompagnée.

On considérait comme circonstances atténuantes : la jeunesse du délinquant, le peu de temps qu'il avait passé dans le service, la courte durée de son absence, le retour volontaire, les bons antécédents. On regardait comme circonstances aggravantes : le rang et le grade dans l'armée, l'abandon d'un emploi ou d'un poste spécial, les délits commis depuis la désertion. Les conscrits ne subissaient pas la peine de la désertion ; elle ne leur était appliquée qu'en cas de récidive (2). Une décision qui peut surprendre à bon droit est celle qui est attribuée à Menander : Quand un soldat en prison s'évadait, on ne le considérait pas comme déserteur. Le jurisconsulte Macer qui rapporte cette opinion en donne pour motif que c'est la prison et non l'armée qu'il a voulu fuir. Mais, d'après Paul, si l'évasion a eu lieu par effraction, le coupable n'en est pas moins passible de la peine capitale (3).

Lorsque plusieurs individus désertaient ensemble, cette circonstance n'était point indifférente mais elle pouvait, suivant les cas, être atténuante ou aggravante. Ainsi, lorsqu'un ou plusieurs vieux soldats désertaient en compagnie de conscrits, il y avait dans ce fait une circonstance aggravante pour les premiers, atténuante pour les seconds. Si ceux qui avaient déserté ensemble se représentaient et s'ils n'étaient pas en état de récidive, on les changeait de corps et on les répartissait entre différentes garnisons (4).

(1) L. 5, § 1 Dig.: de re milit. (XLIX, 16).
(2) L. 5, pr, et L. 3 § 9 Dig.: de re milit. (XLIX, 16).
(3) L. 13, § 5 Dig : de re milit. (XLIX, 16).
(4) L. 8, § 9 Dig.: de re milit. (XLIX, 16).

Le déserteur qui voulait bénéficier de l'indulgence promise à celui qui se représentait volontairement devait rentrer au corps qu'il avait quitté en désertant. S'il prenait du service dans un autre corps ou se laissait enrôler comme soldat, il n'acquérait par là aucun titre à l'indulgence (1). C'était une sage disposition, car, alors même qu'il ne subissait aucune peine, le déserteur rentré à son ancien corps y était surveillé spécialement et en tout cas moins estimé, puisque sa faute y était connue de tous. Dans un corps où son crime eût été ignoré, il aurait pu jouir de la considération d'un bon soldat et s'élever en grade ; en outre, en cas de désertion nouvelle, il aurait échappé à la peine de mort qui frappait le récidiviste. Quand un militaire en état de désertion commettait quelque crime de droit commun, un vol par exemple, ce crime le faisait assimiler au déserteur récidiviste (2).

Celui qui était pris en état de désertion hors de la province où il tenait garnison devait être reconduit à son corps par les soins du président de la province où il avait été arrêté. Toutefois, s'il s'y était rendu coupable de crime, il en subissait d'abord la peine dans le lieu même où le crime avait été commis (3).

Si le déserteur rentrait après avoir dépassé l'âge du service militaire il n'était probablement exposé à aucune poursuite. Cela résulte par a fortiori de ce texte de Modestin : — *Qui militiæ tempus in desertione implerit, emerito privatur. (L. 3, § 8 — Dig : de re milit. — XLIX, 16)* si le déserteur qui était resté absent jusqu'après l'époque de la fin du service fût resté passible de la déportation n'était-il pas plus que superflu de remarquer qu'il n'avait aucun droit aux récompenses des

(1) L. 4, § 9 Dig : de re milit. (XLIX, 16).
(2) L. 5, § 2 Dig : de re milit. (XLIX, 16).
(3) L. 3, pr. Dig : de re milit. (XLIX, 16).

soldats. Si, au contraire, il était déchargé de toute peine, cette remarque devenait naturelle et presque nécessaire pour mettre obstacle aux prétentions d'un déserteur qui n'aurait dû qu'à son âge d'échapper à la peine qui l'attendait. Il n'est pas très difficile d'ailleurs de s'expliquer les motifs de l'indulgence dont les Romains faisaient preuve à l'égard de ceux dont nous parlons. Quand un militaire atteint en état de désertion l'âge de la fin du service; si sa désertion est ancienne, il a subi un long temps d'exil qui équivaut à une peine véritable; si elle est récente, il avait au moment de déserter payé à la patrie la plus grande partie de sa dette et on comprend que la loi lui accorde quelque indulgence.

En outre, la privation de tous les avantages accordés aux vétérans constituait une peine spéciale pour les déserteurs qui ne reparaissaient qu'après avoir passé l'âge du service. Ces privilèges en effet étaient concédés aux déserteurs qui étaient rentrés dans l'armée sans avoir encouru de condamnation. Cela pouvait avoir lieu dans deux cas. Nous avons déjà cité celui du conscrit qui a été pardonné pour une première désertion (1), le second est celui du soldat qui est rentré dans la milice en vertu d'un ordre du Prince. Ce dernier n'était privé que de la solde et des allocations correspondant à la durée de son absence, encore même la décision impériale pouvait-elle par une mention spéciale lui rendre tous les droits qu'il aurait eus s'il n'eût pas déserté (2).

Quand un soldat mourait en état de désertion, ses biens étaient confisqués d'après une constitution de Marc-Aurèle renouvelée par plusieurs de ses successeurs (3).

(1) L. 3, § 9 Dig: de re milit (XLIX, 16).
(2) L. 10, § 1 Dig.: de re milit. (XLIX, 16); — C. 1 Cod.: de re milit. (XII, 36).
(3) C. 4 Cod: de re milit (XII, 39).

A la fin du IVe siècle, les désertions dans l'armée romaine furent si nombreuses que les empereurs recoururent à toutes sortes de moyens pour les empêcher. C'est à cette époque que furent promulguées les constitutions réunies au Code de Justinien sous le titre : *de desertoribus et occultatoribus eorum* (*XII, 46*). D'une part, on chercha à rendre aussi difficile et aussi précaire que possible l'existence du déserteur afin de le déterminer à se représenter ; d'autre part, on se montra très indulgent pour tous ceux qui revenaient spontanément à leur corps. Si un déserteur se cachait dans une propriété rurale avec le consentement du propriétaire, le fonds qui lui avait servi de retraite était confisqué. Si c'était par la complaisance ou la complicité de l'intendant qu'il avait trouvé un abri, cet intendant était condamné au supplice du feu. On parut craindre que les magistrats hésitassent à appliquer des peines aussi sévères et on prononça que ceux d'entre eux qui se montreraient indulgents pour les coupables seraient privés de leur emploi et verraient leurs biens confisqués. En même temps on pardonnait à tous les déserteurs qui rentraient volontairement dans l'armée et on ne qualifiait de désertion que celle qui avait lieu en temps de guerre.

L'*emansio* était regardée comme un délit d'une gravité beaucoup moindre que la *desertio*. Au lieu que cette dernière avait ordinairement pour point de départ la fuite du camp sans aucune autorisation, l'*emansio*, dans la plupart des cas envisagés par les textes, consistait en un retour tardif après un congé régulier. Un pareil retard était très facilement excusé et toutes sortes de motifs pouvaient être invoqués comme circonstances atténuantes. Ainsi on pardonnait à celui qui, s'étant mis en route de manière à arriver au camp avec exactitude, avait été mis en retard par l'état de la mer ou la rigueur de la saison.

On admettait même qu'il dépassât son congé, pour poursuivre un esclave fugitif. En première ligne l'*emansor* pouvait invoquer des raisons de santé ou des cas de force majeure, comme d'avoir été retenu par des brigands. Il pouvait comme circonstance atténuante alléguer son affection pour ses parents ou ses proches. Les motifs, le lieu et la durée de l'absence étaient toujours pris en considération (1). Aussi le châtiment de ce délit était-il très variable et en général léger. Ce n'était le plus souvent qu'une simple correction de l'ordre de celles que nous qualifions aujourd'hui de punitions disciplinaires. Les Romains l'appelaient « *castigatio* » et elle consistait à recevoir un certain nombre de coups avec le cep dont les centurions étaient armés. Modestin dit que celui qui avait quitté sa faction est plus sévèrement puni que l'*emansor* : suivant les cas il subit une peine corporelle ou perd son rang dans la milice (2). C'étaient donc bien les peines les plus légères qu'on appliquait à l'*emansio* puisque pour des fautes reconnues plus graves on n'infligeait que la simple « *castigatio* ».

3° *Lâcheté*. — La lâcheté était frappée de la peine capitale sous quelque forme qu'elle cherchât à se dissimuler. Celui qui avait simulé une maladie pour éviter de marcher était puni de mort (3). Celui qui avait perdu ses armes était passible de la même peine : mais, s'il paraissait digne d'indulgence, on pouvait se borner à le changer de corps (4). On peut citer ici l'exemple rapporté par Plutarque (5) du fils de Caton qui, ayant perdu son épée dans la bataille contre Persée, alla se

(1) L. 3, § 7 ; L. 4, § 15 et L. 14, pr. Dig.: de re milit. (XLIX, 16).
(2) L. 3, § 5 Dig.: de re milit (XLIX, 16).
(3) L. 6, § 5 Dig.: de re milit. (XLIX, 16).
(4) L. 3, § 13 Dig.: de re milit. (XLIX, 16).
(5) Vie de Paul Émile.

joter au milieu des ennemis et, bravant mille dangers ne revint qu'après l'avoir trouvée. Titus au siège de Jérusalem punit comme s'il avait perdu ses armes un cavalier qui s'était laissé enlever son cheval 1 . Tout soldat qui avait abandonné son chef ou négligé de le défendre était mis à mort si ce chef avait succombé 2. Enfin, si un corps tout entier prenait la fuite dans le combat, on punissait de mort tous ceux dont la responsabilité était plus directement engagée, les chefs, les porte-enseigne qui revenaient sans leur drapeau. Si on connaissait le soldat qui le premier avait pris la fuite, son supplice avait lieu en présence de toute l'armée 3 : quant à ses compagnons, ils avaient tous mérité le dernier supplice mais, comme la mort de tant de soldats aurait trop affaibli les légions, on se contentait de les décimer, c'est à dire, d'en faire périr un sur dix désigné par le sort, plus rarement un sur vingt ou sur cent. Tite Live rapporte 4 qu'Appius après la mutinerie de son armée qui s'était laissée battre à dessein par les Volsques fit trancher la tête aux centurions ainsi qu'aux meilleurs soldats, à tous ceux qui revinrent sans armes et aux porte-enseigne qui avaient perdu leurs drapeaux ; il décima le reste. Ce fut le premier exemple de décimation, mais cette peine fut ensuite plusieurs fois appliquée à la répression des délits commis en commun par un grand nombre de soldats, tels que la fuite ou la rébellion.

4°. — *Inexécution des consignes militaires.* — La peine capitale frappait tout soldat qui manquait à l'exécution d'une consigne dont l'observation lui avait été spécialement confiée et, en premier lieu, la sentinelle qui abandonnait son poste ou

(1) Josephe : Bell. Jud. ; lib. VI, cap. 2.
(2) L. 3, § 22 Dig : de re milit (XLIX, 16).
(3) L. 6, § 3 Dig : de re milit. (XLIX), 16.
(4) Lib II, cap. 59.

s'y laissait surprendre par l'ennemi. — *Is qui exploratione emanet, hostibus insistentibus, aut qui a fossato recedit, capite puniendus est.* — L. 3, § 1 — *Dig. de re milit.* — XLIX, 16.

Il s'agit ici de la sentinelle devant l'ennemi. Le soldat « *in exploratione* » est celui qui était placé en vedette pour observer les mouvements de l'ennemi. Il était assimilé au factionnaire qui gardait les fossés d'un camp ou d'une place. Ce sont là les deux postes les plus importants et les plus dangereux qui puissent être confiés à un soldat. Celui qui se rendait coupable de négligence dans ce service n'avait aucun pardon à espérer. — S'il n'était pas possible de déterminer entre plusieurs soldats de service ensemble celui à qui une faute de ce genre devait être imputée on les punissait tous plutôt que de laisser le crime sans répression. Ainsi, Tite-Live raconte que lorsque les Gaulois furent montés au Capitole et que l'éveil ne fut donné que par les oies sacrées le tribun Sulpicius allait, suivant l'usage, condamner à mort tous les soldats qui étaient de garde à la citadelle, lorsque l'un d'entre eux fut unanimement désigné comme coupable par ses compagnons d'armes. Convaincu de sa faute, il fut précipité de la Roche Tarpéienne (1).

Celui qui était de garde au palais de l'empereur était assimilé à la sentinelle devant l'ennemi. — *Qui excubias palatii deseruerit, capite punitur* — (Paul : L. 10, pr. — *Dig : de re milit* — XLIX, 16). Le factionnaire préposé à la garde d'un général ou de quelque haut magistrat et qui s'écartait de son poste était, d'après Modestin (2) assimilé au déserteur. Cette assimilation est assez rationnelle et nous pensons qu'elle devait entraîner au profit du coupable le bénéfice de toutes les

(1) Tite-Live : Lib. V, cap. 47
(2) L. 3, § 6 Dig. de re milit (XLIX, 16).

distinctions que nous avons mentionnées en parlant de la désertion. Ainsi, le conscrit était pardonné pour sa première faute : en temps de paix la peine ordinairement appliquée était le renvoi dans un autre corps ; en temps de guerre ou en cas de récidive la peine de mort était encourue.

Un fait qui mérite d'être signalé c'est que dans une bataille le soldat romain devait se tenir à son rang, comme une sentinelle à son poste : celui qui s'en écartait était suivant les cas puni de mort ou changé de corps (1).

Des consignes de moindre importance étaient encore sanctionnées par des peines très sévères. On en peut citer comme exemple la défense de sortir du camp sans autorisation : *Nec non et si vallum quis transcendat aut per murum castra ingrediatur, capite punitur. — Si vero quis fossam transiluit, militia rejicitur (L. 3, § 17 et 18 — Dig. : de re milit. — XLIX, 16).*

Il importe de distinguer les deux hypothèses prévues par ce texte, qui étaient évidemment fort distinctes puisque le délit visé par la première était puni de mort et que celui qui était prévu par la seconde entraînait le renvoi de l'armée. Voici comment on peut s'expliquer cette différence. Les armées romaines ne bivouaquaient jamais en rase campagne ainsi que le font les armées modernes. Un camp ne dût-il servir qu'une seule nuit était toujours entouré d'un fossé (*fossa*) que les soldats creusaient dès qu'ils arrivaient sur l'emplacement désigné ou d'une palissade dont chaque légionnaire portait une certaine longueur.

Quand un camp était permanent ou que les troupes devaient y faire un long séjour il était défendu par un fossé plus profond (*vallum*) et par un mur. On comprend dès lors que

____

(1) L. 3, § 16 Dig. : de re milit. (XLIX, 16).

l'on pût être moins sévère pour celui qui s'échappait du camp en franchissant un simple fossé que pour celui qui en sortant était obligé de tenter une escalade difficile. Cependant le renvoi de l'armée dont il s'agit ici était *l'ignominiosa missio* qui emportait note d'infamie et qui était regardée comme la pénalité la plus forte après la mort et l'esclavage.

Les militaires étaient souvent employés à Rome à garder des prévenus en attendant qu'on les fît passer en jugement. Ils pouvaient pour cet office être remplacés par de simples citoyens, mais ce dernier cas était rare. Bien que Modestin dise expressément qu'il doit y avoir deux gardiens pour un prisonnier, il est certain qu'on ne s'en tenait pas à l'observation rigoureuse de cette règle et qu'il n'y avait souvent qu'un soldat pour un prisonnier, parfois même pour plusieurs (1). En cas d'évasion, la responsabilité du gardien pouvait être très diversement engagée. Si cette évasion résultait d'un cas de force majeure, le soldat n'encourait aucune peine. Si un prisonnier confié à deux gardiens prenait la fuite avec l'un d'eux, celui qui était resté était exempt de tout châtiment, alors même qu'il aurait été coupable de quelque négligence. Il aurait été à craindre en effet que, ne pouvant s'opposer à la fuite des coupables et menacé d'un châtiment rigoureux, le gardien resté fidèle ne fît à son tour cause commune avec les fugitifs.

Si l'évasion d'un prisonnier avait été favorisée par la négligence du soldat préposé à sa garde, celui-ci était puni par des coups de bâton ou était changé de corps.

Si le gardien avait laissé évader son prisonnier par un sentiment de commisération, il était changé de corps. S'il était coupable d'ivrognerie ou de lâcheté il subissait la même peine

(1) L. 14, § 1 et L. 12 pr. Dig : de custod. et exhib. reorum (XLVIII, 3.)

précédée d'un châtiment corporel. Enfin, et c'était le cas le plus grave, si le soldat s'était laissé corrompre, il était puni de mort ou renvoyé dans les derniers rangs de l'armée. On tenait compte aussi, dans l'application de la peine, de la personne du prisonnier : si c'était un prévenu sans importance, le gardien qui l'avait laissé évader était moins gravement puni, tandis que la répression était plus sévère pour l'évasion d'un prisonnier de marque ; distinction fort légitime, car la vigilance du soldat aurait dû être plus grande dans ce dernier cas. Si le prisonnier évadé était un esclave fugitif, le gardien coupable était condamné à en payer le prix à son maître, s'il en avait les moyens.

En toute évasion, à moins que la faute ne fût inexcusable, on donnait au soldat le moyen de se soustraire à la peine encourue en lui concédant un délai pour reprendre le prisonnier. On lui adjoignait alors pour cette recherche un compagnon d'armes, non seulement pour l'aider dans sa tâche, mais aussi pour empêcher que, n'y ayant pas réussi, il ne tentât de se dérober par la fuite au châtiment qu'il avait mérité.

Si le prévenu réussissait à se donner la mort, le soldat préposé à sa garde recevait un châtiment corporel. Si le gardien tuait son prisonnier, il était coupable d'homicide ; et, s'il arguait que la mort avait été accidentelle, il devait en fournir la preuve pour être absous.

La mission de garder un prévenu était donc une des plus importantes qu'on pût confier à un soldat et engageait gravement sa responsabilité : aussi cet emploi était-il rarement confié à un conscrit. Si, par exception, il en avait été ainsi et que le jeune soldat eût commis une faute dans l'accomplissement de sa mission, la responsabilité en remontait à celui qui l'avait inconsidérément désigné pour ce service (1).

5° *Désobéissance et rébellion.* — La rébellion, l'excitation à la révolte et jusqu'à la simple désobéissance étaient des crimes punis de mort. Nous avons déjà eu occasion de parler des faits de cet ordre au sujet de la discipline générale et nous avons cité les exemples historiques les plus saillants parmi ceux très nombreux que les historiens nous ont transmis.

Nous nous bornerons ici à indiquer quelques textes relatifs à ces délits. Arrius Menander indique la peine de mort comme le châtiment de l'insubordination : — *Contumacia omnis adversus ducem vel praesidem militis capite punienda est* — *Qui manus intulit praeposito capite puniendus est.* (L. 6, § 2 et § 1 — *Dig. de re milit.* — XLIX, 16) (2). Modestin pose le principe de l'obéissance due au chef dans sa plus grande généralité et sa rigueur la plus absolue : — *In bello qui rem a duce prohibitam fecit, aut mandata non servavit, capite punitur : etiam si res bene gesserit.* (L. 3, § 15 — *eod. tit*). Paul n'est pas moins sévère en ce qui concerne les fomentateurs de révolte. — *Miles turbator pacis capite punitur* (L. 16, § 1 — *eod. tit.*) et Modestin dit également : — *Qui seditionem atrocem militum concitavit capite punitur.* L. 3, § 19 — *eod. tit*). Mais on n'assimilait pas à une révolte les troubles légers qui avaient lieu dans un camp et qui n'avaient d'autre suite que des murmures, des cris ou des réclamations. En pareil cas, les chefs étaient punis par la perte de leur grade et les soldats renvoyés dans un corps moins honorable. Enfin, si ces troubles, sans aller jusqu'à la rébellion, avaient eu des suites graves, la répression était plus sévère. Si une troupe avait refusé de mar-

(1) Sur tous ces points voir : L. 12 et 14 Dig.: de custod. et exhib. reorum (XLVIII, 3) et Paul : Sent. lib. V, Tit 31.
(2) Voir aussi : L. 13, § 4 Dig.: de re milit. (XLIX, 16) déjà cité.

cher, les coupables étaient, suivant les cas, répartis entre d'autres légions ou frappés d'un congé ignominieux (1).

6° *Coups et blessures.* — Les coups et blessures qu'un soldat portait à un de ses camarades donnaient lieu à des peines diverses : si la blessure avait été faite d'un coup de pierre, le coupable était chassé de l'armée ; s'il s'était servi de son épée il était puni de mort (2). Mais, outre cette peine qui ne s'appliquait qu'en cas de blessure grave, le soldat restait soumis à l'action que sa victime pouvait intenter contre lui et qui aboutissait à une condamnation pécuniaire. Le montant de l'amende ou des dommages-intérêts prononcés en cette circonstance était prélevé sur la solde du coupable ou sur sa part de butin.

Les crimes et délits qui ont été cités jusqu'ici sont les plus graves que puisse commettre un militaire. Ils occupent dans les recueils juridiques la plus grande place et ont attiré particulièrement l'attention des historiens. Il faut parler maintenant de quelques délits moins importants.

7° *Vol.* — Le vol, quand il était commis par un militaire, prenait-il une gravité particulière ? Il n'est guère possible de le croire, quoique cette opinion soit généralement admise. Pour la soutenir on s'appuie ordinairement sur un texte de Polybe (3) qui range le vol dans les camps parmi les crimes punis de mort. Mais il y a lieu de remarquer qu'à l'époque où écrivait cet auteur, le vol dans les camps était interdit par un serment spécial, dont nous avons parlé plus haut (4), en sorte que la peine indiquée par Polybe était en-

(1) L. 3, § 20 et 21 Dig. : de re milit (XLIX, 16).
(2) L. 6, § 6 Dig. : de re milit. (XLIX, 16).
(3) Lib. VI, cap. 37, § V.
(4) Supra, p. 15.

courue, moins pour le fait en lui-même que pour la violation
du serment. On cite encore, pour prouver que le vol commis
par les soldats aurait eu une gravité spéciale, le trait suivant
rapporté par Spartien [1] : Pescennius Niger, ayant été infor-
mé qu'un de ses soldats avait volé un coq à un paysan et
l'avait mangé avec neuf de ses camarades, condamna à mort
le coupable et ses complices et ne consentit à leur faire grâce
qu'à la prière de toute l'armée et sous la condition que chacun
d'eux rendrait dix coqs au paysan volé et recevrait dix coups
de bâton. Ce fait ne paraît pas bien concluant quand on sait
que Pescennius Niger mit en œuvre pour le maintien de la
discipline une rigueur qui, non seulement n'était plus en
usage de son temps, mais dépassait même la sévérité des
premiers siècles de Rome. En tout cas, si l'on veut admettre que le vol commis par un militaire ait pu constituer au
temps de la République et sous les premiers empereurs un
délit militaire spécial, il faut reconnaître au moins que les
traditions anciennes sur ce point avaient été abandonnées,
puisque le Digeste ni le Code n'en font aucune mention. —
Une constitution de Valentinien, Théodose et Arcadius [2]
permet aux particuliers de mettre à mort quiconque, soldat
ou citoyen, serait venu piller leurs champs la nuit ou les
aurait attaqués en route. Elle ne distingue pas entre le militaire et le *paganus*. — Un seul cas de vol par un militaire
est prévu au Digeste : c'est le cas le plus grave, celui qui
devait attirer au plus haut point la rigueur du juge militaire,
le vol d'armes, et il n'est puni que de la perte du grade ou
du renvoi dans un autre corps : *Qui aliena arma subripuit, gradu
militiæ pellendus est.* (L. 3. § 1 Dig : de re milit. XLIX, 16.)

[1] in Pescennium.
[2] C. 1. Cod. Quando liceat unicuique (III, 7).

Nous pensons donc que, réserve faite du vol d'armes, délit spécialement militaire et pour lequel il existait une peine militaire, le vol commis par un soldat n'était puni que comme délit de droit commun et par les peines ordinaires.

8° *Vente d'armes et d'effets.* — Le soldat qui vendait les armes ou les effets dont il était détenteur commettait un vol, puisqu'il traitait comme siennes des choses appartenant à l'Etat. Mais, aux yeux des Romains, ce crime se rapprochait davantage de l'abandon du poste, les armes étant confiées au soldat comme un dépôt dont il avait la garde. On faisait en cette matière plusieurs distinctions que Paul a clairement indiquées en quelques lignes. — *Arma alienasse, grave crimen est et ea culpa desertioni exaequatur : utique si tota alienavit : sed et si partem earum nisi quod interest : nam si tibiale vel humerale alienavit castigare verberibus debet : si vero loricam, scutum, galeam, gladium, desertioni similis est. — Tironi in hoc crimine facilius parcetur armorumque custodi plerumque ea culpa imputatur, si arma militi commisit non suo tempore* (1). (L. 14 § 1. — *Dig : de re milit.* — XLIX, 16).

9° *Tentative de suicide.* — Pour terminer la série des crimes militaires, il nous reste à parler du suicide. Les lois ordinaires ne punissaient le suicide que lorsqu'un prévenu

(1) Les distinctions posées ici par le jurisconsulte étant fondées sur le sens de quelques expressions peu usuelles il n'est pas inutile de traduire ce texte : — *C'est un grand crime que de vendre ses armes et ce crime est assimilé à la désertion, surtout si elles ont été toutes vendues. Si le militaire n'en a vendu qu'une partie, il faut examiner leur importance : s'il n'a vendu que ses guêtres ou son manteau, il doit être seulement battu de verges ; mais si c'est la cuirasse, le bouclier, le casque ou l'épée, il est assimilé au déserteur. Ce crime est plus facilement pardonné à l'homme de recrue, et la faute en est le plus souvent imputée au gardien des armes, s'il les a livrées au soldat dans un temps où il n'aurait pas dû le faire.* — On appelait *tibiale* des bandes dont le soldat s'enveloppait les jambes et qui faisaient l'office des bas et des guêtres. *Humerale* désignait le manteau léger analogue à notre pèlerine, dont le soldat romain se couvrait les épaules.

avait cherché, en se donnant la mort, à échapper à une condamnation capitale. La peine, en ce cas, ne frappait pas le suicidé, comme on le vit au Moyen-Age, elle retombait sur ses biens qui étaient confisqués, c'est-à-dire, en réalité, sur ses héritiers. Hors ce cas, la loi civile ne réprimait pas le suicide et elle était en cela d'accord avec les mœurs. La doctrine morale la plus haute et la plus pure de l'antiquité, le stoïcisme, l'honorait comme la suprême garantie accordée à la dignité humaine et l'on vit sous l'Empire les plus vertueux des Romains mettre fin à leurs jours pour échapper au supplice que leur ménageaient les caprices de quelque César.

Mais, pour les stoïciens, le suicide ne fut jamais un moyen licite de se soustraire à l'observation d'un devoir difficile. La loi, d'accord avec la philosophie, en tolérant le suicide chez les citoyens, n'hésitait pas à le punir chez les soldats. Elle le considérait et le réprimait comme une espèce de désertion. Aussi la tentative de suicide était-elle punie de mort. Il peut paraître singulier que celui qui a tenté de mettre fin à ses jours en soit puni par la mort même ; mais il ne faut pas oublier que la mort volontaire n'avait, devant l'opinion publique à Rome, rien de déshonorant, tandis que la peine de mort laissait une tache ineffaçable sur la mémoire du condamné. De cette condamnation résultait d'ailleurs comme de toute peine capitale la confiscation des biens du prévenu (1). Dans certains cas la peine de mort était remplacée par le congé ignominieux. Cela résulte du texte suivant de Paul. — *Miles qui sibi manus intulit, nec factum peregit, nisi impatientiâ doloris aut morbi luctuseu alicujus vel aliâ causâ fecerit, capite puniendus est : alias cum ignominiâ mittendus est* (L. 38, § 12 —

(1) Voir les titres *de bonis damnatorum* et *de bonis eorum qui ante...* Dig. : (XLVIII, 20 et 21).

Dig : de Pœnis — *XLVIII, 19*. On voit que le jurisconsulte exclut de la peine de mort ceux qui ont été poussés à attenter à leurs jours par les souffrances, la maladie, le deuil ou quelqu'autre cause. Ces exceptions étaient formulées par un rescrit d'Adrien. Ce document portait en outre que ceux qui avaient attenté à leur vie dans l'ivresse du vin ou de la débauche seraient seulement changés de corps. Quant à la peine de mort, elle ne resta applicable qu'à ceux qui, ne pouvant invoquer aucune excuse, étaient présumés n'avoir eu d'autre mobile que la lâcheté. On conçoit du reste que sous une législation qui admettait comme excuse du suicide le dégoût de la vie, *tœdium vitæ*, les condamnations pour ce crime durent être assez rares et en tout cas très arbitraires (1).

(1) L. 6, § 7 Dig. : de re milit. (XLIX, 16).

CHAPITRE III

LES PEINES DANS LES ARMÉES ROMAINES

SOMMAIRE : — La peine de mort et ses diverses formes. — Réduction en esclavage ; congé ignominieux ; perte du grade et changement de corps ; corvées, amende et privation de solde ; châtiments corporels. — Peines diverses qui ne furent qu'exceptionnellement appliquées. — Peines collectives : décimation.

Les généraux romains ayant un pouvoir absolu en tout ce qui touchait au maintien et à l'administration de la justice, fixaient arbitrairement et modifiaient à leur gré les châtiments à infliger aux soldats. Aussi, les peines en usage dans les légions était-elles fort nombreuses. Walter en a donné l'énumération suivante : « Les militaires étaient condamnés à périr par le bâton sous les coups de leurs compagnons ; ils étaient encore : décimés, vendus comme esclaves, congédiés ignominieusement, dégradés, incorporés dans une troupe inférieure, employés à des fonctions communes ou viles, frappés d'une diminution de solde, condamnés à l'amende avec saisie d'un gage, soumis aux verges ou au bâton, à la saignée, à des entraves corporelles, à une mauvaise alimentation, forcés de camper hors des retranchements et à faire route avec les bagages » (1).

Cette nomenclature est incomplète en ce qui concerne les formes de la peine de mort. Pour les pénalités légères, elle ne distingue pas suffisamment les plus usuelles de celles dont l'application était tout à fait exceptionnelle.

Modestin au Digeste a énoncé les peines non capitales qui étaient applicables aux soldats : — *Poenae militum hujuscemodi sunt, castigatio, pecuniaria multa, muuerum indictio, militiae mutatio, gradus dejectio, ignominiosa missio.* (*L. 3, § 1 — Dig : de re milit — XLIX, 16*). Le jurisconsulte ne cite ici que les châtiments qui étaient d'un usage constant et dont l'application en des cas donnés avait en quelque sorte force de loi, sous réserve du pouvoir absolu du général. Aucune de ces peines n'était d'un usage aussi fréquent que la peine de mort ; aussi croyons-nous qu'il convient de parler d'abord de celle-ci et de la réduction en esclavage qui peut lui être assimilée, et d'étudier ensuite par ordre de gravité décroissante les pénalités indiquées par Modestin.

Nous examinerons successivement :

1° la peine de mort qui se présente sous plusieurs formes :

    a) praecipitatio de saxo,

    b) securi vel gladio percuti,

    c) fustuarium supplicium,

    d) supplices exceptionnels réservés aux traîtres et aux transfuges ;

2° Réduction en esclavage,

3° Congé ignominieux et dégradation,

4° Perte de grade et changement de corps.

---

(1) Walter, Histoire du droit criminel chez les Romains, traduction par J. Piequet-Damesme, n° 827, p. 61.

5° Corvées.

6° Amendes, privation de solde et de butin.

7° Châtiments corporels.

Telles étaient les peines ordinaires des soldats ; mais, indépendamment de celles-là, nous rencontrons fréquemment dans les historiens le récit de supplices exceptionnels dont il est nécessaire de dire quelques mots pour marquer jusqu'où allait à Rome le pouvoir du général en matière de répression. Nous terminerons ce chapitre en parlant des peines collectives, particulièrement de la décimation dont les Romains firent un si fréquent usage, et qui a trouvé tour à tour parmi les commentateurs, les admirateurs les plus convaincus et les détracteurs les plus sévères.

1° *Mort.* — *a) præcipitatio de saxo.* — L'étude des délits militaires nous a montré qu'il n'était presque pas une faute, quand elle se présentait sans circonstances atténuantes, qui ne méritât la mort. Les formes du supplice varièrent beaucoup suivant les différentes époques. A l'origine de Rome, le coupable était précipité du haut de la roche Tarpéienne. Celle-ci était située à l'extrémité méridionale du mont Capitolin, vers le Tibre. Sa hauteur était d'environ 32 mètres. Elle a été décrite par Sénèque (1) : « *Stat moles abscissa in profundum : frequentibus exasperata saxis, quæ aut elidant corpus aut de integro gravius impellant ; inhorrent scopulis enascentibus latera...* » et plus loin : « *etiam secure despicientibus horrenda* ». Le condamné conduit au bord du précipice était poussé dans l'abîme par le bourreau. Ce supplice n'était pas exclusivement propre aux militaires mais appliqué à tous ceux qui étaient reconnus coupables de haute trahison. Par sa nature même, il ne permettait de faire prompte justice que si

(1) Controv. Lib. I, cont. 3.

le coupable était à Rome ou dans le voisinage ; aussi devint-il inapplicable aux soldats dès que les légions se trouvèrent par leurs opérations entraînées loin de la ville. Mais, sous la royauté et aux premiers temps de la République, l'armée n'eut à combattre que des peuples voisins et ce supplice fut fréquemment employé. Rappelons d'abord un fait historique dont nous avons déjà eu à faire mention.

Lors de la prise du Capitole par les Gaulois, Sulpicius cita devant lui les hommes de garde dont la négligence avait failli compromettre le dernier abri du nom romain, et Tite-Live nous dit qu'il allait les punir tous « *more militari* ». Un des soldats ayant été désigné comme seul coupable, le tribun ordonna qu'il fût précipité de la roche Tarpéienne. Les mots « *more militari* » sembleraient indiquer que ce supplice était alors la forme habituelle de la peine de mort prononcée contre les soldats 1 . Manlius, le sauveur du Capitole , subit plus tard le même supplice, mais ce fut pour un crime politique et sous l'inculpation de haute trahison et non pour une faute militaire (2 . Nous avons dit plus haut que Fabius, dans la guerre contre Annibal, ayant surpris dans les villes dont il s'empara 370 transfuges, les envoya à Rome où ils furent battus de verges et ensuite précipités de la roche Tarpéienne (3 . Le même supplice fut infligé à des otages de la ville de Tarente qui, ayant une fois réussi à s'évader, retombèrent plus tard entre les mains des Romains (4 . Rappelons enfin, quoiqu'il ne s'agisse pas d'un châtiment militaire, le cas bien connu des jurisconsultes de ce Barbarius Philippus, esclave fugitif qui, ayant réussi à s'élever à

(1) Tite-Live : lib. V, cap. 47.
(2) Tite-Live : lib. VI, cap. 20.
(3) Tite-Live : lib. XXIV, cap. 20.
(4) Tite-Live : lib. XXV, cap. 7.

la préture, vit sa véritable condition reconnue et fut au témoignage de Dion Cassius précipité de la roche Tarpéienne après qu'on l'eut affranchi pour donner plus d'éclat à son supplice (1).

Ce châtiment ne fut donc pas exclusivement réservé aux militaires. Il fut aussi le plus généralement appliqué dans les premiers siècles de Rome à tous les crimes de haute trahison. Lorsque la puissance romaine se fut accrue et que les légions se trouvèrent le plus souvent éloignées de la ville, cette peine ne put être maintenue pour les soldats, non seulement parce que l'éloignement en aurait rendu l'application lente et difficile mais encore parce qu'elle n'aurait pu servir de leçon et d'exemple aux compagnons d'armes du coupable. D'ailleurs, même pour les crimes de droit commun, ce supplice ne tarda pas à paraître trop cruel et à tomber en désuétude jusqu'à ce qu'il fut formellement abandonné, ainsi que le constate Modestin : « *Non potest quis* « *sic damnari ut de saxo praecipitetur* » (2).

b). — *Securi vel gladio percuti*. — Une autre forme de la peine de mort était la « *decollatio* » qui consistait à avoir la tête tranchée. La formule de condamnation pour ce supplice était ainsi conçue : — *ut securi (aut gladio) in eum animadvertatur*. — La hache, insigne de la puissance consulaire, fut plus souvent employée sous la République et le glaive sous l'Empire. Le condamné qui devait être frappé de la hache était conduit au milieu du camp devant tous ses compagnons d'armes ou, si l'on était à Rome, au milieu du forum. On le dépouillait de ses vêtements et on le liait à un poteau. Il était ensuite battu de verges et enfin frappé de la hache. C'est

____

(1) L. 3 Dig. : de off. praetor. (I, 14) et Dion Cassius : lib. XLVIII cap. 34.

(2) L. 26, § 1 Dig. : de Pœnis (XLVIII, 19).

ainsi que ce supplice est exposé en plusieurs endroits par Tite-Live et par Frontin (1). Ailleurs, il est vrai, des auteurs et Frontin lui-même mentionnent simplement qu'un condamné est frappé de la hache, c'est qu'alors la peine est indiquée d'un seul mot sans détails, mais elle n'en était pas moins exécutée dans la forme que nous avons rapportée. Mais il est probable que ce n'était que dans des cas exceptionnels et en vertu d'une condamnation spéciale qu'il était défendu de pleurer et d'enterrer les condamnés. Cette honte fut infligée aux traîtres qui s'étaient emparés de Rhégium et y avaient résisté pendant 10 ans. Ils furent frappés de la hache au nombre de 4000 : mais on ne les exécuta pas tous ensemble. C'est par groupe de 50 qu'ils étaient chaque jour retirés de leur prison et mis à mort (2). C'est du supplice de la hache que périt le fils de Manlius pour avoir, sans l'assentiment de son père, alors général, répondu à la provocation d'un soldat ennemi et tué son adversaire.

Sichterman, dans un intéressant opuscule — *De Pœnis militaribus Romanorum* (3), — exprime cette opinion que l'usage du glaive comme instrument de supplice est fort ancien mais il n'invoque à l'appui de son dire qu'un texte de Florus (4) dont le sens est sujet à discussion. Il faut arriver jusqu'à l'Empire pour voir cette arme usuellement employée dans les exécutions, mais il est probable qu'on s'en était déjà servi au temps de Caesar. Juste-Lipse tirait argument de ce vers de Lucain sur la mort de Pompée :

.... *Nondum artis erat caput ense rotare*

(1) Voir notamment : Tite-Live : lib. XXVIII, cap. 29 et Frontin : lib. IV, § 39 et 40.
(2) Val. Maxime : lib. II, cap. 7, § 15 ; Tite-Live : cap. XXVIII, § 28 ; Frontin : lib. IV, § 38.
(3) Amsterdam, 1708.
(4) lib. II, cap. 6.

pour soutenir qu'à l'époque dont parle le poète le glaive ne servait pas à punir les coupables. Il traduisait : « On ne savait pas encore trancher la tête avec l'épée. » Sichterman a très bien montré, par l'analyse des vers qui précèdent celui-ci, que Lucain avait voulu dire : « On ne savait pas alors avec l'épée trancher la tête d'un seul coup. » Le même auteur a fait voir aussi que les commentateurs qui croyaient que la peine du glaive était plus honorable que celle de la hache avaient faussement interprété les textes.

A l'époque des empereurs, les mœurs militaires s'étant affaiblies, les supplices devinrent plus fréquents et plus arbitraires ; aussi n'est-il pas surprenant qu'ils aient eu lieu avec moins d'apparat. On trouve dans quelques passages de Sénèque (1) et de Tacite (2) des indications sur la forme nouvelle que prirent alors les exécutions. Un centurion était chargé de présider au supplice. Il faisait conduire le condamné hors du camp en un lieu peu éloigné. Une fosse y était creusée pour recevoir le corps du supplicié. Le glaive était manié par un soldat accoutumé à cette œuvre et que l'on prenait parmi les *speculatores* (3). Quelquefois, à cause du rang ou de l'importance de la victime, c'était le centurion lui-même ou un tribun qui frappait le condamné.

c). — *Fustuarium supplicium.* — En même temps que la mort par la hache ou le glaive, on rencontre dans l'armée romaine la peine appelée « *fustuarium supplicium* » ou simplement « *fustuarium* » qui fut d'un usage fréquent depuis le temps de la royauté jusqu'à la fin de la République. Les histo-

(1) De irâ : I, 36.
(2) Annal : lib. XV, cap. 67.
(3) Les *speculatores* formaient un corps particulier et étaient employés à des services spéciaux tels que ceux d'espion, d'éclaireur ou de messager.

riens en attribuent communément l'origine à Tarquin le Superbe, mais elle remonte sans doute à une époque plus reculée encore et Sichterman (1) a fort justement exposé les conjectures qui feraient croire que ce supplice est le plus ancien de tous. Le « fustuarium » consistait à être assommé à coups de bâton. Le bâton *(fustis)*, dont on se servait pour ce supplice, ne doit être confondu ni avec le cep de vigne des centurions, ni avec les verges, ou le fouet. Le cep *(vitis)* était l'attribut des centurions, l'insigne de leur grade : ils s'en servaient pour infliger aux soldats dans les circonstances les plus communes des corrections légères qui n'avaient rien de déshonorant. Les verges *(virgæ)* étaient dans l'origine l'attribut des licteurs qui les faisaient servir au châtiment des coupables. Elles n'étaient guère employées dans l'armée si ce n'est pour battre le condamné à mort avant de lui trancher la tête. Le fouet *(flagellum, flagrum)* avait les formes les plus diverses. C'était ordinairement une simple lanière de cuir qui était parfois armée de clous ou de pointes de fer. De tous les instruments de supplice c'était le plus déshonorant. Il était réservé en principe aux seuls esclaves. Il arriva cependant qu'on assimila à ceux-ci des personnes de condition vile ou de très grands coupables (2). Le bâton *(fustis)* était une branche forte et noueuse dont les coups répétés pouvaient entraîner la mort de celui qui en était frappé, mais il n'était appliqué qu'aux hommes libres. — *Ex quibus causis*, écrit Macer, *liber fustibus cæditur, ex his servus flagellis cædi et domino reddi jubetur*

---

(1) De Pœnis militaribus Romanorum : lib. II.

(2) Le caractère honteux de la peine du fouet tenait à ce qu'il était appliqué aux esclaves. On avait choisi pour eux cet instrument de supplice parce que, tout en étant fort cruel, il n'exposait cependant à aucune infirmité incurable. On ne voulut pas en châtiant un coupable léser trop gravement les droits du maître, à qui l'esclave était rendu après avoir subi sa peine.

(L. 10, pr — Dig : de Pœnis — XLVIII, 19). Ce n'est pas au « fustuarium » que ce texte fait allusion mais vraisemblablement à la « fustium admonitio » citée plus haut (1) par Ulpien et Callistrate. Celle-ci était une peine applicable aussi bien aux civils qu'aux militaires. Elle n'était pas mortelle et celui qui l'avait subie n'était pas par cela seul noté d'infamie : — *Ictus fustium*, écrit Marcellus, *infamiam non importat sed causa propter quam id pati meruit, si ea fuit quæ infamiam damnato irrogat*. (L. 22 — Dig : de his qui not. — III, 2).

Le « fustuarium » était une peine capitale applicable aux seuls militaires. La description en a été brièvement donnée par Polybe (2). Le coupable ayant été amené au milieu de ses compagnons d'armes convoqués à cet effet, un tribun prend un bâton et donne le signal en en touchant le condamné : aussitôt tous les soldats de la légion se précipitent sur lui, le frappant les uns à coups de bâton, les autres à coups de pierre (3) et l'abattent à leurs pieds dans l'intérieur même du camp.

La plupart des victimes succombaient sur place. Ceux qui échappaient à la mort immédiate n'étaient pas sauvés pour cela : ils ne pouvaient rentrer dans leur patrie ; nul ne pouvait les abriter sous son toit ou leur donner quelque

(1) L. 6, § 2 et L. 7 Dig : de Pœnis (XLVIII, 19).
(2) Lib VI, cap. 37
(3) Quelquefois on employa contre les coupables non seulement le bâton ou les pierres, comme l'indique Polybe, mais aussi l'épée dont les soldats étaient armés. Sans que cela soit très explicitement indiqué, il semble, d'après Tacite (Annal. I, 44), que tel fut le traitement infligé aux séditieux qui s'étaient soulevés contre l'autorité de Germanicus. Alors même que l'épée aurait été substituée au bâton, cette exécution par tous les compagnons d'armes du coupable ne se rapproche nullement de la mort par le glaive, dont nous avons parlé plus haut, qui était administrée à l'écart, sous les auspices d'un officier et par la main du bourreau.

nourriture : aussi leur fin était-elle plus misérable que s'ils
fussent restés sur le lieu du supplice. A partir d'Auguste on
ne trouve plus que quelques rares exemples de l'application
de cette peine. Ainsi Apronius, sous Tibère, fit décimer une
cohorte qui s'était laissé battre et employa le « fustuarium »
contre ceux que le sort avait désignés (1).

On peut d'après Polybe (2) classer en cinq catégories les
faits qui étaient passibles de ce châtiment : 1° la négligence
dans le service de garde ou de ronde ; 2° le vol dans les
camps ; 3° le faux témoignage ; 4° la débauche contre nature ;
5° la récidive dans une faute qui avait déjà motivé trois condamnations à l'amende. Il ne faut voir dans cette énumération qu'une indication générale sans en conclure que
d'autres fautes ne pouvaient pas quelquefois être punies
du « fustuarium », ni surtout que celles désignées par notre
historien ne pouvaient entraîner une condamnation différente.

d) *Supplices exceptionnels réservés aux traîtres et aux transfuges.* — La « decollatio » le « fustuarium » étaient les formes
ordinaires de la mort pour les soldats, mais les camps of-
fraient souvent le spectacle d'exécutions beaucoup plus
cruelles qui, réservées en principe aux seuls esclaves ou aux
étrangers pour lesquels il n'y avait point de droit, étaient
aussi appliquées aux traîtres et aux transfuges devenus par
leurs crimes de véritables ennemis. Les coupables de cette
catégorie pouvaient être soumis à la torture, mis en croix,
tués sous les fourches, livrés aux bêtes ou brûlés vifs. Nous
en avons déjà cité des exemples en parlant de la condition
des transfuges (3) et nous n'avons que peu de chose à y
ajouter ici.

(1) Tacite : Annal, lib III, cap 21
(2) Lib. VI, cap 37, § 9.
(3) V. supra : p. 48 et suiv.

G. B.

Il faut remarquer cependant que le supplice de la croix ne figure plus dans les textes du Digeste (1) parmi les peines applicables aux transfuges. C'est que, depuis les empereurs chrétiens, ce supplice avait pris un caractère sacré et avait été effacé de la législation pénale. Quoique étant d'origine asiatique, la croix avait été de bonne heure introduite à Rome où elle fut appliquée aux esclaves et aussi aux traîtres et aux transfuges. Ainsi Scipion, le premier Africain, fit mettre en croix les transfuges romains que les Carthaginois lui avaient livrés (2). Après Constantin, ce fut le supplice des fourches qui remplaça la croix. Le coupable, dépouillé de ses vêtements, avait le cou engagé entre les branches d'une fourche et était battu de verges jusqu'à la mort (3). Quelquefois le supplice se terminait en laissant la vie à la victime qui était alors vendue comme esclave (4).

Les transfuges condamnés à être livrés aux bêtes n'étaient pas abandonnés dans l'arène en toute liberté. Ils étaient liés à un pieu ou à une colonne et livrés en pâture à la voracité des animaux féroces.

C'est sans doute la peine du feu qui devint sous l'empire le châtiment le plus ordinaire des transfuges. C'est là du moins ce que semble indiquer ce texte d'Ulpien que nous avons déjà rapporté : — *Hostes autem, item transfuge eâ pœna adficiuntur ut vivi exurantur* (5). Ulpien ne citant qu'une peine a dû indiquer la plus fréquemment appliquée. Au temps

(1) L. 3, § 10 et L. 7 Dig. : de re milit. (XLIX, 16) L. 8, § 2 et L. 38, § 1 Dig : de Pœnis (XLVIII, 19).
(2) Tite-Live : lib XXX, cap 43 ; Valère-Maxime : lib II, cap 7, § 12. V. plus haut. p. 52
(3) Suétone : Nero, XLIX.
(4) Tite-Live : Epit, LV
(5) L. 8, § 2 Dig : de Pœnis (XLVIII, 19).

de la République, les exemples rapportés par les historiens montrent au contraire que le châtiment ordinaire de ce cas consistait à être battu de verges et avoir la tête tranchée [1]. Quand les transfuges étaient repris en grand nombre, on se contentait souvent de les décimer. Du reste, il est incontestable que l'arbitraire des généraux, fort grand dans la répression des autres délits, se donnait un libre cours en cette matière. — Nous avons cité le cas de Fabius en Espagne faisant couper les mains à tous ceux des transfuges qu'il avait repris et celui de Paul Émile après la défaite de Persée faisant écraser sous les pieds des éléphants les étrangers coupables du même crime [2].

2° *Réduction en esclavage*. — La réduction en esclavage fut plusieurs fois prononcée contre des soldats.

Dans la société romaine cette peine frappait les affranchis coupables d'ingratitude envers leur patron. Ceux d'entre eux qui étaient entrés dans la carrière des armes n'échappaient pas plus que les « *pagani* » à cette pénalité qui atteignait non seulement l'affranchi lui-même mais ses descendants coupables d'ingratitude : — *Libertinæ conditionis homines vel eorum filii, etiamsi militantes (ducebantur) ingrati : ad servitutis nexum proculdubioreducentur* [3]. Dans ce cas l'esclavage n'était pas une peine militaire mais plutôt un châtiment qui, fait pour tous les affranchis, leur restait applicable malgré qu'ils fussent entrés dans les légions.

La réduction en esclavage était dans d'autres cas une véritable peine militaire. Elle fut le châtiment ordinaire de ceux qui, par mutilation ou par quelqu'autre moyen, avaient essayé de se dérober ou de dérober leurs fils à la milice :

(1 et 2) V. plus haut : Ch. II p. 52 et 53.
(3) C. 4 Cod ; de libert. et eor. liber. (VI, 7).

Qui ad dilectum olim non respondebant, ut proditores liber-tatis, in servitutem redigebantur (1). Nous avons déjà cité quelques exemples à propos du crime visé par ce texte. Le premier citoyen qui tenta de se dérober à la milice fut vendu avec tous ses biens (2). De même Auguste fit vendre un chevalier qui avait, par la mutilation du pouce, tenté de faire écarter ses fils des légions (3).

Dans un cas différent, Alexandre Sévère pour châtier un soldat qui avait maltraité une vieille femme, dégrada le coupable et le donna comme esclave à celle-ci pour qu'il la fît subsister de son travail (4).

Sichterman a prétendu que l'esclavage était aussi la peine de ceux qui s'étaient engagés dans l'armée pour échapper à la répression de quelque délit qu'ils avaient commis (5); mais cette assertion, au contraire de la plupart de celles qui sont avancées par cet érudit, n'est appuyée d'aucune citation et nous n'avons pu découvrir sur quoi elle repose. Plusieurs textes et particulièrement la loi 16, Dig: de re milit. (XLIX, 16) et la loi 4, § 8 (eod. tit.) nous paraissent indiquer qu'en pareil cas le soldat était seulement délié de son serment : la cause étant ensuite jugée, il était libre de rentrer dans l'armée, si aucune condamnation n'était intervenue qui pût l'en empêcher.

3° *Congé ignominieux*. — La peine militaire qui doit, par ordre de gravité, être placée après la réduction en esclavage est le congé ignominieux *(ignominiosa missio)*.

Quand un soldat quittait l'armée, son envoi en congé pou-

---

(1) L. 4 § 10 Dig. : de re milit. (XLIX, 16).
(2) Val. Maxime : lib II, cap 3, § 4.
(3) Suétone : In. Aug., XXIV.
(4) Lampride : In. Alexandr.
(5) Sichterman : De pœnis militaribus Romanorum; ch. IX.

vait avoir diverses causes. On en distinguait généralement trois, que le juriconsulte Macer a très clairement définies : — *Missionum generales causæ sunt tres, honesta, causaria, ignominiosa. Honesta est, quæ, tempore militiæ impleto, datur. Causaria, cum quis vitio animi vel corporis minus idoneus militiæ renunciatur. Ignominiosa causa est, cum quis propter delictum sacramento solvitur. Et is qui ignominiâ missus est neque Romæ neque in sacro comitatu agere potest. Et, si sine ignominiæ mentione missi sunt, nihilominus ignominiâ missi intelliguntur* (1). On voit donc que la « *missio honesta* » était celle qui était accordée au soldat ayant honorablement achevé son service. La « *missio causaria* » était accordée pour infirmités qui rendaient impropre au métier des armes. Le texte cité semblerait indiquer qu'en dehors de ces deux cas la « *missio* » est toujours « *igominiosa* ». Cette opinion serait trop absolue et l'on doit tout d'abord en atténuer la portée par une citation d'Ulpien qu'il est intéressant de rapprocher de la précédente. Le jurisconsulte après avoir défini la « *missio honesta* » et la « *missio causaria* » ajoute : — *Ignominiosa autem missio toties est quotiens is qui mittit, addit nominatim ignom'niæ causa se mittere : semper enim debet addere, cur miles mittatur. Sed et si eum exauctoraverit, id est, insignia militaria detraxerit, inter infames efficit, licet non addidisset, ignominiæ causâ se eum exauctorasse* (2).

Il paraît à première vue y avoir entre ces deux textes une certaine discordance. A l'encontre de Macer, Ulpien estimerait qu'un militaire n'est « *ignominiâ missus* » que si mention expresse en est faite au moment où il est renvoyé de l'armée et sauf le cas où il avait été publiquement « *exauctoratus* ».

(1) L. 13.§ 3 Dig : de re milit. (XLIX, 16)
(2) L. 2, §2, Dig :de his qui not. infâm. (III), 2

dégradé. Il n'y a pas, croyons-nous, d'opposition réelle dans la pensée des deux jurisconsultes. Macer a donné une formule claire et concise qui ne prétend pas à la rigueur absolue, mais qui est bien conforme à l'esprit général de la législation militaire. Tout individu qui se réclamait de la qualité d'ancien soldat devait justifier des conditions dans lesquelles il avait quitté l'armée. On lui avait remis à cet effet, au moment où il était renvoyé, des certificats « *testimoniales* » qui faisaient mention du motif de son envoi en congé. Si un ancien soldat ne prouvait pas de cette sorte que sa « *missio* » avait été « *honesta* » ou « *causaria* » il y avait contre lui présomption qu'il avait reçu un congé ignominieux. Voilà, selon nous, le sens exact, non peut-être du texte, mais de la pensée de Macer.

Ulpien, au contraire, a tenu à indiquer que pas un soldat ne doit quitter l'armée sans que le motif de son départ soit explicitement connu. D'autre part, il reconnait que la mention expresse du congé ignominieux n'est pas la condition nécessaire, la cause juridique de l'infamie dont le coupable est noté, puisqu'il remarque que celui qui a été dégradé est par cela seul noté d'infamie.

Plus précis que Macer, il a songé à une classe de personnes qui sont exclues de l'armée sans que l'on puisse les ranger dans une des trois catégories déjà énumérées et il ajoute : — *Est et quartum genus missionis, si quis evitandorum munerum causa militiam subiisset : hæc autem missio existimationem non lædit, ut est sæpissime rescriptum* (1). — Nous avons déjà remarqué, en parlant de ceux qui entraient sans droit dans l'armée, que plusieurs d'entre eux étaient simplement déliés de leur serment et replacés dans leur condition antérieure sans

______

(1) loc. cit.

avoir à subir aucune peine ni aucune incapacité. C'étaient certains plaideurs, ou des citoyens qui cherchaient à s'excuser d'une tutelle ; c'étaient surtout les décurions, quand la curie fut devenue un fardeau plus qu'un honneur.

Le soldat renvoyé avec ignominie est noté d'infamie. Il est désigné le premier par l'édit du préteur : — *Prætoris verba dicunt : Infamia notatur qui ab exercitu ignominiæ causâ ab imperatore eove qui de ea re statuendi potestas fuerit, dimissus erit* (1). Il est superflu d'ajouter qu'il perdait toutes ses prérogatives militaires. Il pouvait dorénavant être appliqué à la torture et condamné « *in metallum* ». Le séjour de Rome, plus tard de Constantinople et de tout lieu où l'empereur est présent, lui est interdit (2). Il ne peut plus disposer de son pécule *castrense* et son testament fait au service perd immédiatement sa validité.

Sous l'influence de nos idées actuelles, quelques auteurs récents ont écrit qu'il était exclu de la tutelle. C'est le contraire qui est vrai et il en est fait mention expresse dans les textes. Le soldat sous les armes, le vétéran qui avait accompli vingt années de service pouvaient en principe s'excuser de la tutelle. Cependant ils ne pouvaient refuser la tutelle des enfants d'un compagnon d'armes à moins que ce ne fût en invoquant les excuses ordinaires. Contrairement à ces deux dispositions, le soldat frappé d'un congé ignominieux n'était pas admis à s'excuser à cause de sa condition et en même temps on décidait qu'il ne pouvait servir de tuteur aux enfants d'un ancien camarade. Il était exclu de toute tutelle à Rome, non à cause de son infamie mais parce qu'il n'avait pas le droit de résider « *in Urbe* » (3).

(1) L. 1 Dig : de his qui not. infam. (III, 2).
(2) L. 2, § 4 Dig : de his qui not. infam. (III, 2).
(3) L. 8, pr., § 1 et 9 Dig : de Excus. (XVII, 1).

Le congé ignominieux pouvait atteindre les militaires de tout grade, depuis le simple soldat « miles caligatus » jusqu'au général en chef, eût-il le titre de consul. Le général lui-même, s'il recevait de l'Empereur son congé « *ignominiæ causâ* » était noté d'infamie comme le simple légionnaire. Il ne faudrait pas cependant considérer comme tel le général à qui l'Empereur, mécontent de ses services, aurait nommé un successeur (1).

La forme en laquelle était donné le congé ignominieux était assez variable.

Dans la plupart des cas, le coupable subissait une peine fort analogue à ce qu'est de nos jours la dégradation militaire (2). Il était amené devant ses compagnons d'armes, dépouillé de tous les insignes militaires, en premier lieu de la ceinture qui servait à porter l'épée (3), et ensuite chassé de l'armée. C'est cette cérémonie qui mérite proprement le nom de « *exauctoratio* ». Ce mot du reste n'a pas le sens rigoureux d'un véritable terme juridique. On a cité des exemples où l'expression « *exauctoratus* » désigne des vétérans ayant honorablement servi. Très souvent « *exauctoratio* » est employé comme synonyme de « *missio ignominiosa* » sans qu'on puisse affirmer que le coupable a subi une dégradation en forme.

Quelquefois, lorsqu'il s'agissait d'un personnage important, le général, en présence des officiers assemblés, lui adressait

(1) L. 2, pr. Dig : De his qui not. infam. (III, 2).

(2) Il ne faudrait pas qu'une analogie de langage fît traduire par dégradation la « *gradus dejectio* » dont nous aurons bientôt à parler. C'est « *exauctoratio* » qui correspond à dégradation et « *gradus dejectio* » à rétrogradation, cassation ou destitution.

(3) Cette ceinture « *cingulum* » était le vrai signe de la qualité du soldat. On dit souvent *cingulum* pour *militia*, *cinctus* pour *miles* et *discinctus* pour *paganus*.

une sévère admonestation qui se terminait par un ordre de départ.

Ainsi procéda Caesar en Afrique à l'égard d'Avienus, tribun militaire et de quelques officiers dont le luxe et la mollesse avaient fait scandale dans l'armée. Hirtius nous a conservé le discours que Caesar leur adressa en présence des tribuns et des centurions de toutes les légions réunis à cet effet. En voici le passage le plus important :

« *C. Aviene, quod in Italia milites populi Romani contra Rempublicam instigasti rapinasque per municipia fecisti quodque mihi reique publicae inutilis fuisti et pro militibus tuam familiam jumentaque in naves imposuisti, tuaque opera militibus tempore necessario respublica caret, ob eas res ignominiae causa ab exercitu meo te removeo hodieque ex Africá abesse et quantum pote proficisci jubeo. Itemque te, A. Fontei, quod tribunus militum seditiosus malusque civis fuisti, te ab exercitu dimitto. T. Saliene, M. Tiro, C. Clusinas cum ordines in meo exercitu beneficio non virtute consecuti ita vos gesseritis, ut neque bello fortes, neque pace boni aut utiles et magis in seditione concitandisque militibus adversum vestrum imperatorem quam pudoris modestiaeque fueritis studiosiores, indignos vos esse arbitror qui in meo exercitu ordines ducatis, missosque facio et quantum pote abesse ex Africá jubeo.* » Et l'historien ajoute : — *Itaque tradidit eos centurionibus et singulis non amplius singulos additos servos in navem imponendos separatim curavit* (1).

4° *Perte du grade et changement de corps.* — Les peines dont il nous reste à parler étaient beaucoup moins graves. Nous citerons d'abord la perte du grade et le changement de corps « *gradus dejectio, militiae mutatio.* » La première était, par sa nature même, réservée aux officiers, mais elle

(1) Hirtius ; Bell. Afric ; cap 54.

s'appliquait à tous, jusqu'aux plus élevés en grade. Ainsi le consul Minutius fut replacé dans le grade de lieutenant par Cincinnatus, alors dictateur, et, pour obéir, se démit immédiatement de sa charge consulaire (1). Quelquefois ce n'était pas dans un grade inférieur qu'un officier était replacé, mais bien dans le rang de simple soldat. Ainsi, le tribun Pecuniola ayant été appelé à suppléer le consul Cotta dans son commandement au siège de Lipari, laissa par sa faute brûler une redoute et presque enlever son camp. Sans vouloir tenir compte du haut rang de Pécuniola ni des liens de parenté qui l'unissaient à lui, Cotta le fit battre de verges et classer comme simple fantassin.

Il y avait dans l'armée romaine une véritable hiérarchie entre les diverses armes. Les chevaliers étaient les plus considérés : venaient ensuite les légionnaires et enfin les troupes légères. Le passage de l'un de ces corps à un autre de rang inférieur constituait une véritable peine. Il en était de même du passage dans une troupe de rang égal en qualité de conscrit. Le temps passé précédemment au service cessait dans tous les cas de compter au soldat pour l'acquisition des privilèges des vétérans. Ces peines étaient désignées par diverses expressions « *militiam mutare, gradu militiæ pelli, in deteriorem militiam dari* », mais aucun de ces termes ne doit être confondu avec « *militiâ rejici* » qui désignait une « *missio ignominiosa* ».

Le changement de corps était infligé très fréquemment et en répression des fautes les plus diverses. On peut cependant discerner un trait commun dans la répression des délits auxquels il s'appliquait. C'étaient presque toujours des fautes passibles en principe de peines plus graves mais

(1) Tite-Live : lib. III, cap. 29 ; Val. Maxime, lib. II, cap. 7, § 7

auxquelles on se montrait indulgent, soit à raison des circonstances atténuantes qu'elles présentaient, soit aussi à cause du nombre des coupables dont le renvoi en masse ou l'exécution aurait trop affaibli l'armée.

La désertion, l'abandon du poste en temps de paix et sans aucune circonstance aggravante étaient punis de cette façon (1). Le légionnaire qui, par un mouvement instinctif, avait saisi et maintenu le cep du centurion levé pour le frapper, était renvoyé dans un autre corps (2). La même peine était applicable à celui qui avait tenté de se suicider et qui paraissait excusable pour avoir commis cet attentat dans l'excès du vin ou de la débauche (3). Le soldat qui avait laissé échapper un prisonnier et qui paraissait mériter quelque indulgence, soit qu'on l'eût enivré, soit qu'il eût succombé à la fatigue d'une faction prolongée, était changé de corps après avoir subi un châtiment corporel (4). Celui qui, en temps de guerre, avait perdu ou aliéné ses armes était en principe puni de mort. Modestin ajoute : — *Humana militium mutat* — (5). Celui qui quittait son rang, la légion étant réunie, était passible du « *fustuarium* ». S'il alléguait une excuse valable, il était seulement envoyé dans un autre corps (6). Même peine, pour celui qui avait excité des murmures ou amené une mutinerie sans conséquences (7). Nous avons cité en parlant de la désertion l'exemple de ce jeune déserteur qui avait été ramené par son père et qui, par un rescrit spécial d'Antonin, fut seulement condamné à servir dans une troupe

---

(1) L. 2, § 5 et L. 5, § 1 Dig : de re milit (XLIX, 16).
(2) L. 13, § 4 Dig : de re milit (XLIX, 16).
(3) L. 6, § 7 Dig : de re milit (XLIX, 16).
(4) L. 12, pr Dig : de custod. et exhib. (XLVIII, 3).
(5) L. 3, § 13 Dig : de re milit (XLIX, 16).
(6) L. 3, § 16 Dig : de re milit (XLIX, 16).
(7) L. 3, § 20 Dig. : de re milit. (XLIX, 16).

inférieure en considération de la vertu dont son père avait fait preuve (1). Quand cette peine était appliquée à plusieurs soldats pour un crime perpétré en commun, les condamnés étaient toujours dispersés dans des corps différents, précaution très sage qui avait pour objet, autant d'amender chacun d'eux en le plaçant dans un milieu nouveau, que de prévenir entre eux tous de nouvelles et plus criminelles collusions (2). Ainsi, quand plusieurs soldats désertaient ensemble pour la première fois et rentraient dans un délai assez bref, on les envoyait dans une troupe de rang inférieur et dans des garnisons différentes (3).

5° *Corvées.* — Les corvées « *munera* » étaient dans l'armée romaine très nombreuses et très pénibles. Elles consistaient surtout en travaux de terrassement. Nous avons dit que dans l'armée romaine le travail était continuel. Quand il ne se battait pas, le soldat traçait des routes, creusait des ports, etc. Une armée ou une légion en marche ne campait jamais en rase campagne, quelque sécurité qu'il y eût à le faire. Il fallait toujours entourer le camp d'une palissade et d'un fossé. Tous les soldats ne concouraient pas à cette besogne. Quelques-uns en étaient officiellement dispensés, soit à cause de l'ancienneté de leurs services, soit pour avoir accompli quelque action d'éclat. Quant aux autres, ils n'y étaient pas tous employés indistinctement. On y envoyait d'abord ceux qui avaient mérité quelque punition et on leur adjoignait de préférence les recrues ou les soldats des milices inférieures. Quelquefois, soit que les coupables fussent en grand nombre, soit qu'on voulût donner à leur châtiment un caractère plus humiliant, on les faisait venir sans ceinture « *discincti* »,

(1) L. 13, § 6 Dig : de re milit. (XLIX, 16).
(2) Entre autres exemples : Frontin : Srat ; lib. IV, cap. I, § 43.
(3) L. 3, § 9 Dig : de re milit. (XLIX, 16).

comme de simples ouvriers et on leur imposait une tâche sans importance ou sans utilité. On leur faisait, en présence de toute l'armée, hacher de la paille ou creuser un fossé en rase campagne (1).

6° *Amende: Privation de solde et de butin.* — La condamnation à l'amende a toujours été en usage dans l'armée romaine. Elle est mentionnée déjà par Polybe (2) et on la retrouve au Digeste dans l'énumération que fait Modestin des peines militaires (3). Polybe la cite comme la pénalité la plus légère qui puisse être infligée par les tribuns. Modestin la place entre la « *castigatio* », simple correction directement appliquée par les centurions sans aucune formalité juridique, et les corvées qui n'étaient souvent pas très dures.

Sur quelles ressources le soldat s'acquittait-il des condamnations portées contre lui ? — Il pouvait le faire d'abord sur les sommes qu'il détenait personnellement provenant de sa propre fortune, de sa part de butin ou de ses économies sur la solde. Mais, le plus souvent, le soldat ne conservait entre ses mains que de faibles sommes, soit par crainte d'être volé, soit plutôt à cause du poids considérable des monnaies d'alors. Il déposait la plus grande partie de son avoir dans la caisse de l'armée, entre les mains du questeur, qui en répondait et la lui restituait au fur et à mesure de ses demandes. La plupart de ces dépôts n'étaient retirés qu'au moment du retour à Rome ou à la fin du service. C'est sur les sommes souvent considérables dont chaque soldat était créancier, que le montant des amendes était facilement prélevé. Quand ce moyen faisait défaut, soit que le soldat eût dissipé son avoir, soit que

(1) Plutarque : Vie de Lucullus — Frontin : Strat., lib. IV, cap. 1.
(2) Lib. VI, cap. 37, § 8 et 9.
(3) L. 3, § 1 Dig : de re milit (XLIX. 16).

des amendes antérieures n'en eussent laissé subsister qu'une trop faible part, on pouvait, à titre d'amende, condamner le légionnaire à remettre ses armes les moins importantes, ordinairement les javelots « *hasta* » :et l'on appelait cette sorte de saisie « *censio hastaria.* » *Censio hastaria dicebatur, cum militi mulctæ nomine ob delictum indicebatur quod hastas daret* (1).

Plus souvent on prononçait contre le coupable la retenue de la solde. On sait qu'à l'origine le soldat romain, recruté parmi les citoyens aisés, n'était pas payé ; mais, à partir du siège de Véies, une rétribution fut allouée aux fantassins et bientôt après aux cavaliers. Cette solde était payée à des intervalles assez éloignés, généralement tous les quatre mois, et le légionnaire pouvait en être privé à titre de peine. On disait qu'il était alors « *ære dirutus* » et la solde ainsi retenue s'appelait « *æs resignatum* » : — *Resignatum æs dicitur militi, cum ob delictum aliquod jussu tribuni militum ne stipendium ei detur in tabulas refertur* (2). Il n'est guère permis de fixer dans quels cas spéciaux cette peine était infligée. Les commentateurs ont pensé que c'était le châtiment ordinaire pour celui qui manquait à un service sans juste cause et qu'on appelait « *infrequens miles* ». Il est probable que l'application en était abandonnée à l'arbitraire absolu des tribuns. La privation de solde fut quelquefois appliquée à des troupes entières dont on avait à se plaindre. Ainsi le Sénat obligea les soldats d'une légion que le tribun Fulvius avait licenciée de sa seule autorité à rentrer au service et à perdre la solde de six mois (3). Une autre légion qui avait laissé tuer en Ligurie le consul Petilius fut privée de solde et condamnée à perdre le service d'une année (4).

(1) Festus : de Verb. signif ; V° Censio.
(2) Festus : de Verb. signif. ; V° resignatum.
(3) Tite-Live : lib. XL, cap. 41.
(4) Val. Maxime : lib. II, cap. 8.

La privation de butin était infligée par le général en chef à des portions de troupes qui s'étaient mal conduites pendant un combat ou une campagne. Ainsi, Cincinnatus, en même temps qu'il replace le consol Minutius dans le rang de lieutenant, prive de leur part de butin les troupes qui étaient placées sous ses ordres (1).

On s'est demandé si la solde était due au prisonnier pour le temps passé chez l'ennemi quand il était rentré avec tous les bénéfices du « *postliminium* ». Justinien fixe que le prisonnier n'y a aucun droit, non plus qu'à aucune des récompenses octroyées à l'armée pendant le temps de son absence. — *Stipendia et donativa temporis, quo apud hostes fuisse te dicis, restitui tibi postliminio regresso restituloque non jure desideras* (2). Il ne paraît pas que ce texte renferme une innovation juridique. Après comme avant cette décision, le militaire qui prouvait qu'il avait été fait prisonnier sans aucune faute ni négligence de sa part et qu'il avait fait tout ce qui était possible pour échapper à l'ennemi, conservait tous les droits qu'il eût eus s'il n'avait pas été pris. Faute par lui de fournir cette preuve, ses chefs appréciaient d'après les circonstances et en tenant compte de sa conduite antérieure s'il méritait son pardon (3). Ce que Justinien établit, c'est que le bénéfice du « *postliminium* » ne donnait par lui-même aucun droit à la solde échue et aux récompenses accordées à l'armée pendant la captivité du prisonnier.

Nous devons mentionner ici quelques décisions impériales de la dernière période qui prononcent diverses peines pécuniaires contre des soldats. Arcadius et Honorius défendent que l'on fasse passer un militaire d'un corps dans un autre,

(1) Tite-Live : lib. III, cap 29.
(2) C. 1 Cod : de re milit. (XII, 36).
(3) L. 3, § 12 et L. 5, §§ 5, 6, 7, Dig : De re milit. (XLIX, 16).

sauf dans un intérêt public. En cas de contravention, le chef qui a prononcé le changement est passible d'une amende d'une livre d'or (1). Quand des militaires sont employés, contrairement aux règles de la discipline, à des travaux d'utilité particulière, le chef qui les a envoyés et la personne qui a profité de leur travail sont punis chacun d'une amende d'une livre d'or par chaque soldat ainsi détourné de son service (2). Dans une constitution, que le Code de Justinien n'a pas retenue, Constance prononçait une amende de cinq livres d'or contre les chefs qui accorderaient à la légère des congés à leurs hommes (3). Une constitution d'Arcadius et Honorius (4) décide que, lorsqu'un soldat s'est précédemment absenté de son corps d'une manière illégale, il pourra, en cas de récidive, être puni de la perte de tous ses biens. Il ne s'agit plus ici d'une simple amende au sens où l'entendent Polybe et Modestin. Du reste cette disposition n'a pas pris place au Code de Justinien et il est permis de douter qu'elle ait été fréquemment appliquée. Une constitution de Justinien (5), après avoir décidé que nul à l'avenir ne pourrait se faire inscrire simultanément dans divers ordres de la milice, ainsi que plusieurs le faisaient pour en tirer vanité, portait une amende de 10 livres d'or contre tous ceux qui adresseraient une demande pour être admis à enfreindre cette décision.

Rappelons qu'au temps de la République les généraux étaient souvent frappés par le peuple de condamnations pécuniaires très fortes. Ce n'étaient pas là vraiment des peines

(1) C. 14 Cod : De re milit (XII, 36).
(2) C. 15 Cod : de re milit. (XII, 36).
(3) C. 2 Cod. Théod : de re milit. (VII, 1).
(4) C. 16 Cod. Théod ; de re milit. (VII, 1).
(5) C. 5 Cod : Qui milit. poss. (XII, 34).

militaires, mais bien plutôt des condamnations en quelque sorte administratives, prononcées contre des consuls qui rendaient compte de leur charge ou de hauts magistrats déférés au peuple pour avoir mal rempli leurs fonctions. Nous avons déjà parlé de Postumius condamné par le suffrage des tribus à une amende de 200.000 sesterces pour avoir employé 2000 hommes de ses troupes à des travaux sur ses terres. (1) Citons encore P. Claudius Pulcher qui, ayant été battu à Drépane et convaincu d'avoir livré bataille à la légère, malgré les auspices contraires, fut condamné à une forte amende (2).

Pour terminer, nous placerons ici le récit d'un fait qui nous a paru intéressant, car il donne une idée du pouvoir arbitraire dont les consuls pouvaient user dans leur commandement militaire. Bien qu'il ne s'agisse pas d'une peine pécuniaire véritable, il nous a semblé que ce trait n'était pas sans quelque rapport avec ceux que nous venons d'indiquer et pouvait trouver place à côté d'eux. — En l'an 271 de Rome, les consuls M. Fabius et L. Valérius, ayant voulu faire une levée de troupes pour marcher contre les Volsques et s'étant heurtés à l'opposition de l'un des tribuns, C. Manius, réussirent cependant à faire exécuter leurs ordres en usant d'un stratagème. Ils profitèrent de ce que la puissance tribunitienne expirait aux portes de la ville : ils transportèrent leur tribunal au Champ de Mars et y convoquèrent ceux qu'ils avaient décidé d'enrôler. Contre ceux qui ne se rendirent pas à leur appel, on ne put agir directement et de force, mais on fit dévaster toutes leurs propriétés rurales en coupant les arbres, rasant les métairies, enlevant les instruments et les troupeaux (3).

<hr>

(1) Supra p. 23.
(2) Polybe : 1, 52.
(3) Denys d'Halic.: Antiq. Rom., Lib. VIII, § 87.

7. b.

7° *Châtiments corporels.* — On appelait « *castigatio* » la correction consistant en coups de baguettes dont les soldats étaient frappés pour de légers manquements à leurs devoirs. Elle ne constituait pas véritablement une peine et n'était que l'équivalent des punitions qui forment dans les armées modernes la répression disciplinaire. C'est avec le cep de vigne, insigne de commandement des centurions, que les soldats qui avaient commis quelque faute légère étaient frappés. Les Romains attachaient une très grande importance à la nature de cet instrument de correction. Etre frappé avec un cep de vigne n'avait rien de déshonorant. Pline l'Ancien en parlant de la vigne dit : *etiam in delictis pœnam ipsam honorat* (1).

Aussi le cep était-il par privilège réservé pour le châtiment des soldats romains (2). Les étrangers, les alliés étaient pour les mêmes fautes frappés avec les verges, parfois même avec des bâtons. Ceux-ci déshonoraient plus que les verges et l'emploi en était presqu'exclusivement réservé pour le « *fustuarium supplicium*. Si le cep de vigne n'avait rien d'infamant, il pouvait cependant constituer entre des mains brutales un cruel instrument de correction. Tacite raconte (3) que l'une des premières victimes des soldats dans la révolte des légions de Pannonie fut un centurion appelé Lucillius et que l'on avait surnommé « *cedo alteram* » (*à un autre*) parce que, chaque fois qu'il avait brisé son cep de vigne sur le dos d'un soldat, à l'instant même il en demandait un second pour poursuivre le châtiment.

Rappelons ici que le soldat ainsi frappé devait supporter les coups sans le moindre mouvement de révolte. Que par un geste, peut-être instinctif, il vint à saisir le cep de vigne, il

(1) Lib. XIV, cap. 3.
(2) Tite-Live : lib. LVII.
(3) Annal : lib. I, cap. 23.

méritait d'être changé de corps; si, dans un mouvement de colère, il le prenait et le brisait, ou s'il levait la main sur le centurion, il était puni de mort (1).

Peines exceptionnelles. — Après avoir achevé l'énumération des peines qui étaient le plus fréquemment en usage dans l'armée romaine, nous avons à mentionner certains supplices, absolument exceptionnels, mais qui par cela même établissent, à notre avis, ce qu'il y avait d'arbitraire dans l'autorité des généraux en chef ou des empereurs. Auparavant nous citerons quelques peines indiquées par les commentateurs ou les historiens comme plusieurs fois employées, mais qui paraissent avoir été ordonnées moins en conformité des usages reçus que par un ordre spécial.

C'est ainsi que l'on trouve plusieurs exemples de soldats à qui l'on faisait subir l'amputation des membres à titre de peine. On coupait les jambes aux déserteurs ou à ceux qui n'avaient suivi qu'avec hésitation les enseignes au fort de la bataille. On tranchait les mains aux voleurs ou aux transfuges.

Mais ces peines, pour avoir été plusieurs fois appliquées, ne constituaient pourtant pas le châtiment habituel et passé en usage pour un délit déterminé. Plus exceptionnelle encore, et surtout plus incompréhensible, se trouve la peine de la saignée « *sanguinis effusio* » mentionnée par Aulu-Gelle (2) et par Frontin (3). Le premier pense qu'on l'infligeait aux soldats trop stupides, plutôt comme remède que comme peine. Frontin indique que Caton en usait comme d'une punition moins sévère à l'égard des voleurs à qui il aurait pu faire couper les mains.

(1) L. 13, §. 4. Pig : de re milit. (XLIX, 16.) Voir supra p. 20.
(2) Noct. attic : lib. X, cap VIII
(3) Srat. : lib. IV, cap 1, § 16

L'arbitraire de quelques généraux et plus souvent la cruauté atroce de quelques empereurs se sont donnés libre carrière dans la répression des délits militaires.

Nous en donnerons quelques exemples afin de bien prouver que la justice militaire chez les Romains n'était pas, comme chez les modernes, réglée par des lois qui auraient porté des peines déterminées pour tel ou tel fait incriminé. Nous avons cité (1) Avidius Cassius faisant attacher de haut en bas, le long d'un grand arbre, ceux qui s'étaient écartés du camp sans autorisation ou qui avaient combattu sans ordre, puis faisant allumer au-dessous un grand feu, de sorte que les uns étaient brûlés, les autres asphyxiés par la fumée. Le même empereur faisait battre de verges et décapiter les soldats pour des méfaits qui n'étaient ordinairement punis que des peines les plus légères et, par exemple, il faisait mettre en croix les maraudeurs (2).

Macrin fit traîner derrière un char le corps d'un tribun coupable de négligence dans la garde du camp. Il ordonna que des coupables fussent enfermés tout vivants dans un mur qu'on bâtissait. Ce fut lui enfin qui imagina pour deux soldats qui avaient violé une servante et qui, d'après la loi romaine, méritaient la mort, un supplice horrible dont son historien nous a conservé la description. Il fit abattre deux grands taureaux à qui on coupa la tête. Les deux coupables furent cousus tout vivants dans le corps de ces animaux, leur tête seule restant en dehors afin de prolonger le supplice (3).

Aurélien faisait attacher par chaque pied un coupable à deux arbres rapprochés de force et qu'on laissait ensuite reprendre

(1) Supra p. 29.
(2) Vulcatius : Vie d'Avidius Cassius.
(3) Capitolinus : Vie de Macrin.

leur position naturelle, en mettant en pièces le malheureux (1).

En mentionnant ces supplices horribles, nous ne croyons pas qu'il en faille tenir compte autant que l'ont fait quelques commentateurs dans un jugement à porter sur la sévérité de la discipline dans les armées romaines. Ils constituent des cas purement exceptionnels qui ont soulevé contre leurs auteurs la haine profonde des soldats et excité l'indignation de tous les historiens. Ils sont seulement intéressants à noter à cause de la conclusion qui en découle. Déjà, en bien des endroits, nous avons remarqué quelle latitude avaient les généraux pour la répression des délits de tout ordre. Quand on constate que des faits pareils ont pu se produire et que ceux qui les ont rapportés en ont fait ressortir toujours la cruauté effrayante et jamais l'illégalité, on peut conclure avec certitude que le droit de punir que les généraux avaient sur les soldats était absolu et complètement arbitraire. Il y avait, sans doute, des usages passés, si l'on peut dire, en force de loi, mais le chef suprême des légions restait toujours maître de s'en affranchir.

Peines collectives ; décimation. — Nous avons laissé de côté jusqu'ici toute une catégorie de peines qui par leur caractère spécial méritent d'être étudiées séparément. Il s'agit des peines collectives qui ont aujourd'hui complètement disparu de nos lois, mais non peut-être de nos usages, et qui étaient très usitées dans l'armée romaine. Ainsi des travaux extraordinaires, des corvées exceptionnelles étaient souvent commandés à des corps entiers dont les généraux avaient à se plaindre. Nous avons indiqué en parlant de la « *militiæ mutatio* » que cette peine était souvent appliquée par mesure d'indulgence à la place de la peine capitale. Il en était particuliè

(1) Vopiscus : Vie d'Aurélien.

rement ainsi quand le nombre des coupables était si grand que leur mort eût trop affaibli l'armée. On voit dans Frontin le consul Curion dissoudre une légion entière et en répartir les soldats comme conscrits dans quatre autres légions (1).

Mais ce moyen n'était pas le seul, ni même le plus fréquemment employé pour réprimer les fautes graves commises par un grand nombre de soldats ou par un corps tout entier. On préférait en ce cas recourir à *la décimation* qui consistait à faire désigner par le sort un certain nombre des coupables et à les faire périr sans rémission. Nous trouvons dans Polybe une description si précise de ce supplice que nous ne saurions mieux faire que d'en donner simplement la traduction : « Si, écrit-il, des délits passibles d'une peine capitale sont commis par un assez grand nombre de soldats, si des manipules entiers ont battu en retraite devant l'ennemi, il n'est pas dans l'usage des Romains que tous les coupables périssent sous le bâton ou le glaive. Ils ont trouvé pour ces crimes un châtiment approprié et cependant terrible. Le tribun (à moins que ce ne soit de préférence le général en chef) convoque toute l'armée, fait comparaître les déserteurs au milieu de l'assemblée et leur adresse en une harangue enflammée les plus sanglants reproches. Quand il a fini de parler, il fait désigner par le sort tantôt 5, tantôt 8, tantôt 20 des coupables, de manière que, suivant leur nombre, il y en ait environ un dixième ainsi marqué. Ceux que le sort a choisis entre tous sont inexorablement condamnés au supplice du « *fustuarium* » ; le reste recevra de l'orge en place de froment et bivouaquera hors du camp en rase campagne. Par ce moyen, le danger, la crainte d'être désignés par le sort, planent également sur tous les coupables (nul ne sait en

_____

(1) Frontin : Sratag ; Lib. IV, cap. 13 § 4.

effet sur qui la peine tombera) ; une tache infamante, l'orge reçu en place du blé les atteignent tous. Par là on obtient le meilleur résultat qu'il soit possible, on remplit un double but : les coupables ont été frappés de terreur, le crime a été expié » (1).

Ce fut Appius Claudius qui donna le premier exemple de la décimation en l'an de Rome 282 (2). Cette peine ne dut pas après lui être fréquemment employée, car Plutarque en parlant de Crassus qui la renouvela, remarque qu'elle n'était plus en usage depuis longtemps (3).

A partir d'Antoine et de Caesar on en trouve dans les historiens de très nombreuses mentions (4) qu'il serait superflu de relever et qui n'apportent presqu'aucun trait nouveau à la description donnée par Polybe. Toutefois il faut remarquer que quand un corps constitué était condamné à la décimation, le tirage au sort ne s'effectuait qu'entre les simples légionnaires et mêmes entre ceux-là seulement dont la responsabilité n'était pas particulièrement engagée. Les tribuns, les centurions, les porte-enseigne, les fauteurs de la révolte ou les premiers fuyards, s'ils étaient connus, étaient préalablement mis à mort. Quant au nombre de ceux que le sort désignait pour le supplice, c'était généralement le dixième des coupables, ainsi que l'indique le nom même de décimation. Polybe ne donne cette proportion que comme approximative et tous les textes montrent qu'elle représentait un maximum souvent atteint mais jamais dépassé. Il arrivait parfois qu'on ne faisait désigner qu'un nombre beaucoup moindre de victimes. Macrin, l'un des plus sanguinaires parmi les empereurs.

(1) Polybe : lib. VI, cap 38.
(2) Tite-Live : lib. II, cap 49.
(3) Plutarque : Vie de Crassus.
(4) Notamment : — Plutarque : Vie d'Antoine ; Dion Cassius : lib XLIX et LIV ; Frontin : lib IV ; Suétone : Vie d'Auguste, cap XXIV.

eut souvent à essuyer des séditions dont il châtia les auteurs par la décimation; mais il ne faisait mourir que le vingtième ou le centième des révoltés. Il avait inventé le mot « *cente-simare* » pour exprimer, disait-il, l'excès de sa clémence (1).

Les historiens et les philosophes ont discuté beaucoup sur l'utilité et sur la moralité des peines collectives et de la décimation en particulier. On s'indigne parfois que le hasard d'un tirage au sort puisse envoyer au dernier supplice un soldat peut-être moins coupable que la plupart de ses camarades qui ont la vie sauve; mais il ne faut pas oublier que la décimation ne fut appliquée à Rome qu'à des hommes qui avaient tous mérité la peine capitale. Si le devoir militaire ou une consigne particulière imposent à un soldat l'obligation de mourir avant de reculer ou de se rendre, il sera permis peut-être d'avoir quelque pitié pour ceux qui n'ont pas su accomplir jusqu'au bout cet héroïque devoir; mais la discipline serait perdue si le soldat pouvait croire que sa lâcheté propre trouvera une excuse dans celle de ses compagnons et que les fautes collectives seront assurées de l'impunité pourvu que le nombre des coupables soit assez grand. Quand on voit, dans le récit des guerres modernes, avec quelle incroyable facilité, dans les grandes armées, de notre époque, la retraite se transforme en débandade et la défaite en en déroute on est douloureusement frappé, non seulement de l'impuissance des chefs à arrêter de pareils désastres, mais encore de l'impunité complète assurée à la lâcheté du plus grand nombre.

Lorsqu'un crime a été commis par un coupable isolé ou seulement par un petit nombre d'hommes et qu'on n'a pu découvrir celui ou ceux qui en sont responsables, il serait à la

(1) Capitolinus : Vie de Macrin.

fois odieux et immoral de faire désigner par le sort parmi quelques suspects une ou plusieurs victimes chargées d'expier pour le criminel inconnu. Il le serait presqu'autant d'infliger à une troupe ou à une population tout entière une peine quelconque pour un fait imputable seulement à quelques-uns de ceux qui la composent. On ne serait pourtant pas embarrassé pour trouver des exemples de ce genre jusque dans l'histoire la plus récente. Mais la décimation, telle qu'elle était en usage chez les Romains, ne mérite pas les mêmes reproches. On ne décimait que ceux dont la conduite personnelle avait mérité la mort et, si parfois les exécutions étaient nombreuses, il faut songer que les fautes commises l'avaient été plus encore. Les anciens pensaient que cette peine contenait en réalité plus d'indulgence que de rigueur. Nous avons vu combien Polybe fait honneur aux Romains de l'avoir imaginée : son opinion est encore corroborée par une autorité plus haute. Cicéron, aussi profond penseur et rigoureux moraliste qu'il était grand orateur, a porté sur la décimation ce jugement auquel il ne nous semble pas qu'il y ait rien à reprendre ni à ajouter : « Statuerunt majores nostri ut si a multis esset flagitium rei militaris admissum, sortitione in quosdam animadverteretur, ut metus videlicet ad omnes, pœna ad paucos perveniret (1). »

---

(1) Pro Cluentio : cap. XLVI.

CHAPITRE IV

L'ADMINISTRATION DE LA JUSTICE MILITAIRE

DANS LES ARMÉES ROMAINES

SOMMAIRE. — Des magistrats à qui le commandement des armées a été dévolu aux diverses périodes de l'histoire romaine. — De leur compétence. — De la manière dont ils rendaient la justice. — De la part qui revenait à quelques officiers et spécialement aux tribuns dans l'administration de la justice. — Conclusion.

Le droit de punir les soldats a toujours été à Rome inséparable de l'exercice du commandement. Le Digeste formule expressément ce principe qu'il eût été bien superflu d'énoncer à l'époque de la République ou aux premiers siècles de l'empire : — *Is autem qui exercitum accipit, etiam jus animadvertendi in milites caligatos habet* (1). — Le général en chef avait sur tous les soldats un droit de vie et de mort. Il puisait ce droit dans *l'imperium* (2) qui lui était nominativement conféré par une loi sous la République, et qui plus tard lui fut délégué par l'Empereur.

(1) L. 9, in fine. Dig : De custod. et exhib. reor. (XLVIII, 3.(
(2) On a beaucoup discuté sur les pouvoirs contenus dans *l'imperium*

Son autorité était absolue et presque toujours sans appel. Il se soumettait cependant le plus souvent à des usages reçus et qui avaient pris en quelque sorte force de loi. Ce sont ces usages fixant les crimes militaires et les peines qui leur étaient applicables que nous nous sommes efforcés de mettre en ordre dans les chapitres précédents.

Si la justice militaire avait été rendue dans l'armée romaine comme elle l'est aujourd'hui dans les armées européennes, nous aurions maintenant à faire connaître l'organisation des tribunaux militaires, l'étendue de leur compétence et les formes de leur procédure. Mais un pareil cadre ne saurait convenir au sujet qui nous occupe. Pour nous en rapprocher autant que possible, nous examinerons :

1° Quels furent à Rome les magistrats à qui appartint le commandement des armées et par suite la suprême juridiction sur les soldats qui en était inséparable ;

2° Quelle était l'étendue de leur compétence ;

3° Comment les affaires étaient instruites et les jugements prononcés ;

4° Quelle part revenait à quelques officiers, spécialement aux tribuns dans l'administration de la justice.

I. — *Quels magistrats furent investis du commandement des*

et sur la distinction entre l'*imperium* et la *potestas* ; mais nous n'avons pas à entrer dans ces difficiles questions. Il est certain en effet que 'imperium seul donnait le droit de commandement militaire et le pouvoir de condamner à mort les soldats. A l'origine, c'étaient les comices curiates composés des seuls patriciens qui conféraient l'imperium. On ne peut fixer l'époque à laquelle ces comices ont disparu. Quelques-uns pensent qu'ils subsistèrent jusqu'à l'empire et donnèrent l'imperium aux premiers empereurs. D'autres sont d'avis qu'ils avaient été, longtemps avant, remplacés par les comices centuriates qui, après le vote d'élection conféraient par une loi l'*imperium* aux magistrats élus. Sous l'empire la *lex regia de imperio* que nous trouvons en usage sous Vespasien et qui attribuait en bloc aux empereurs tous les pouvoirs qu'Auguste et ses premiers successeurs avaient obtenus séparément était d'abord adoptée par le Sénat en forme de senatus-consulte puis portée au peuple qui, réuni au Champ-de-Mars, la votait par acclamation.

armées ?—Aux premiers siècles ce furent *les Rois* qui commandèrent les armées. Leur *imperium* étant illimité, toute sentence prononcée par eux était inattaquable. Après eux, *les Consuls* furent appelés au commandement des troupes. L'*imperium* se trouvait alors limité dans Rome par le droit d'appel « *provocatio* »; mais ce droit expirait hors de l'enceinte, et les consuls eurent comme juges militaires une autorité illimitée. *Le Dictateur* avait un pouvoir plus étendu encore qui supprimait le droit d'appel jusque dans Rome même. Le dictateur se choisissait un maître de la cavalerie auquel appartenait la puissance consulaire, mais non l' « *imperium militare* ». Par suite cet officier n'avait pas le droit de condamner à mort un soldat.

On vit bientôt apparaître à la tête des armées *des Proconsuls*. L'institution de cette magistrature remonte au siège de Palœpolis (428 de Rome). Comme les opérations n'étaient pas achevées quand expira le consulat de P. Philo, celui-ci fut maintenu dans tous ses pouvoirs « *prorogato imperio* » avec le titre de proconsul. Déjà, depuis le siège de Véïes, le Sénat pouvait, par le moyen de la solde, maintenir les mêmes soldats sous les drapeaux aussi longtemps qu'il était nécessaire; désormais, par le proconsulat, il eut l'avantage tout aussi précieux de pouvoir laisser à leur tête le même chef pendant toute la durée d'une campagne. Avec Sylla, nous trouvons de nouveau un dictateur à la tête des armées; mais il ne s'agit plus alors de l'ancienne dictature dont l'exercice était limité à 6 mois : la dictature est maintenant conférée pour une durée indéfinie. César, après Pharsale, est nommé dictateur pour un temps indéterminé ; deux ans après il reçoit la dictature pour dix ans, et enfin à vie, en 710. Mais le joug avait paru lourd aux Romains et à sa mort la dictature est définitivement abolie.

Octave, pour ne pas éveiller les susceptibilités des citoyens, n'eut garde d'en demander le rétablissement, mais il se fit accorder les pouvoirs afférents à presque toutes les magistratures, la puissance proconsulaire, la puissance tribunitienne, le pouvoir censorial, et ces divers pouvoirs lui furent renouvelés à sa demande tous les cinq ans ou tous les dix ans jusqu'à sa mort.

Entre ces diverses attributions, celle qui donnait à l'Empereur les pouvoirs les plus importants et qui lui conférait sur les troupes l'autorité suprême était la *puissance proconsulaire.* Le proconsulat, tel qu'il appartint à Auguste et à ses successeurs, se distingue très nettement et de l'ancienne magistrature de ce nom et du proconsulat nouveau qui apparaît avec l'Empire. Sous la République, les proconsuls terminent la campagne commencée par eux comme consuls et déposent ensuite le pouvoir. Sous l'Empire, les provinces du Sénat ont pour gouverneurs des fonctionnaires portant le titre de proconsuls, recevant un fort traitement et de grands honneurs, mais sans aucune autorité sur les troupes et n'ayant qu'une charge annuelle. Les uns et les autres n'ont aucun pouvoir à Rome. Le Digeste dit : « *Proconsul portam Romæ ingressus deponit imperium* (1). »

Le proconsulat des empereurs est une imitation des « *imperia infinita* » accordés dans la dernière période de la République. Il est à vie et s'étend sur tout l'empire. Ce qui est plus considérable encore, il s'exerce même « *intra pomœrium* » (2). — Tibère exerça les mêmes pouvoirs qu'Auguste, et avec les mêmes titres. Ses succes-

(1) L. 16 Dig : de off. procons. — 1, 16.
(2) Ce mot désigne l'enceinte de Rome. Plus exactement, c'est un espace consacré en dedans et en dehors des murs de la ville, sur lequel il est interdit de bâtir.

seurs suivirent son exemple jusqu'au jour où on finit par concéder en une fois tous les pouvoirs au nouvel empereur par la « *lex regia de imperio* » Quant au titre d'« *imperator* », il ne conférait par lui-même aucune puissance spéciale (1).

Avec l'étendue qu'avait l'Empire et les nombreuses légions qu'il était obligé d'entretenir sur ses immenses frontières, il était impossible que l'Empereur, chef suprême de l'armée exerçât en fait le commandement militaire des légions. Ce commandement dut être partagé entre plusieurs généraux. L'Empire tout entier, à l'exception de Rome et de l'Italie, fut divisé en provinces. Ces provinces furent de deux sortes. Les plus anciennement conquises, complétement pacifiées à cette époque, furent abandonnées au Sénat qui les fit gouverner par des magistrats ayant exercé à Rome depuis plus de cinq ans le consulat ou la préture et qui prirent le titre de proconsuls. Leur charge était annuelle. Ils avaient douze licteurs dans les provinces d'Asie et d'Afrique et six dans les autres. Quelque grande que fût leur autorité, ils ne détenaient aucun pouvoir de justice militaire. Quand, par exception, des troupes se trouvaient sur leur territoire, ils n'exerçaient d'autorité sur les soldats que si elle leur était spécialement conférée par l'empereur. Ils prenaient alors le manteau militaire « *paluda-mentum* » et l'épée, qui étaient les insignes de l'*imperium militare* (2).

(1) Depuis César le mot *imperator* est employé avec une double signification. Placé après le nom, il indique, suivant l'ancien usage, le titre de général victorieux et est suivi d'un chiffre qui marque combien de fois il a été mérité. Les empereurs comptèrent pour eux les victoires de leurs généraux. Auguste fût — IMP. XXI. Le titre d'« imperator » placé avant le nom est un simple prénom honorifique décerné par le Sénat.

(2) Dion Cassius : lib. LIII, chap. 13 : « Personne, ni proconsul, ni propréteur, ni procurateur n'a permission de porter l'épée quand la loi lui refuse le pouvoir de mettre à mort un soldat ; mais sénateurs et

L'empereur s'était réservé les provinces qui exigeaient la présence d'une armée. Il mettait à leur tête un général qui exerçait à la fois l'administration civile et le commandement des troupes. Bien que choisi parmi les consulaires cet officier ne prenait que le titre de « *legatus pro prætore* ». Il n'avait que cinq licteurs, mais la durée de son commandement était généralement de trois ans et pouvait être beaucoup plus longue ou même illimitée. Il portait de droit le « *paludamentum* » et l'épée et exerçait toutes les prérogatives des anciens généraux en chef.

Cependant ses pouvoirs de justice militaire se trouvent amoindris par l'autorité supérieure de l'Empereur. Celui-ci en effet conserve pour lui seul le châtiment de tous les officiers. Cette réserve avait pour objet d'éviter que les gouverneurs ne devinssent tout-puissants dans leur commandement et ne fussent tentés de se révolter contre l'autorité du prince (1).

La division des provinces en impériales et sénatoriales ne fut pas définitive. Il se produisit plusieurs fois des échanges entre l'Empereur et le Sénat par suite des nécessités militaires. Successivement toutes les provinces finirent par passer sous l'administration des empereurs. Ce changement eut lieu sur la demande des provinciaux, car les proconsuls qui ne restaient en fonction qu'une année et déployaient un grand faste étaient beaucoup plus à charge que les propréteurs aux pays qu'ils administraient.

Au III° siècle toutes les provinces sont devenues impériales et le titre général du gouverneur qu'il soit propréteur ou proconsul est « *præses provinciæ* ». Il unit

chevaliers, quand ils sont en possession de ce pouvoir, jouissent de ce droit. »

(1) Dion-Cassius : lib LII, cap 22.

à l'administration le commandement des troupes et à la juridiction sur les provinciaux celle sur les soldats. Son autorité
est souveraine dans la province et il ne reconnaît au-dessus
de la sienne aucune autre puissance que celle de l'Empereur (1).

Nous avons dit que Rome et l'Italie étaient exclues de la
division en provinces. Les seules troupes qui y aient été
d'abord stationnées étaient les cohortes prétoriennes prépo-
sées à la garde de l'Empereur. Elles étaient placées sous le
commandement et la juridiction des *préfets du prétoire*. Il y
en eut deux à l'origine ; par la suite, on en trouve tantôt un
seul, tantôt deux ou trois.

Leur autorité sur les soldats était celle des propréteurs
dans les provinces impériales. Elle s'étendait non seulement aux prétoriens mais encore à tous les soldats qui se trouvaient en Italie (2). A leurs fonctions militaires ils joignaient
des attributions administratives très nombreuses qui finirent
par faire d'eux les premiers fonctionnaires de l'Empire.

Ils connurent de toutes les causes qui leur étaient renvo-
yées par l'Empereur. Il est probable que celui-ci leur remit
le jugement de la plupart des affaires militaires qui lui étaient
déférées et ils acquirent ainsi une sorte d'autorité assez mal
définie et très difficile à préciser qui s'étendit sur toute l'armée. Leurs décisions finirent même par n'être plus susceptibles
d'appel, l'Empereur ayant pensé que, choisis comme ils l'é-
taient, ils ne pouvaient juger autrement qu'il l'aurait fait lui
même (3). Sous Constantin ils étaient arrivés à exercer une sorte
de contrôle sur toute l'armée. Ils avaient la direction générale
de l'administration militaire et pourvoyaient à la solde et à

(1) L. 1, 4, 10, 11 Dig : de off, præs. (I, 18).
(2) Dion Cassius : lib LII, cap 24,
(3) L. unic. Dig : de off. præf. præt. (I, 11).

l'entretien des troupes au moyen d'impositions qu'ils faisaient lever par des officiers placés directement sous leurs ordres. Ils avaient le droit de retenir la solde à titre de punition (1). C'est à ce moment que l'organisation militaire fut complètement remaniée.

Constantin fit disparaître les prétoriens qui avaient causé tant d'agitations à Rome et qui avaient fait et défait tant d'empereurs. Il maintint cependant le titre de préfet du prétoire avec les attributions administratives qui y étaient attachées et qui leur assuraient la première place dans la nouvelle hiérarchie ; mais il enleva à ces magistrats leur juridiction militaire pour la transporter à deux officiers dont les emplois furent nouvellement créés et qui prirent le titres de *maîtres de la milice* « *magistri militum* ». L'un avait sous lui l'infanterie (*magister peditum*) et l'autre la cavalerie (*magister equitum*). Au-dessous d'eux les pouvoirs civils et militaires dans les provinces furent complètement séparés. Les commandants des troupes avec le titre de « *duces* » ou de « *comites* » n'eurent plus d'autorité sur les provinciaux qui dépendirent du gouverneur civil appelé « *rector* » ou « *judex* ».

L'armée désormais ne jouit plus de la considération qui s'était attachée à elle dès l'origine de Rome, et que les premiers Empereurs s'étaient efforcés de lui conserver. Elle garda cependant, comme un vestige de sa grandeur passée, une juridiction spéciale distincte de la juridiction civile. Au temps de Constantin et de Justinien, comme à l'époque de Marius et d'Auguste, le soldat romain ne put jamais, comme nous allons le voir, être condamné que par ses chefs.

(1) Zozime : lib II, cap 32, 33

II. — *Quelle juridiction était compétente pour connaître des affaires concernant les soldats?*

C'était un principe fondamental que les chefs militaires étaient seuls compétents pour connaître des délits commis par les soldats sous leurs ordres, non seulement des délits militaires, mais même des délits de droit commun. — *De militibus ita servatur, ut ad eum remittantur, si quid deliquerint, sub quo militabunt* (1). Même au Bas-Empire, alorsque l'armée ayant perdu tout son prestige est reléguée presque au dernier rang de la vaste hiérarchie impériale, le préfet du prétoire, qui est maintenant le premier magistrat de l'ordre civil, n'a aucun pouvoir sur les soldats (2). Si un particulier veut porter contre un militaire une accusation criminelle, c'est au juge militaire qu'il doit adresser sa plainte (3).

Quand plusieurs généraux opérant sur des théâtres différents se trouvèrent investis de pouvoirs égaux, comme il arriva aux gouverneurs des provinces sous l'empire, chacun d'eux n'eut de juridiction que sur les soldats directement placés sous ses ordres. Une seule exception fut faite à cette règle par un rescrit de Sévère et d'Antonin (4). Ce texte vise le cas du déserteur qui commettrait un crime dans une province autre que celle où sa légion est en garnison. Le gouverneur de la province où le coupable a été arrêté se fait rendre compte du délit. Si le crime commis est passible de peines plus graves que celles portées contre la désertion, le gouverneur a le droit de condamner, afin que le coupable subisse sa peine dans le lieu même où il a commis son forfait. Mais, si la faute commise est légère, le gouverneur qui n'a

(1) L. 9 Dig : de custod. et exhib. reor. (XLVIII, 3).
(2) C. 1 Cod. : de off. magist. milit. (I, 20).
(3) C. 2 in fine Cod. Théod : de Jurisdic. (II, 1).
(4) L. 3, pr. Dig. : de re milit (XLIX, 16).

point juridiction sur les militaires d'une autre province ne peut condamner le soldat pour crime de désertion. Il se gardera alors de lui infliger la peine légère que lui mériterait son délit. Il 1 fera remettre, avec un rapport sur son affaire, au gouverneur de la province où il tenait garnison. Celui-ci, comme commandant en chef des légions, prononcera contre le coupable la peine de la désertion aggravée encore pour les méfaits qu'il a commis.

III. — *Comment les affaires étaient instruites et les jugements prononcés.*

En ce qui concerne la procédure usitée pour la répression des délits militaires, nous croyons qu'il n'y avait aucune règle absolument arrêtée. Le général dont le pouvoir était absolu s'éclairait comme il l'entendait. On ne concevrait guère que, maître absolu dans l'application de la peine, il ne l'eût pas été dans la marche de l'instruction et dans les formes du jugement. On peut penser que, quand il se déchargeait de certaines parties de la procédure, soit pour l'instruction, soit pour quelque enquête, le soin de ces détails était confié aux tribuns qui paraissent avoir été les seuls officiers auxquels aient plus spécialement appartenu des attributions judiciaires.

On a pu se méprendre quelquefois sur l'autorité du général en se rapportant à divers exemples cités par les historiens, où l'on voit le chef de l'armée réunir les principaux officiers, parfois l'armée toute entière et les consulter sur la culpabilité d'un accusé. Cette manière d'agir ne prouve nullement que le droit de punir fût soumis à aucun contrôle. Il y avait seulement dans la réunion de l'armée, dans l'avis qui lui était demandé, dans la décision qui pouvait lui être remise, une procédure spécialement fixée par le général dans un cas déterminé afin de rendre plus exemplaire le châtiment d'un coupable ou d'éviter la responsabilité d'un jugement odieux.

Ainsi, César prononce contre le tribun Aviénus et plusieurs officiers la peine du congé ignominieux en présence de tous les officiers de l'armée réunis pour entendre la condamnation (1). De même, Tacite (2) raconte que, quand Germanicus eut ramené à l'obéissance les révoltés de Pannonie, les soldats ayant les premiers arrêté les instigateurs des désordres et les ayant conduits à Cétronius, légat de la première légion, celui-ci les fit juger et punir de la manière suivante : Les légions, l'épée nue, entouraient le tribunal. Chaque prisonnier y montait à son tour : un tribun le montrait aux soldats : s'ils le déclaraient coupable, on le précipitait en bas où il était massacré.

Quelques-uns ont voulu trouver dans ce récit la preuve que l'assentiment des soldats était nécessaire pour l'exécution d'une sentence capitale. D'autres en ont conclu que, si Cétronius présida à ce supplice, c'est que les légats de légion avaient eux aussi le droit de condamner à mort. Mais, Tacite a fort bien marqué le caractère absolument exceptionnel de ces exécutions en ajoutant : « Les légionnaires répandaient « ce sang avec joie, croyant y laver leur crime. Germanicus « ne s'y opposait point, satisfait qu'on ne pût lui imputer une « rigueur dont tout l'odieux retombait sur le soldat lui- « même ».

Dans les causes dont il connaissait lui-même, le général décidait seul et, s'il se faisait quelquefois assister des tribuns, ceux-ci n'avaient que voix consultative. Toutes les fois qu'un jugement nous est rapporté, nous voyons que le général prononce en son nom personnel. Il ne nous paraît pas que l'on puisse tirer un argument bien probant d'une déclamation de

(1) Hirtius : Bell. Afric. cap 54.
(2) Annal. lib I. cap 44.

Quintilien quelquefois cité à ce sujet (1). Le célèbre rhéteur a composé une harangue qu'il imagine être prononcée devant Marius assisté des tribuns et l'on voit qu'il interpelle tantôt le général lui-même, *imperator*, tantôt les juges *judices*. Cela s'explique parfaitement alors même que les tribuns n'auraient eu que voix consultative.

Le général rendait ordinairement la justice dans le camp. Il se plaçait alors sur le *tribunal*. On appelait ainsi un petit tertre qui était élevé à côté de sa tente et d'où il dominait le « *forum* », lieu de réunion ordinaire des soldats (2).

IV. — *Quelle part revenait à quelques officiers, spécialement aux tribuns, dans l'administration de la justice?*

Le général en chef, seul investi de l'*imperium*, avait seul le droit de punir les soldats, mais il lui était impossible de réprimer lui-même jusqu'aux plus minimes infractions. De tout temps ce fut aux tribuns qu'il appartint d'assurer la discipline en châtiant les fautes légères dont les soldats se rendaient le plus fréquemment coupables. Quelques-uns ont pensé que leur autorité était assez étendue pour aller en quelques cas jusqu'à pouvoir prononcer la peine capitale. On s'est appuyé pour le soutenir sur un texte de Polybe (3) qui n'est pas fort concluant. Celui-ci, après avoir expliqué le mécanisme ingénieux qui assurait dans l'armée romaine un contrôle rigoureux pour le service des gardes et des rondes, expose que, quand une faute était commise on se

(1) Quintilien : Declam. III in milit. Mar.

(2) Nous ne saurions, sans entrer dans de longs détails étrangers à notre sujet, expliquer la forme et l'organisation d'un camp romain. Polybe et Hygin nous ont laissé là-dessus des renseignements très précis, et leurs indications ont été reprises et commentées avec clarté dans de nombreux ouvrages modernes. Voir notamment: Mommsen et Marquadt, Handbuch der roemischen Alterthümer, Tom V, p. 301 et suiv.; Kraner, L'armée romaine au temps de César (traduct. Benoist, p. 60) et Duruy, Hist. des Rom., Tom. I, p. 402 et suiv. (édit in-4°).

(3) Lib. VI, cap. 37, § 1.

rendait compte immédiatement de celui à qui elle était imputable et il ajoute : « *Statim igitur, convocato tribunorum concilio, causa ejus cognoscitur et, si damnatus fuerit, fuste percutitur* » (1). Nous croyons qu'il faut interpréter ce texte en ce sens que le conseil des tribuns se livrait à une enquête ou, si l'on veut, procédait à l'instruction de l'affaire et que le coupable était ensuite déféré au général qui pouvait seul prononcer contre lui la peine du « *fustuarium* ». Cette manière de voir nous paraît être celle de Polybe car il dit quelques lignes plus loin : « *Habet autem tribunus potestatem et mulctæ dicendæ et pignoris capiendi et virgis cædendi* » (2). Si les tribuns avaient pu en certaines circonstances prononcer la peine de mort, il est impossible d'admettre que Polybe ne l'eût pas ici mentionné expressément. Un autre passage du même auteur (3) prouverait encore que, selon lui, les tribuns ne prononçaient pas de peine plus forte que l'amende.

Il est peu probable que les pouvoirs de ces officiers aient été modifiés avec le temps. Ils subsistaient encore au moment de la composition du Digeste et sans doute ils ne s'étaient pas accrus. Macer, en parlant des devoirs des tribuns, mentionne en première ligne toutes leurs attributions spécialement militaires et ajoute ensuite qu'ils peuvent : — *delicta secundum auctoritatis suæ modum castigare* (4). Les mots « *secundum auctoritatis suæ modum* » prouvent que leur pouvoir n'était pas arbitraire. Non seulement ils étaient soumis au contrôle du général, mais ils étaient, croyons-nous, liés par les

(1) Par crainte de dénaturer ce texte en le rendant en français nous avons préféré rapporter la traduction latine adoptée dans la *Scriptorum Græcorum bibliotheca* de Didot.

(2) Lib. VI, cap. 37, § 8.

(3) Lib. VI, cap. 34, § 12.

(4) L. 12, § 2. Dig. : de re milit. (XLIX, 16).

usages militaires en ce qui concernait l'application des peines réservées aux infractions qui leur étaient soumises.

Pour rendre la justice les tribuns se plaçaient sur le « *prætorium* », devant la tente du général.

D'après Dion Cassius (1), Auguste aurait adjoint aux gouverneurs de province deux officiers ayant exercé la préture, et l'un de ceux-ci aurait eu dans ses attributions la juridiction sur les soldats, excepté pour noter d'infamie et condamner à mort. Ces dernières condamnations devaient être réservées au gouverneur seul. Les deux officiers mentionnés par Dion sont ceux auxquels on donna le nom de « *procuratores* ».

Les légats placés à la tête d'une ou de plusieurs légions étaient supérieurs aux tribuns, mais on ne voit cependant nulle part qu'ils se soient immiscés dans l'administration de la justice. Il ne nous semble pas en effet que l'on puisse tirer aucune conclusion générale du rôle que Tacite donne au légat Cétronius dans la répression des séditieux de Pannonie (2). Quant aux centurions et aux « *principales* » (sousofficiers) l'autorité qu'ils avaient sur les soldats est nettement consacrée au Digeste : — *Irreverens miles non tantum a tribuno vel centurione sed etiam a principali coercendus est. (L. 13, § 4 — Dig : de re milit. — XLIX, 16).* Pour les centurions, nous savons qu'ils avaient le droit d'employer le cep de vigne qui leur servait d'insigne pour châtier les soldats paresseux ou désobéissants. Pour les *principales*, il n'est pas possible d'indiquer de quels moyens ils disposaient pour obtenir

(1) Lib. LII, cap 22. — Dion rapporte ici les conseils donnés par Mécène à Auguste pour l'administration de l'empire; mais il est généralement admis que l'historien n'a mentionné ainsi que les réformes qui ont été effectivement réalisées.

(2) Voir supra p. 116.

directement la soumission du soldat. La meilleure sauvegarde de leur autorité était certainement dans le pouvoir
qu'ils avaient de déférer aux tribuns tous les actes d'indiscipline dont ils avaient connaissance.

Arrivé au terme de cette étude, si l'on se demande ce que
la justice militaire à Rome avait d'essentiel et de vraiment
caractéristique, on le trouvera, croyons-nous, dans l'autorité
qui appartenait au général en chef. Remarquons d'abord que
les officiers investis du commandement des armées n'étaient
pas en principe irresponsables. Sous la République, les dictateurs, les consuls, les proconsuls étaient tenus en sortant
de charge de se justifier devant le peuple. Sylla et César,
comme dictateurs, et tous les empereurs à partir d'Auguste
ont été irresponsables en fait.

Sous l'Empire les gouverneurs de province eurent à
rendre compte de leur administration à l'Empereur. Mais,
à toutes les époques, les commandants d'armée dans l'exercice de leurs fonctions, n'eurent à prendre souci d'aucune
autre chose que des nécessités militaires et de la grandeur
du nom romain. Leur autorité n'était limitée par aucune loi
ni paralysée par aucun partage d'attributions. Elle s'étendait
à tout et tout dépendait d'elle. En fait, elle ne pouvait constamment descendre, ni aux derniers détails du service, ni à la
répression de tous les délits ; mais, quand il en était
besoin pour restaurer la discipline affaiblie ou frapper l'ima-
gination du soldat, on voyait souvent le général intervenir
directement pour donner des ordres ou réprimer des abus en
des matières qui étaient du ressort des centurions et même
des simples *principales*.

Ce pouvoir absolu accordé au chef de l'armée n'est point
sans présenter en même temps des inconvénients et des

avantages dont l'histoire romaine offre des exemples à chaque page. Très souvent on voit les soldats maraudeurs, mutinés et rebelles, ou bien lâches, paresseux et amollis : c'est que le commandement est confié à des mains trop complaisantes ou trop faibles.

De nos jours, en pareil cas, la fermeté des chefs subalternes appuyée sur l'autorité des lois et des règlements, pourrait encore maintenir assez longtemps une suffisante discipline. A Rome, la volonté du général est la suprême et la seule loi. Est-elle impuissante ou affaiblie ? Il n'y a point d'autorité qui puisse s'exercer utilement au-dessous d'elle. Mais aussi, qu'un officier soit appelé au commandement des légions qui veuille ranimer la discipline et restaurer les vieilles mœurs, avec de l'énergie il n'est rien qui lui soit impossible. Aucun règlement ne l'arrête, aucun partage d'attributions ne le gêne. Il est maître de tout et, si sa fermeté est à la hauteur de sa tâche, il n'est rien qu'il ne puisse accomplir. Au milieu de continuelles révoltes, aux prises avec des armées amollies par le luxe ou affaiblies par l'inaction, on pourra voir un Avidius Cassius, un Pescennius Niger rétablir à la fin du second siècle de notre ère une discipline plus sévère que celle de Marius.

Jusque dans les armées humiliées et décrépites du Bas-Empire, le pouvoir absolu du général sur ses troupes sera encore fécond en merveilleux résultats. Au VIe siècle, l'autorité de Bélisaire sera capable de restaurer la vieille grandeur des légions et de les faire marcher une dernière fois à la victoire. Cette puissance paraîtra si grande alors en face de l'abaissement universel qu'elle portera ombrage à l'omnipotence même de Justinien, et le dernier héritier des généraux romains, l'un des plus grands entre tous, périra misérablement, victime d'une intrigue de Palais.

THÈSE

DE

DROIT INTERNATIONAL

DE L'OCCUPATION MILITAIRE

EN TEMPS DE GUERRE

SES EFFETS SUR LES PERSONNES
ET SUR L'ADMINISTRATION DE LA JUSTICE

INTRODUCTION

Le mot *Occupation* est employé dans la langue du droit pour désigner des faits ou des rapports juridiques assez nombreux et notablement différents entre eux.

1. — En droit civil, l'occupation est un mode d'acquisition de la propriété qui a été consacré par presque toutes les législations, mais plus spécialement par le droit romain. Elle consiste dans le fait de prendre possession d'une chose n'appartenant à personne, avec l'intention de s'en rendre propriétaire. Bien que le Code civil n'en ait pas fait mention parmi les modes d'acquérir énumérés aux articles 711 et 712 et que, même, les articles 539 et 713 semblent en exclure la possibilité en statuant que les biens qui n'ont pas de maître appartiennent à l'État, il est certain qu'elle subsiste encore dans notre droit. Elle s'applique notamment aux épaves maritimes, fluviales ou terrestres, aux trésors, aux produits de la chasse ou de la pêche, aux plantes et herbages qui croissent sur les rivages de la mer, etc.

Dans un sens plus large l'occupation s'entend du simple fait de s'emparer d'une chose, abstraction faite de l'intention de l'occupant et du temps que dure ou peut durer l'occupation. Ainsi en matière de travaux publics, de chemins de fer, d'exploitation de mines, on reconnaît à l'administration ou à ses concessionnaires un droit dit d' « occupation temporaire », en vertu duquel il leur est permis, moyennant indemnité, de déposer ou d'extraire des matériaux sur la propriété d'autrui et d'y établir des chantiers et ateliers.

II. — En droit international le mot « Occupation » s'emploie dans plusieurs acceptions différentes.

A. — En premier lieu, l'occupation constitue pour les Etats un mode d'acquérir la souveraineté sur les territoires sans maître. Les questions que soulève le droit d'occupation ainsi entendu ont donné lieu à de grandes et récentes controverses, notamment à propos de l'application que les nations européennes en ont fait à l'Afrique dans ces dernières années.

B. — Le mot « Occupation » a été employé aussi pour désigner certaines situations dans lesquelles un Etat assume la charge de maintenir l'ordre sur la totalité ou sur une partie du territoire d'un autre Etat et y entretient à cet effet la force armée nécessaire. Ce cas peut se produire, tantôt sur la demande du souverain légal, impuissant à faire respecter tout seul son autorité et ses droits (occupation de Rome par la France à diverses reprises et notamment de 1868 à 1870), tantôt en vertu de traités internationaux (occupation de la Bosnie et de l'Herzégovine par l'Autriche-Hongrie, en exécution du traité de Berlin), tantôt enfin en raison du droit qu'une puissance possède ou s'arroge d'intervenir dans les affaires d'une autre puissance (occupation de l'Egypte par l'Angleterre).

C. — On désigne enfin sous le nom d' « occupation », la situation qui se produit au cours d'une guerre, lorsque l'un des belligérants envahit le territoire de l'autre et s'y établit afin d'en tirer parti suivant son intérêt et ses droits, en attendant la conclusion de la paix. Cette forme d'occupation est désignée par les anciens juristes sous le nom d' « *occupatio bellica.* »

Il ne faut pas confondre l'occupation ainsi entendue, qui ne peut avoir lieu que pendant la durée de la guerre, avec celle qui persiste après la signature du traité de paix, en vertu des clauses de ce traité et pour en garantir la fidèle exécution de la part du vaincu. Celle-ci ne constitue plus alors qu'une sorte de droit de nantissement que Fiore désigne par le mot de droit de garnison (1). Elle ne comporte pas naturellement les mêmes rigueurs que l'occupation primitive. En outre, des arrangements spéciaux interviennent le plus souvent entre les deux États pour régler, pendant tout le temps qu'elle se prolonge, les rapports de l'armée étrangère avec les autorités nationales et les habitants.

Nous ne nous occuperons que de l'occupation militaire en temps de guerre. Cette matière est elle-même assez étendue pour que nous ayons cru pouvoir limiter notre travail à la partie qui en a été jusqu'ici la moins étudiée. La plupart des auteurs qui ont traité de l'occupation ont porté plus spécialement leur attention sur les effets qu'elle produit relativement aux biens publics et privés. Nous nous attacherons uniquement pour notre part à étudier la nature propre de l'occupation et l'influence qu'elle exerce sur les personnes et sur l'administration de la justice.

(1) Fiore : Nouveau Droit International public ; Tome III, No 1455.

III. — Avant d'aborder l'examen de notre sujet, nous devons dire quelle méthode nous suivrons dans cette étude.

Celui qui étudie le Droit International en temps de guerre y distingue au premier abord deux tendances différentes et parfois entièrement opposées. Il n'y a aucune branche du droit où l'on rencontre en opposition plus fréquente la théorie avec la pratique, les enseignements de la doctrine avec les faits historiques dûment constatés. Il s'est produit cependant en notre siècle un rapprochement marqué entre ces deux tendances. D'une part, les jurisconsultes ont pris pour sujet de leurs études les faits et les coutumes plus souvent que les systèmes et les principes : et, d'autre part, on a vu les hommes d'état, les diplomates et les militaires invoquer fréquemment certains usages comme des règles obligatoires et s'élever avec indignation contre les atteintes que leurs adversaires y apportaient. « Nous avons depuis longtemps, écrit Bluntschli (1), abandonné cette idée puérile que le droit est la perfection du règlement idéal de toutes choses. Nous ne reconnaissons comme véritable droit que ce qui, dans la vie réelle, est utilisable, praticable, applicable et reconnu comme tel. Sans doute cette constante préoccupation des exigences de la pratique force le droit à descendre des nuages sur la terre : mais, ce qu'il perd en idéalité céleste, il le regagne en valeur et en influence terrestre. »

Tout pénétré qu'il paraît de la nécessité d'accorder les systèmes avec les faits, Bluntschli accorde cependant une importance prépondérante aux études théoriques dans la formation du droit international. « Au fond, écrit-il, le droit international est l'œuvre de la science, c'est elle qui a réveillé

<hr>

(1) Revue de Droit International ; 1876, p. 664.

dans le monde civilisé, le sentiment si longtemps assoupi des droits de l'humanité… Lorsque la science réussit à formuler clairement une idée, à l'exprimer sous forme de principe juridique, et qu'ensuite les diverses puissances commencent à observer ce principe, alors se forme le droit international : lors même qu'il ne serait pas reconnu partout ou que son exécution ne pourrait pas toujours être obtenue (1) ». Le savant professeur de Heidelberg s'est peut-être exagéré ici le rôle que joue la science dans le développement du droit international. La science (on pourrait l'appeler plus modestement et plus exactement la doctrine) ne crée rien en droit international. Si elle devait se borner à formuler des idées, à les exprimer sous forme de principes juridiques et à attendre ensuite que les diverses Puissances en vinssent bénévolement à les observer, son rôle nous paraîtrait élevé, mais peu pratique. Elle doit faire autre chose : il faut qu'elle se mette au contact des faits, qu'elle les examine et les coordonne, qu'elle mette en lumière les causes qui les ont amenés, qu'elle dégage les conséquences de tout ordre qui en découlent ; il faut enfin, qu'éclairée à la fois par la raison et l'expérience, elle porte sur chacun de ces faits un jugement impartial et équitable. Certes ce rôle n'est ni moins élevé ni moins utile que celui que Bluntschli lui attribue : il nous paraît seulement plus difficile à remplir.

Cette exacte notion de ce que doit être le droit international et particulièrement le droit de la guerre a été très nettement formulée par M. Féraud-Giraud : « Il ne faut jamais perdre de vue, écrit-il, que pour déterminer les lois de la guerre, il est indispensable avant tout de ne pas s'égarer

____

(1) Le Droit international codifié. Traduction Lardy ; 4ᵉ édition : Introduction, p. 17.

0. B.

dans les abstractions et les idées purement théoriques où conduisent généralement les études spéculatives. Ces règles ainsi tracées seraient complètement opposées au but que les nations poursuivent dans la guerre, c'est-à-dire inconciliables avec les nécessités et la nature de la matière à réglementer : elles resteraient à l'état de lettre morte sans efficacité possible. L'excès du bien que l'on voudrait atteindre, produirait un excès de mal en imposant fatalement l'oubli et la violation de toute règle. Aussi ces lois doivent-elles être le résumé de ce que les nations au milieu desquelles nous vivons reconnaissent comme juste et comme possible à la fois ; leur détermination doit être faite d'après des sources puisées aux traités conclus entre les puissances, aux usages en vigueur, aux principes généralement reconnus par la science et la pratique et même aux rapports spéciaux que créent les événements qui se déroulent autour de nous...

« ..... Lorsque des guerres se produisent, demandons à une pratique éclairée et puisons dans les principes du droit des gens des règles pour les réglementer et surtout des règles dont on puisse exiger le respect de la part des belligérants » (1).

IV. — Telle est la méthode que nous nous efforcerons d'appliquer dans notre travail. Nous éviterons soigneusement de nous égarer dans des considérations abstraites : nous consulterons avant tout les documents rédigés en vue de la pratique ; en même temps nous chercherons autant que possible à éclairer et à contrôler les théories par les faits.

Nous prendrons pour base fondamentale de nos études le *Projet de déclaration internationale concernant les lois et coutumes de la guerre* » adopté par la Conférence de Bruxelles en

(1) Féraud-Giraud : Des hostilités sans déclaration de guerre ; Rev. de Dr. Inter., 1885, p. 21.

1874. Les conditions dans lesquelles ce projet a été discuté et voté sont une garantie de son caractère pratique autant que de son impartialité. Réunie en 1874 sur l'initiative de l'empereur de Russie, la Conférence de Bruxelles était composée des délégués de presque toutes les puissances de l'Europe. Les membres de cette assemblée étaient au nombre de 31 représentant 14 Etats. La majorité était composée de militaires, mais il s'y rencontrait aussi des diplomates et des jurisconsultes (1). M. Calvo a caractérisé de la façon la plus exacte les travaux de la Conférence : « Cette auguste assemblée, écrit-il, n'a pas craint d'aborder dans ce domaine les questions les plus difficiles et les plus périlleuses ; des opinions, souvent contradictoires, mais toujours autorisées, se sont produites simultanément : des hommes d'Etat et des militaires y ont fait valoir avec une rare compétence les nécessités politiques et les exigences pratiques de la guerre telles que les comprennent les différents Etats, suivant leur puissance, leur position géographique et leurs aptitudes pour l'attaque ou la défense. En même temps des hommes plus préoccupés de questions de droit théorique et d'idées philosophiques, ont fait valoir éloquemment les principes d'humanité actuellement si chers aux populations » (2).

Après de laborieuses discussions, la Conférence adopta un projet de déclaration en 56 articles dans lequel les principales difficultés du droit de la guerre se trouvent passées en revue. Cependant elle a laissé de côté les questions sur lesquelles il n'a pas paru possible d'arriver à une entente pratique.

(1) La France y était représentée par le baron Baude et le général Arnaudeau ; l'Allemagne n'avait pas envoyé moins de cinq délégués parmi lesquels M. Bluntschli et le général de Voigts-Rhetz qui avait été commandant de place à Versailles pendant l'occupation.

(2) Le Droit International théorique et pratique (4° éd.), tom. IV p. 39.

La préoccupation dominante de la majorité a été de n'adopter aucun article qui pût paraître, dans les conditions actuelles de la guerre et avec l'État présent des esprits, positivement inapplicable. Aucun État n'a explicitement ratifié les décisions de la Conférence de Bruxelles ; mais on aurait tort d'en conclure que le projet de déclaration est une œuvre de théorie pure. Il est certain, au contraire, que les résistances les plus vives qui se sont manifestées dans le cours des discussions, émanaient de délégués qui trouvaient exagérés les concessions faites aux pratiques de la guerre actuellement reçues.

Après le projet de déclaration de Bruxelles, nous citerons plus particulièrement le « *Manuel des lois de la guerre sur terre* » publié par l'*Institut de Droit International*.

L'*Institut de Droit International* est une association exclusivement scientifique et sans caractère officiel. Il a été fondé à Gand, en septembre 1873. Il se compose au maximum de soixante membres titulaires et soixante associés. Pour éviter que les sujets d'un État quelconque y puissent jamais prendre une influence prépondérante, l'art 6 des statuts interdit d'attribuer par voie d'élection nouvelle aux ressortissants d'un même État ou d'une même confédération une proportion de places de membres ou d'associés dépassant le sixième du nombre total des membres ou associés existant au moment de cette élection. L'Institut de Droit international offre ainsi les plus hautes garanties au point de vue de la compétence personnelle de ses membres et de l'impartialité de ses décisions.

Fondé en Belgique peu de temps avant la réunion de la Conférence de Bruxelles, l'Institut fut naturellement amené à se préoccuper des décisions contenues dans le *Projet de Déclaration* et des incertitudes que ce projet avait laissé subsister sur plusieurs points importants. Il confia à une commission où se rencontraient deux des anciens délégués de Bruxelles, MM. Bluntschli et de Martens le soin d'examiner à nouveau les questions discutées par la Conférence (1). La commission ainsi nommée ne songea pas à autre chose qu'à préciser et compléter les déclarations de Bruxelles en évitant soigneusement toutes les modifications qui pourraient en amoindrir le caractère pratique. Elle arriva ainsi à élaborer un petit code en 86 articles qui fut adopté par l'Institut en séance plénière à Oxford le 9 septembre 1880 et que l'on désigne ordinairement sous le titre de « Manuel de l'Institut de Droit International ».

Nous aurons souvent à citer aussi les « *Instructions pour les armées en campagne des États-Unis d'Amérique* », qui ont été le premier essai de codification des lois de la guerre en vue de la pratique. Élaborées par le professeur Lieber, ces instructions furent soumises à l'approbation d'une commission militaire et ensuite promulguées en 1863 par le Président Lincoln, qui en imposa l'observation aux troupes fédérales pendant la guerre de la Sécession.

Enfin nous donnerons une place particulière au « *Manuel de Droit International à l'usage des officiers de l'armée de terre* », publié en France. Cet ouvrage n'a pas, il est vrai, un caractère absolument officiel et réglementaire, mais il a cependant obtenu l'approbation du Ministre de la Guerre et a été autorisé pour les écoles militaires. Les tendances dont l'auteur s'est inspiré sont bien celles qui conviennent à un livre de ce genre. Rien n'y a été sacrifié de ce qui a pu paraître nécessaire à la conduite vigoureuse des opérations

______

(1) Cette commission était composée de MM. Bluntschli et Schulze (Allemagne),Ch. Neumann (Autriche),de Lauda (Espagne),Ch. Lucas (France), M. Bernard,W. E. Hall et Holland (Grande-Bretagne),Pierantoni (Italie), Den Beer Portugael (Pays-Bas),de Martens (Russie) et G. Moynier (Suisse).

militaires, et, en même temps, les droits des particuliers y ont été reconnus dans leurs principes essentiels.

V. — Nos exemples seront empruntés presque exclusivement à la guerre de 1870-1871, et nous citerons autant que possible les documents officiels émanés des autorités allemandes. Quant aux faits eux-mêmes, nous n'oublierons pas que les renseignements relatifs aux événements de cette époque ont besoin d'être soigneusement contrôlés.

Il est certain qu'on ne saurait accorder une égale confiance aux innombrables publications qui ont vu le jour après la guerre de 1870 et dont les auteurs ont puisé leurs informations aux sources les plus diverses. Nous pensons qu'il convient de ne tenir compte que des récits appuyés de preuves sérieuses ou rapportés par des témoins dont le caractère soit au-dessus de tout soupçon. Il existe d'ailleurs assez de documents de ce genre pour que l'on puisse, dans ces conditions, se faire une idée exacte du régime auquel les départements envahis ont été soumis pendant la guerre de 1870-71.

Entre toutes les villes que les Allemands ont occupées, il nous a semblé qu'aucune ne pouvait être plus utilement citée comme exemple que Versailles : et cela, pour plusieurs raisons : dès le 5 octobre 1870, le roi Guillaume y établit le grand quartier-général des armées allemandes. Avec lui s'installèrent à Versailles MM. de Bismarck et de Moltke, ainsi que le ministre de la guerre, M. de Roon. Le prince royal de Prusse y était arrivé le 20 septembre, le lendemain du jour où les premiers soldats ennemis avaient pénétré dans la ville. Tous ces hauts personnages n'en repartirent qu'au mois de mars, après la ratification des préliminaires de paix. C'est donc à bon droit qu'on peut considérer ce qui s'est passé à Versailles sous le contrôle et avec l'approbation du grand

Etat-Major allemand comme une sorte de type de l'occupation prussienne, avec cette particularité, que la présence du souverain et des plus hautes autorités militaires dut suffire, à elle seule, pour empêcher des excès dont beaucoup d'autres villes ne réussirent pas à se préserver.

Il convient de noter aussi que Versailles fut représenté en face de l'ennemi par une municipalité énergique, dont l'attitude ferme et digne força l'estime des vainqueurs et réussit, en plusieurs occasions, à leur arracher de très importantes concessions. Enfin, on a sur les événements qui se sont déroulés dans cette ville, du 4 septembre 1870 au 12 mars 1871 un récit très complet, très documenté et suffisamment impartial dans l'ouvrage de Délerot : Versailles pendant l'occupation (1).

VI. — Nous diviserons cette étude en trois parties :

Dans la première partie, nous nous demanderons en quoi consiste l'occupation, quels sont ses caractères essentiels et comment elle s'établit dans la pratique.

Dans la deuxième partie nous étudierons les effets spéciaux de l'occupation au point de vue des personnes : Droits et devoirs de l'occupant et des habitants du territoire, services personnels qui peuvent être demandés aux habitants, situation des fonctionnaires dans les pays occupés.

Dans la troisième partie, nous examinerons les questions que soulève l'administration par l'occupant des territoires occupés, spécialement au point de vue du maintien des lois, du fonctionnement des tribunaux indigènes et de la juridiction pénale de l'occupant.

---

(1) Un vol. in-4°, Paris, 1873.

PREMIÈRE PARTIE

NATURE DE L'OCCUPATION

CHAPITRE I

DÉFINITION ET CARACTÈRES DE L'OCCUPATION

La première question qui se présente à nous au début de cette étude est de savoir en quoi consiste l'Occupation.

1. — *Conférence de Bruxelles.* — Cette question fut une de celles que la Conférence de Bruxelles eut le plus de peine à résoudre, tant à cause de l'incertitude qui plane sur cette matière que des profondes divergences de vue qui se manifestèrent entre les délégués au cours des délibérations.

Le projet proposé à la Conférence le 12 août 1874 portait : « Un territoire de l'un des belligérants est considéré « comme occupé lorsqu'il se trouve placé de fait sous l'auto-

« rité de l'armée ennemie. L'occupation ne s'étend qu'aux
« territoires où cette autorité est établie et tant qu'elle est en
« mesure de s'exercer » (1).

M. le général de Voigts-Rhetz, délégué d'Allemagne, acceptait le premier alinéa, mais il proposait de retrancher
dans le 2° les mots « tant qu'elle est en mesure de s'exercer ».
L'occupation, disait-il, ne se manifeste pas par des signes
visibles comme le blocus. Les derniers mots de l'article ne
forment donc qu'une répétition du paragraphe qui les précède. Ils pourraient devenir une source de difficultés entre
l'occupant et l'occupé. Si l'on dit que l'occupation n'existe
que là où le pouvoir militaire est visible, on provoquera dès
qu'il ne le sera plus des insurrections, bientôt suivies de répressions cruelles, et la guerre deviendra atroce. En voulant favoriser les entreprises de quelques téméraires, on exposerait ainsi les habitants paisibles à des rigueurs inutiles,
car ils perdraient en s'insurgeant le caractère de belligérants.

On voit à quoi tendait cette théorie : elle n'allait à rien
moins qu'à créer au profit de l'occupant une véritable souveraineté, qui subsisterait par elle-même dès qu'elle aurait été
une fois établie, et qui devrait être respectée par les populations du territoire occupé, sans qu'il fût besoin d'aucun
signe visible pour en constater l'existence, ni d'aucune force
militaire pour en assurer le maintien. La suppression proposée
revenait à dire, comme le faisait remarquer M. le duc de
Tetuan, délégué d'Espagne, que l'occupation par l'ennemi
d'un territoire où son autorité serait établie, s'étendrait plus
loin que ne pourrait aller son action.

M. le colonel fédéral Hammer, délégué de la Suisse, tout en
appliquant à la matière les principes du blocus, estimait qu'il

(1) Séance du 12 Août : Protocole X et Annexe XIV.

ne serait pas nécessaire de disposer de grandes troupes pour maintenir l'occupation. Il suffirait d'un homme, pourvu qu'il fût respecté, d'un bureau de poste, de télégraphe, d'une commission établie dans la localité, et qui fonctionneraient sans opposition.

Ces opinions n'ont pas prévalu devant la Conférence. La plupart des délégués furent d'avis que l'occupation n'existait et ne se maintenait que si les forces ennemies, dans les localités occupées, étaient suffisantes pour contenir la population et réprimer toute insurrection.

Le baron Baude, premier délégué de France, fit remarquer qu'une distinction s'imposait entre *l'établissement* et *l'exercice* de l'autorité et que, si on supprimait les derniers mots de l'article, il pourrait arriver que l'autorité se prétendît établie par une simple proclamation, et vînt plus tard réclamer des droits antérieurs lorsqu'elle serait en mesure de s'exercer. Enfin, M. de Voigts-Rhetz sembla lui-même abandonner ce que son système avait de trop absolu, en reconnaissant la justesse de cette observation et se montrant disposé à accepter une rédaction qui en tiendrait compte.

La discussion fut ajournée jusqu'au moment où l'on serait arrivé à la fin du chapitre I, et, à la suite de courtes observations échangées au cours des séances des 14, 17 et 22 août, la conférence s'arrêta au texte suivant qui est devenu définitif et qui forme l'article premier du Projet de Déclaration :

« Un territoire est considéré comme occupé lorsqu'il se « trouve placé de fait sous l'autorité de l'armée ennemie. « L'occupation ne s'étend qu'aux territoires où cette auto-« rité est établie et en mesure de s'exercer » (1).

(1) V. Protocoles XII, XIII, XVIII et Annexe XV.

II. — *Institut de Droit International.* — L'Institut de Droit International, en examinant le projet définitif de la Déclaration de Bruxelles porta naturellement son attention sur l'occupation. Il soumit en conséquence aux divers membres de l'Institut l'étude du texte de l'article premier sous la forme de cette double question : Est-il possible et utile de définir juridiquement l'occupation guerrière d'un territoire ennemi ? Dans l'affirmative, quelle doit être cette définition ? (1)

MM. Landa, Martens et Neuman approuvèrent la définition donnée par la Conférence. MM. Den Beer Portugael, Moynier et Rolin-Jacquemyns critiquèrent la rédaction adoptée à Bruxelles et proposèrent chacun une rédaction nouvelle (2).

A) M. Rolin-Jacquemyns, partant de cette idée que l'élément essentiel de l'occupation est la suspension de fait de la souveraineté indigène, définissait ainsi l'occupation : « Un territoire est considéré comme occupé du moment, aussi longtemps et aussi complètement que l'État dont il relève est empêché par la cessation de la résistance locale d'y exercer publiquement son autorité souveraine. »

Cette rédaction lui paraissait présenter l'avantage pratique de déterminer, par un critérium facile à saisir, le commencement, la fin et l'étendue de l'occupation. La résistance locale, tant qu'elle dure, est la manifestation la plus énergique de la souveraineté indigène. Tant que celle-ci n'a pas cessé, l'occupation ne peut être considérée comme établie. Le mot « publiquement » inséré dans la définition proposée, exprime que de simples intelligences clandestines seraient un signe trop incertain du maintien de l'autorité nationale et ne sauraient

(1) Travaux préliminaires à la session de l'Institut de Droit International de La-Haye (1874-1875) : Revue de Droit International; 1875, p. 439.
(2) Rapport de M. Rolin-Jacquemyns, Revue Dr. Intern. ; 1875, p. 472.

empêcher l'occupation de se réaliser. D'ailleurs, en être réduit à de tels moyens, ce n'est plus exercer son autorité.

Cette rédaction est encore importante à un autre point de vue. Elle répond aux scrupules de ceux qui pourraient hésiter à reconnaître éventuellement le droit d'une autorité étrangère sur une partie du territoire de leur pays (1). En effet, l'hypothèse où l'on se place expressément, c'est que, en fait, le gouvernement national soit hors d'état d'exercer son autorité, qu'il soit temporairement paralysé dans une partie du territoire : c'est pour cette éventualité que l'on stipule dans quelles limites devra s'exercer et se renfermer le pouvoir de fait que des circonstances malheureuses viendraient à mettre provisoirement à la place du gouvernement national.

« Nous croyons, dit M. Rolin-Jacquemyns, que la définition doit comprendre à côté de l'élément *positif* de l'envahissement, l'élément négatif de la suspension en fait de l'autorité indigène. C'est en effet dans ce second élément qu'il faut chercher la justification rationnelle et juridique de l'autorité temporaire à attribuer à l'ennemi. Il faut à l'ordre social menacé de dissolution, d'anarchie, par la retraite du gouvernement indigène, un représentant, un gardien, et c'est à la seule autorité de fait présente sur les lieux qu'est dévolue cette mission. C'est à elle à concilier l'exercice des devoirs qui lui incombent en cette qualité avec les nécessités de la guerre qui l'ont amenée sur un territoire étranger. Seulement, pour que, à cette obligation de protection de la part de l'occupant, corresponde une obligation de soumission de la part de l'élément civil du pays occupé, il faut qu'il y ait réellement interruption dans l'exercice de l'autorité indigène.

____

(1) V. au protocole X des séances de la Conférence de Bruxelles les protestations et les réserves de MM. les délégués de la Belgique, des Pays-Bas et de la Suisse.

Telle est l'idée que nous avons cherché à exprimer » (1).

Nous reconnaissons volontiers le mérite apparent de la définition de M. Rolin-Jacquemyns. Mais, en précisant celle de Bruxelles, n'est-il pas allé plus loin que la Conférence : « Il peut se faire, dit-il, qu'un territoire situé derrière la ligne d'opérations de l'ennemi et sans communication avec le gouvernement central doive être considéré comme occupé, bien qu'il ne s'y trouve pas un seul soldat » (2).

L'occupation pourrait donc exister, comme dans l'opinion de M. le général de Voigts-Rhetz et de M. le colonel Hammer, bien qu'il ne se trouve sur le territoire aucune force pour la soutenir. La cessation de la résistance locale entraînant, par elle-même, la substitution de l'autorité étrangère à l'autorité nationale, tel serait le critérium de l'occupation. Celle-ci pourrait donc se trouver établie sans aucun signe visible qui en manifeste l'existence.

La définition de M. Rolin-Jacquemyns nous paraît aboutir ainsi à des conséquences extrêmes que la Conférence de Bruxelles avait formellement repoussées. Ces conséquences étaient peut-être dans la pensée de M. le général de Voigts-Rhetz, mais, il ne les avait ni développées, ni précisées, et tous les autres délégués paraissaient au contraire s'être rangés à l'opinion opposée.

A supposer même que l'idée de la nécessité d'un fait visible comme critérium de l'occupation n'ait pas été l'idée prédominante à la Conférence de Bruxelles nous inclinerions à croire que la cessation de la résistance locale n'est pas un fait assez bien déterminé en lui-même pour qu'on puissse, sans autre indice, préciser le commencement, la fin et l'étendue de l'occupation.

(1) Rev. de Dr. Intern.; 1875, p. 476.
(2) Rev de Dr. Intern. ; 1875 p. 90.

En effet, M. le baron Lambermont, délégué de la Belgique, avait demandé jusqu'à quel point la résistance devait avoir cessé pour que le pouvoir de l'ennemi fût considéré comme établi. Et M. le général de Voigts-Rhetz, pour répondre à cette question, citait les hypothèses suivantes : « On pourrait déclarer le pouvoir de l'occupant établi de fait quand la population est désarmée, soit qu'elle ait livré ses armes, soit qu'on les lui ait retirées, ou encore quand il y a des colonnes qui parcourent le pays et établissent des relations avec les autorités locales » (1). Ce sont là des exemples très variables et qui montrent bien que les mots « cessation de la résistance locale » ne sont pas suffisamment précis.

Enfin remarquons que si la résistance locale précède généralement l'occupation, il n'en est pas toujours ainsi. Il se peut qu'une portion du territoire parfois assez étendue ait été évacuée par l'armée nationale, que les autorités politiques se soient retirées à l'approche de l'ennemi, que toutes communications soient interrompues avec le pouvoir central et que, cependant, le flot de l'invasion passant à côté ou à quelque distance, n'ait pas pénétré dans le pays. L'envahisseur, au lieu de s'étendre, aura préféré poursuivre sa marche en avant, soucieux avant tout d'atteindre rapidement un but stratégique déterminé.

Dans ce cas la résistance locale n'aura même pas eu l'occasion de se manifester. Dira-t-on que l'occupation existe, puisque le gouvernement national est dans l'impossibilité d'exercer son autorité ? Mais, l'interruption de toutes relations avec le pouvoir central n'empêchera pas les autorités locales d'assurer l'ordre public et le respect des lois (2).

(1) Séance du 12 août ; Protocole X.
(2) Calvo. Le Droit international théorique et pratique ; Tom IV, § 2192) considère cette situation comme un cas d'occupation virtuelle;

La définition de M. Rolin-Jacquemyns ne nous paraît donc pas à l'abri de toute critique.

B. — M. Den Beer Portugael trouvait la rédaction de Bruxelles trop vague. Le mot « territoire » surtout lui paraissait manquer de précision. Qu'est-ce qu'un territoire ? Est-ce un canton, une province, l'État lui-même ? Dira-t-on, comme l'a fait une proclamation allemande en 1870, que la juridiction militaire sera réputée en vigueur et proclamée pour toute l'étendue d'un canton, aussitôt qu'elle sera établie dans une des localités qui en font partie ? Mais, si un État n'a pas de subdivision en cantons, il faudra donc appliquer la même règle à toute l'étendue d'une province, et réputer celle-ci occupée du moment où l'occupation aura été proclamée et effectuée dans un simple hameau ?

M. Den Beer Portugael est d'avis que l'occupation comme le blocus doit être effective : « Dans l'une situation comme dans l'autre le *commencement* et la *fin* doivent être indiqués d'une manière aussi précise que possible. Le moyen en usage pour définir le commencement du blocus pourrait être adopté pour l'occupation : c'est la *notification particulière*, c'est-à-dire la notification à chaque commune. Ce serait là une preuve incontestable du *commencement*. Pourquoi ne serait-ce pas un moyen possible ? Une armée s'avançant par étapes sur la ligne d'opération s'étend de quelques lieues à droite et à gauche pour pourvoir à son entretien. Les avant-postes précèdent et gardent les flancs. Eh bien, dans chaque village ou dans chaque ville où ces avant-postes ou ces parties de l'armée occupante font

mais ce terme nous paraît ici mal appliqué. On pourrait croire en effet qu'il doit s'entendre d'une sorte d'occupation de droit, par opposition à l'occupation *réelle*, à l'occupation de fait. Mais l'occupation, nous l'avons vu, n'existe que si elle est effective comme le blocus.

leur entrée, rien de plus facile que de laisser, d'afficher ou d'inscrire la notification. C'est l'affaire de quelques minutes. Si l'occupation existe en réalité, c'est-à-dire si la force matérielle ou morale de l'occupant est suffisante, les communes seront contraintes d'accepter la notification, même d'un commandant de patrouille. Si elles ne l'acceptent pas, si les habitants reçoivent l'ennemi à coup de feu, c'est un signe qu'on ne s'est pas encore soumis. Les habitants peuvent être combattus et contraints à reconnaître la supériorité et le pouvoir de l'occupant. S'ils sont faits prisonniers les armes à la main, ils sont prisonniers de guerre, on leur fait déposer les armes et la notification a lieu de force. Dès lors la situation change. Que ceux qui ne veulent pas se soumettre rejoignent les armées nationales. Mais la population qui reste doit se considérer comme prisonnière sur parole. Si elle reprend les armes, c'est à ses risques et périls. Mais, n'étant plus partie belligérante, elle ne peut plus réclamer d'être traitée comme telle » (1).

Ces raisons ont donc décidé M. Den Beer Portugael à donner la définition suivante : « Une commune n'est considérée « comme occupée que lorsqu'elle se trouve tellement placée « de fait sous l'autorité de l'armée ennemie, qu'elle en a « accepté la notification d'occupation » (2).

Les objections de M. Den Beer Portugael et sa définition ne sont pas sans valeur. Mais, tout d'abord, était-il possible à la Conférence d'adopter un texte très net pour désigner une situation tenant à un état de fait essentiellement variable ? Certainement non ; et il y aurait eu de graves inconvénients à vouloir être trop précis.

En outre la substitution du mot « commune » au mot

(1) Rev. de Dr. Intern.; 1875, p. 475.
(2) Ibid. p. 473.

« territoire » est-elle bien appropriée à toutes les circonstances. Dans les pays où la population est disséminée, il y a des communes très vastes. On en trouve qui s'étendent sur les deux versants d'une montagne ou sur les deux rives d'un cours d'eau. Si l'ennemi n'occupe qu'un des versants ou l'une des rives, pourra-t-il prétendre aux droits de l'occupant sur toute la circonscription de la commune, alors surtout que l'autre partie est encore soumise à l'autorité du gouvernement national ?

De plus la notification par voie d'affiches nous semble à elle seule tout à fait insuffisante. Car, pour qu'elle fût efficace, il faudrait au moins que les éclaireurs auxquels incomberait la mission de faire cette notification fussent appuyés à peu de distance par des forces sérieuses.

N'a-t-on pas vu dans la guerre de 1870 des patrouilles de quelques cavaliers pénétrer sans résistance dans des villes ouvertes, y faire un séjour de quelques heures et se retirer sans être inquiétées alors que le gros de l'armée était en arrière de plusieurs étapes ? Peut-on soutenir que, si ces patrouilles avaient apposé des affiches, il y aurait eu occupation ? On voit sans peine les conflits qui résulteraient d'une pareille pratique, surtout dans les guerres futures, où la cavalerie paraît devoir, au début de la guerre, se lancer à la découverte en se fractionnant en très petits groupes pour explorer le pays ennemi.

D'un autre côté, exiger dans tous les cas, une notification expresse pour constituer l'occupation, c'est parfois demander l'impossible. Il peut se faire qu'on ne trouve au début ni autorités locales, ni habitants notables pour recevoir la notification. En d'autres circonstances, l'ennemi se présentera à la tête de forces si considérables que la notification d'occupations ne pourrait être qu'une pure formalité.

10. B.

Nous croyons donc que, si la notification expresse de l'occupation peut sembler désirable, elle doit revêtir une forme moins sommaire que celle proposée par M. den Beer Portugael. Mais, ce serait trop demander que d'en faire dans tous les cas un élément indispensable de l'occupation.

C. — M. Moynier trouvait que la rédaction de la conférence était peu intelligible et il proposait de dire : « Le territoire occupé est celui où l'autorité a passé de fait aux mains de l'ennemi et où ce dernier n'a pas cessé dès lors de se faire obéir. » (1). Au contraire de M. Rolin-Jaequemyns, M. Moynier ne voit guère que le côté actif de l'occupation, qui est la prise de possession du pays par l'ennemi ; et c'est bien, selon nous, cet élément qui est le plus essentiel. Cependant, nous pensons que l'élément négatif, — suspension de l'autorité nationale, — peut entrer à bon droit dans une définition de l'occupation, comme appelant et justifiant en quelque sorte l'élément positif qui est l'exercice du pouvoir par l'envahisseur.

D. — En s'inspirant de la Déclaration de Bruxelles et des travaux que nous venons de signaler, l'Institut de droit international, dans le *Manuel des Lois de la guerre sur terre*, a défini l'occupation de la manière suivante :

« Article 41. — Un territoire est considéré comme occupé lorsque, à la suite de son invasion par des forces ennemies, l'État dont il relève a cessé, en fait, d'y exercer une autorité régulière, et que l'État envahisseur se trouve être seul à même d'y maintenir l'ordre. Les limites dans lesquelles ce fait se produit déterminent l'étendue et la durée de l'occupation. »

Et l'article 42 ajoute : « En considération des nouveaux rapports qui naissent du changement provisoire du gouver-

(1) Rev. de Dr. Intern., 1875, p. 473.

nement (art. 6.) ; il est du devoir de l'autorité militaire occupante, d'informer le plus tôt possible les habitants des pouvoirs qu'elle exerce, ainsi que de l'étendue territoriale de l'occupation. »

III. — Le Manuel français de Droit international à l'usage des officiers de l'armée de terre reproduit à peu près les termes de l'article 44 qui précède : « Un territoire est considéré comme occupé 1° si le gouvernement légal est, par le fait de l'envahisseur mis dans l'impossibilité d'y exercer publiquement son autorité ; 2° et si l'envahisseur se trouve en mesure d'y substituer l'exercer de sa propre autorité. » (1)

Cette définition gagnerait beaucoup en précision si le second paragraphe exigeait que l'envahisseur eût effectivement substitué son autorité à celle du gouvernement légal.

Il ne suffit pas en effet pour qu'il y ait véritablement occupation d'un territoire que le gouvernement national ait cessé d'y exercer son autorité et que les troupes adverses y aient pénétré de vive force. Il faut encore que l'ennemi assume la charge d'administrer le pays et d'y maintenir l'ordre. S'il ne peut ou ne veut prendre les mesures nécessaires pour substituer son autorité de fait à l'autorité légale mise hors d'état de

(1) Manuel de Droit international à l'usage des officiers de l'armée de terre : p. 87. Le même ouvrage ajoute un peu plus bas (p. 88) : « Une localité peut se trouver placée sous le régime de l'occupation, bien que l'envahisseur n'y ait fait encore aucun acte d'autorité. Tel sera, par exemple, le cas d'un village enveloppé par les forces ennemies et dans lequel ne se rencontre aucun élément de résistance. Toutefois, pour prévenir toute incertitude, et dans l'intérêt même des populations, l'envahisseur fait bien de proclamer l'établissement de l'occupation sur tous les points où il prétend en étendre les effets. Ce sera l'objet de proclamations affichées dans les communes, d'avis adressés aux municipalités et d'insertions dans la presse locale. Dans ces publications seront indiquées sommairement les obligations résultant du nouvel état de choses, avec les sanctions qui y sont attachées. »

s'exercer, il n'y aura pas véritablement « occupation ». Le pays se trouvera alors dans une situation essentiellement provisoire ne comportant que des rapports de fait entre l'envahisseur et la population.

Il semble évident que, pendant la durée même de l'action, on ne saurait demander à l'ennemi de respecter les personnes et les biens particuliers de la même manière qu'il sera tenu de le faire après avoir refoulé au loin les troupes nationales, triomphé des résistances locales et rétabli l'ordre dans le pays. Entre le moment où la lutte engagée reste indécise et celui où la population se voit contrainte d'accepter l'autorité du vainqueur, il s'écoulera un temps plus ou moins long. Pendant cet intervalle il s'établira entre l'envahisseur et les habitants des rapports extrêmement variés, correspondant aux conditions très diverses de l'invasion.

Platon de Waxel (1) est le premier, croyons-nous, qui ait songé à établir quelque différence entre l' « invasion » et l' « occupation », mais il s'en est tenu à la surface des choses. Il semble qu'à son avis l'occupation ne diffère de l'invasion qu'en fait et par la persistance prolongée de la présence de l'ennemi. Il en résulte que le passage de celle-ci à celle-là est impossible à préciser et n'entraîne en droit aucune modification dans les rapports existant entre les parties. En cas d'établissement durable, le vainqueur a seulement de plus grandes facilités pour établir un ordre de choses conforme aux droits et aux devoirs qu'il se reconnaît à lui-même.

En se plaçant à ce point de vue, M. Bernier (2) a pu contester, non sans raison, l'utilité pratique de cette distinction. Mais, à cause même de son point de départ, il a été entraîné

(1) l'Armée d'invasion et la population (1 vol in-8° Leipzig, Kröger 1874): p. 108.
(2) De l'occupation militaire en temps de guerre; p. 17 et suiv.

à ne voir dans l'occupation la plus régulière comme dans l'invasion qu'un simple état de fait sans aucune base juridique et jamais un état de droit. D'après lui, l'occupant n'acquiert sur le territoire envahi aucune souveraineté, ni absolue, ni partielle, ni même seulement une souveraineté de fait ; car la souveraineté n'est jamais un fait, mais un droit. Enfin, poussant jusqu'au bout la logique de son système, il en arrive à proposer cette définition : « L'occupation, c'est le fait matériel de la présence de l'ennemi. »

IV. — A notre avis, cette définition ne convient qu'à l'invasion proprement dite, mais l'occupation régulière peut et doit en être soigneusement distinguée. L'invasion proprement dite est un état de fait caractérisé par la présence matérielle de l'ennemi sur une portion du territoire sans que son autorité ait été explicitement ni implicitement acceptée par la population de ce territoire.

Remarquons en effet que l'invasion ainsi définie peut exister parfois, sans même que l'autorité de l'Etat envahi ait effectivement cessé de s'exercer. Il n'est pas de guerre un peu importante où l'on n'ait vu quelque groupe de partisans, des compagnies franches, des escadrons de cavalerie opérant isolément se porter rapidement sur un point souvent éloigné de la base d'opérations, mais qu'ils savent dégarni de troupes ou mal protégé. Là, en quelques heures, ils peuvent faire sauter des ponts ou des tunnels, s'emparer d'un convoi ou d'un magasin, saisir des fonds appartenant à l'Etat, parfois même imposer des réquisitions ou des contributions et se retirer ensuite avant d'avoir pu être inquiétés sans s'être préoccupés d'autre chose, pour assurer leur sécurité, que d'interrompre les communications pendant la durée généralement fort courte de leur passage.

En fait, le plus souvent, l'invasion proprement dite précèdera et préparera l'occupation régulière. Dans ce cas, la première tâche qui s'imposera à l'envahisseur sera de faire cesser les résistances locales.

V. — Tant que l'autorité de l'ennemi sera combattue ouvertement, soit par des troupes organisées, soit par une fraction plus ou moins importante de la population, aucune occupation régulière ne sera possible.

Il y a en effet dans l'occupation régulière un dernier élément qui s'ajoute à ceux que nous avons déjà fait connaître et qui constitue précisément le lien juridique entre l'occupant et les habitants. C'est l'acceptation par la population de la situation de fait qui lui est imposée par l'envahisseur, la soumission expresse ou tacite, des habitants du territoire à l'autorité de l'occupant.

Fiore a très bien caractérisé ce troisième élément et le lien juridique qui en résulte : « Cette soumission de la part des habitants peut être la conséquence naturelle du fait qu'ils se sont rendus au moyen d'une capitulation, où qu'ils ont été contraints par des nécessités impérieuses à reconnaître l'autorité de l'ennemi et à se soumettre à lui en fait. De quelque façon que cette soumission ait lieu, on doit admettre, en principe, que lorsque les habitants ont cessé de résister et que l'ennemi a occupé le territoire, il s'établit avec lui une sorte de contrat moral, une sorte de communauté de droit qui impose aux habitants de s'abstenir de toute sorte d'hostilités et les oblige à accepter comme une nécessité l'obéissance aux ordres du vainqueur et qui, d'autre part, impose au vainqueur le devoir de protéger les habitants et d'assurer à chacun d'eux l'exercice et le respect de leurs droits, d'exercer son autorité avec les tempéraments qui sont imposés par la position exceptionnelle où ces mêmes habitants se trouvent d'être liés à leur patrie et à leur Souverain. Etant donnée l'existence d'un tel contrat, le belligérant perd le droit de continuer l'attaque et d'attenter à la liberté et à la vie de ceux qui se soumettent à son autorité, à la condition qu'ils ne renouvellent pas leur résistance ; et les habitants de leur côté doivent accepter les conséquences de la soumission et reconnaître temporairement l'autorité du vainqueur (1). »

Fiore propose en conséquence la définition suivante : « L'occupation est la soumission actuelle des habitants du pays occupé à l'autorité du vainqueur, qui exerce en fait les droits et les fonctions de la souveraineté et a le pouvoir et la force de contraindre ces mêmes habitants à exécuter ses ordres, soumission concomitante avec la cessation de l'exercice public des fonctions de la souveraineté de la part de l'État auquel ce pays appartenait (2). »

Cela revient à dire qu'un territoire doit être considéré comme occupé lorsque les trois conditions suivantes se trouvent simultanément remplies :

1° *Le gouvernement légal est par le fait de l'envahisseur mis dans l'impossibilité d'exercer publiquement ses droits de souveraineté.*

2° *L'envahisseur y a substitué en fait l'exercice de sa propre autorité.*

3° *La population indigène a accepté expressément ou tacitement l'autorité de fait de l'envahisseur.*

Nous examinerons dans le chapitre suivant comment ces trois conditions se réalisent dans la pratique.

1) Fiore : Nouveau Droit International public ; Tome III, n°ˢ 1456 et 457, p. 314.
(2) Loc. cit., n° 1455.

CHAPITRE II

1. — L'élément primordial de l'occupation est la suspension de fait de l'autorité légale, l'impossibilité où se trouve le pouvoir national d'exercer ses droits sur le territoire envahi. Il suffit en général, pour que ce fait se produise, de l'interruption de toutes communications régulières entre les autorités locales et le gouvernement central. Des communications irrégulières ou clandestines seraient évidemment insuffisantes pour assurer le maintien d'une véritable et complète souveraineté. Il faut en excepter le cas où l'État, à cause ou en prévision de l'interruption des communications s'est constitué un représentant dans le pays. Tel est le cas d'une place forte assiégée ; tel encore celui d'une portion plus ou moins étendue du territoire national séparée par l'invasion du lieu où siège le gouvernement central mais sur laquelle celui-ci a pris soin d'établir une délégation investie de pouvoirs souverains (1).

(1) C'est ce qui arriva pour la délégation de Tours pendant la guerre de 1870-71.

Lorsqu'au contraire de cette situation, les représentants de l'Etat, fonctionnaires de l'ordre politique ou administratif ont reçu pour instructions de se retirer à l'approche de l'ennemi et qu'il se sont conformés à cet ordre, il est certain que la souveraineté nationale se trouve en fait dans l'impossibilité de s'exercer.

Est-ce à dire, comme l'a prétendu M. Rolin-Jacquemyns (1), que le régime de l'occupation entre immédiatement en vigueur au profit de l'ennemi ? Assurément non. Aussitôt que les communications sont rompues avec le gouvernement central, ce sont les autorités locales qui se trouvent chargées d'assurer, selon leurs moyens, le maintien de l'ordre public N'est-il pas certain qu'en s'y employant de leur mieux, ce qu'elles remplacent et représentent, c'est le Souverain légal ? Il serait absurde de prétendre qu'elles agissent au nom et pour le compte de l'ennemi, alors qu'elles sont encore libres de tout engagement envers lui et que le patriotisme leur fait un devoir de mettre en œuvre toutes les ressources dont elles disposent pour l'organisation de la résistance locale.

II. — Pour que l'occupation puisse s'établir, il faut qu'à la souveraineté nationale, momentanément suspendue, l'envahisseur vienne substituer effectivement l'exercice de sa propre autorité. Cette opinion est celle qui a prévalu devant la Conférence de Bruxelles et qui est aujourd'hui le plus généralement adoptée (2).

Mais, comment doit se manifester l'autorité de l'envahisseur, pour pouvoir servir de base à une occupation régulière?

(1) V. supra, p. 18.
(2) Déclaration de Bruxelles, art. 1 ; — Man. de l'Institut de Dr. Intern., art. 41 — Guelle, Lois de la Guerre, Tome II, p. 7 et note 2 — Calvo, Droit Intern. théorique et pratique, Tome IV. § 2166, — Fiore, Droit intern. codifié n° 1076. — Lueder, dans le Handbuch des Völkerrechts de Holtzendorff, tome IV, § 118, p. 518.

Il faut d'abord que les forces ennemies, dans les localités occupées, soient suffisantes pour contenir la population et repousser au besoin toute tentative d'insurrection.

L'effectif des troupes ainsi que leur répartition variera suivant les cas. On ne saurait exiger que l'occupant mette une garnison dans chaque bourgade, ou même dans chaque canton. Il y aura à tenir compte de l'état d'esprit des populations, de l'éloignement du théâtre de la guerre, de la facilité des communications, en un mot de toutes les circonstances locales. Il faut encore que l'établissement de l'ennemi ait un certain caractère de permanence qui le distingue de la simple invasion. Il faut surtout que l'occupant assume réellement la tâche de maintenir l'ordre et soit toujours en mesure, avec le concours des autorités locales, de garantir la sécurité des personnes et de protéger les biens publics et privés.

L'autorité exercée dans ces conditions n'implique nullement que la *Souveraineté* de l'occupant soit substituée, ne fût-ce que temporairement, à celle du gouvernement légal. L'envahissement du pays, l'anéantissement des résistances locales ne procurent à l'ennemi qu'une *autorité* de fait. Les habitants ne sont tenus d'obéir au vainqueur que dans la limite où ils reconnaissent et acceptent le fait de l'occupation. Mais, que ce fait vienne à cesser, et aussitôt la *Souveraineté légale* reprend d'elle-même son empire.

III. — Nous avons dit que l'occupation régulière n'est définitivement établie que par la soumission des habitants à l'autorité de l'armée d'invasion. Cette soumission peut se manifester de plusieurs manières. Il faut d'abord distinguer suivant qu'elle est expresse ou tacite.

§ I. — Elle sera *expresse* dans trois cas :

A. — Capitulation d'une place-forte ;

— 155 —

B. — Convention signée entre l'autorité militaire de l'armée ennemie et l'autorité locale ;

C. — Acceptation sans protestation par l'autorité locale de la notification faite par l'ennemi de son intention d'occuper le pays.

Chacun de ces cas mérite d'être étudié séparément.

A. — *Capitulation d'une place forte.* — Une capitulation est une convention qui met fin, avec ou sans conditions, à la résistance d'une troupe enfermée dans une place ou cernée en rase campagne (1). Nous n'avons pas à nous occuper ici des capitulations en rase campagne qui n'ont aucune influence directe sur le sort de la population locale. Il en est tout autrement de celles qui ont pour objet la reddition d'une forteresse.

Les clauses et conditions de la capitulation d'une place sont en général débattues entre deux ou un plus grand nombre d'officiers désignés à cet effet, d'une part par le gouverneur de la place, et de l'autre par le commandant des forces assiégeantes. Elles ne deviennent définitives que par la ratification de ces autorités elles-mêmes. Elles lient alors, non seulement ceux qui les ont signées, mais encore les gouvernements de qui relèvent les signataires. Par suite une capitulation ne sera pas moins valable, quoique consentie dans des conditions désastreuses, ou, quoique due à l'incapacité, à la lâcheté, voire même à la trahison d'un commandant de place. Le gouvernement dont cet officier relève pourra sans doute le traduire devant un conseil de guerre et lui appliquer, le cas échéant, les lois militaires dans toute leur rigueur ; mais l'État restera

(1) Man. de Dr. Intern. à l'usage des off., p. 63 ; Aide-mémoire de l'Off. d'État-Major p. 388 ; Guelle, t I, p 249.

lié par les clauses qui auront été consenties et signées par son représentant.

De ce qu'une capitulation oblige non seulement le commandant de place qui l'a signée, mais encore l'Etat auquel cette place appartenait, il en résulte qu'elle lie pareillement les autorités civiles et les habitants, sans qu'il soit besoin de les consulter. Comme représentant de l'Etat, le gouverneur a qualité pour débattre les intérêts de la population et s'engager en son nom.

D'autre part, la capitulation doit être respectée par le vainqueur pendant toute la durée de l'occupation, alors même que, par quelques-unes de ses clauses, elle dérogerait au régime général établi par lui dans les pays occupés.

Une capitulation écrite est ordinairement précédée de négociations. Celles-ci portent en premier lieu sur les points suivants : sort de la garnison ; désarmement de la place et de ses défenseurs ; remise des armes et du matériel ; évacuation et prise de possession de la place ; sort des médecins et des blessés. A ces clauses, qui sont d'ordre purement militaire, viennent s'ajouter souvent des stipulations concernant la population civile et la propriété privée (1).

Le pouvoir des autorités militaires à cet égard comporte certaines limites qu'il est nécessaire de préciser. Bluntschli écrit à ce sujet : « Le commandant des troupes qui menacent ou assiègent une ville a le droit de faire insérer dans la capitulation des conditions relatives soit aux opérations militaires, soit à la personne ou aux biens des soldats de la garnison et des habitants. Mais il ne peut rien stipuler quant à la constitution politique et à l'administration de la place qui

(1) Manuel de Dr. Intern. à l'usage des Off., p. 65 ; — Aide-mémoire de l'Off. d'Etat-Major, p. 309 ; — Guelle, tom. I, p. 264.

capitule. Cette distinction repose sur le fait que les pouvoirs donnés aux chefs militaires les autorisent à faire ce qui leur paraît utile ou nécessaire pour la réussite de la guerre, mais ne leur donnent pas le droit de trancher les questions politiques (1). »

Calvo reproduit la règle de Bluntschli sans observation (2).

Fiore, après avoir déclaré que les commandants des forces en présence sont compétents pour régler la situation des personnes ou celle des biens appartenant tant aux défenseurs qu'aux habitants des places contraintes à capituler, ajoute :
« Les commandants militaires seront sans autorité pour traiter de la situation politique ou administrative à faire au pays rendu ou à toute autre portion du territoire de l'État vaincu. Toutes stipulations de ce genre insérées par eux dans la capitulation demeureront sans effet (3). »

Le commandant d'une place excède la limite de ses pouvoirs quand il stipule quelque chose relativement aux troupes ou aux territoires qui ne sont pas placés sous son commandement direct. Il ne peut consentir la cession définitive de la place qu'il commande, mais il ne peut pas davantage en garantir le retour et la conservation à son pays après que les hostilités auront pris fin. Toute stipulation insérée dans une capitulation qui préjugerait les clauses et conditions du traité de paix devrait être considérée comme non avenue.

Bluntschli cite l'exemple de lord Bentinck qui promit, en 1814, de reconnaître la liberté et l'indépendance de Gênes ; ce qui n'empêcha pas le gouvernement anglais, quelques mois plus tard, de sanctionner l'annexion de cette ville au royaume de Sardaigne (4).

(1) Le Droit international codifié, n° 699 et note 1.
(2) Le Dr. Intern., théor. et prat., Tom. IV, § N° 2450.
(3) Le Dr. Intern. codifié, N° 1119.
(4) Bluntschli : Le Dr. Intern. cod. N° 699, not. 1.

— 158 —

Un autre exemple est celui de la capitulation de Verdun,
du 8 novembre 1870, qui portait dans son article 1 : « La
forteresse et la ville de Verdun, avec tout le matériel de guerre,
les approvisionnements de toute espèce, les archives et tout ce
qui est la propriété de l'État, seront remis à M. le général de
Gayl, le 9 novembre, dans l'état où tout cela se trouve au
moment de la signature, à la condition expresse d'être rendus à la France après la conclusion de la paix. » Le Conseil
d'enquête appelé à se prononcer sur cette capitulation a
déclaré, tout en rendant hommage aux sentiments qui ont
inspiré le gouverneur de Verdun, « qu'il n'appartient pas à
un commandant de place de prévoir les conséquences d'une
guerre et les conditions d'un traité de paix qui peuvent annuler les clauses stipulées dans une capitulation (1). »

Mais il est parfaitement licite de prévoir et de fixer dans
une capitulation les conditions et le régime de l'occupation.
Les stipulations les plus fréquentes sont les suivantes : Les
réquisitions sont interdites ou limitées à l'entretien d'une
troupe d'un effectif déterminé. Elles ne pourront être ordonnées que par le commandant de place et ne seront adressées
qu'à la municipalité. Les soldats de la garnison seront logés
dans les édifices publics et non chez les habitants. L'ennemi
n'exigera que les impôts établis par le gouvernement légal ;
les contributions en argent seront interdites ou limitées à un
chiffre déterminé ; la justice continuera à être rendue dans
les formes ordinaires et au nom du gouvernement national :
les lois protectrices du domicile des citoyens ne cesseront
pas d'être observées ; les maisons des habitants absents
seront respectées ; la police locale continuera à fonctionner

(1) Villefort : Recueil des actes relatifs à la paix avec l'Allemagne,
Tome II, p. 339.

avec ou sans armes. De telles clauses ou d'autres semblables
sont avantageuses aux deux parties : à la population, elles as-
surent une situation quelquefois plus favorable et, en tout cas,
mieux définie que celle qui résulte de l'occupation ordinaire ;
à l'ennemi, elles garantissent la soumission des habitants à
un régime prévu et déterminé et elles l'affranchissent ainsi de
beaucoup de discussions de détail et de difficultés quotidiennes.

Un très grand nombre de capitulations signées pendant
la guerre de 1870 contiennent des clauses de ce genre
relatives le plus souvent au respect des personnes et
de la propriété privée, au logement des troupes d'occupation, à l'exemption totale ou partielle de contributions.
Nous citerons, à titre d'exemple, les clauses suivantes de la
capitulation de Verdun :

« Art. 6. — La ville de Verdun sera dispensée de toute
« contribution de guerre et de réquisition en argent. Les
« personnes, les propriétés, les établissements civils et reli-
« gieux seront respectés. Autant que possible les troupes se-
« ront logées dans les bâtiments militaires, sauf le cas de
« passage extraordinaire de troupes.

« Art. 7. — Toutes les administrations publiques, les tri-
« bunaux civils, de commerce, le notariat, le commerce et
« l'industrie fonctionneront librement (1). »

La validité des stipulations de ce genre n'a jamais été
contestée et en général elles ont été fidèlement observées
de part et d'autre (2).

---

(1) On trouvera des clauses analogues dans les capitulations de
Soissons (art. 7), Schlestadt (art. 5), Metz (art. 6 de la capitulation et art.
2, 4, 5, 6, 7 de la convention additionnelle), La Fère (art. 6), Mézières
(art. 7), Rocroi (art. 6), Péronne (art. 5), Longwy (art. 6). Toutes ces capitulations sont rapportées dans Villefort ; Recueil des actes relatifs à
la paix avec l'Allemagne, Tom. I, pp. 287 à 326.

(2) C'est ainsi que les Prussiens ont reconnu en 1871 que la ville de
Péronne, en vertu de l'article 5 de la capitulation du 9 janvier 1871 ,

Quand une capitulation porte l'exemption de toute contribution en argent, il y a lieu d'expliquer si la dispense s'applique seulement au moment présent, ou si elle s'étend à toute la durée de l'occupation et si elle embrasse le paiement des impôts ordinaires et extraordinaires. On préviendra ainsi toutes difficultés ultérieures et toute accusation de déloyauté et de mauvaise foi.

Lorsqu'une capitulation ne contient aucune clause relative à la population civile, elle n'en implique pas moins la soumission de celle-ci aussi bien que de la troupe, car, en se rendant, le gouverneur s'engage à cesser toute résistance et cela doit s'entendre de tous ceux sur qui il a autorité, des habitants comme des soldats.

La situation est encore la même quand il n'y a ni négociations, ni capitulation écrite et qu'un commandant de place, arrivé au terme de la résistance possible, au lieu de discuter avec son vainqueur, préfère se rendre à discrétion (1). Dans ce cas, aussi bien que dans celui qui précède, la population doit être réputée avoir fait sa soumission, et il convient de lui appliquer les règles ordinaires de l'occupation.

devait être exempte de toute part dans les contributions imposées au département de la Somme pendant l'occupation. Malgré l'interdiction des réquisitions portée au même article, il s'en produisit beaucoup dans les premiers jours qui suivirent l'entrée de l'ennemi. — Elles étaient faites par des soldats et se produisaient surtout dans les faubourgs. Mais, sur les réclamations de la municipalité, le commandant fit apposer des affiches en deux langues, portant que les réquisitions étaient prohibées, tant dans les faubourgs que dans la ville, comme contraires aux conditions de la capitulation. V. Hamon : L'invasion en Picardie, p. 648.

(1) Tel fut le cas de Phalsbourg en 1870. Investie le 10 août et sommée de se rendre, elle refusa. Bombardée le même jour, elle tint bon. L'ennemi fit à la garnison l'offre de sortir avec armes et bagages et de rejoindre l'armée française. Le commandant Taillant, soutenu par un conseil de défense énergique, rejeta ces propositions. La place répondit victorieusement au feu de l'ennemi, la garnison fit des sorties heureuses; en vain les bombardements renouvelés détruisirent-ils le tiers de la ville, rien ne put ébranler le courage de ses défenseurs. Mais,

B. — *Convention signée entre l'autorité militaire de l'armée ennemie et l'autorité locale.* — L'occupation d'une ville ouverte peut donner lieu à la signature d'une convention militaire assez semblable dans la forme à la capitulation d'une place forte. Cela ne se produit en général que pour les grandes villes ou pour celles qui se présentent à l'ennemi comme capables d'opposer quelque résistance. En pareil cas, le vainqueur a un intérêt sérieux à s'assurer, sans effusion de sang, la possession paisible d'un centre important au point de vue administratif ou militaire. La population locale, réduite à ses seules forces, peut obtenir un traitement plus humain et des conditions plus favorables, en renonçant à une résistance jugée

les jours de la résistance étaient comptés. Après quatre mois de défense, n'ayant plus de vivres pour la prolonger, le commandant Taillant, de l'avis du conseil, et ne s'inspirant que de l'intérêt du pays, détruisit son artillerie, ses munitions, ses fusils, tout enfin ce que l'ennemi pouvait utiliser dans la suite de la guerre ou présenter comme trophée; puis, l'œuvre de destruction complètement terminée, il fit ouvrir les portes de la place et adressa au major de Gi..se, commandant des forces assiégeantes, la lettre suivante :

« Monsieur le Major, le trop grand éloignement de l'armée française et la famine qui torture les habitants, les blessés et les prisonniers de guerre, mais qui ne pourrait nous dompter si nous étions seuls ici, ne nous permettent pas de continuer la lutte, parce qu'il est de notre devoir d'être humains avant tout. C'est aussi pour obéir aux lois de l'humanité que j'ai dû ne pas céder au vœu de mes compagnons d'armes qui ont demandé de s'ensevelir avec leur chef sous les ruines de la forteresse qu'ils défendent si bien depuis quatre mois.

« Les portes de Phalsbourg sont ouvertes... Vous nous y trouverez désarmés, mais non vaincus.

« Recevez, Monsieur le Major, mes sentiments d'estime et de haute considération. — Le commandant de la place de Phalsbourg. Taillant. »

L'ennemi, pour honorer une pareille conduite, accorda spontanément aux officiers de conserver leur épée et leurs bagages, aux soldats leur sac, et les autorisa à choisir les villes où ils devaient se rendre comme prisonniers.

Le conseil d'enquête appelé à prononcer sur la capitulation de Phalsbourg émit l'avis que le commandant Taillant et son conseil de défense avaient mérité des éloges. (Villefort : Recueil des Actes relatifs à la paix avec l'Allemagne; Tome I, p. 312 et Tome II, p. 345.)

H. B.

d'avance inefficace. Les maux inévitables de la guerre sont ainsi amoindris de part et d'autre et l'on ne voit pas au nom de quels principes il serait possible de condamner un accord intervenu dans ces conditions.

C'est cependant ce qui a eu lieu à Versailles pendant la guerre de 1870. Le 19 septembre, un officier supérieur allemand se présenta en qualité de parlementaire à la mairie de cette ville. Après une longue et minutieuse discussion il signa avec le maire la convention suivante :

« Art. 1. — Respect des personnes et des propriétés publiques et objets d'art :

« Art. 2. — Conservation par les seuls gardes nationaux de leurs armes (sans munitions), uniformes, postes pour le service de police dans la ville et à la prison.

« Art. 3. — Les troupes allemandes seront logées dans les casernes et établissements publics convertis en casernes. Les officiers seront logés chez les habitants, s'il est nécessaire (et même les soldats, si les casernes ne suffisent pas).

« Art. 4. — Les hôpitaux civils et militaires seront respectés et les blessés non prisonniers, conformément à la Convention de Genève.

« Art. 5. — Les vivres de marche et les fourrages seront livrés aux troupes allemandes sans aucune contribution de guerre.

« Fait à l'Hôtel de Ville le 19 septembre 1870.

« Approuvé la convention ci-dessus, sauf ratification du général de Kirchbach. — *Pirscher*, commandant en chef du Génie du 5e Corps — Le Maire, *Rameau* ».

Cette convention fut établie en trois exemplaires, deux en Français et un en Allemand. Un exemplaire français resta entre les mains du maire, les deux autres furent remis au délégué allemand qui déclara ne pas douter de la ratification de son général. Afin de prévenir tout attentat, le maire fit aussitôt connaître aux habitants rassemblés devant l'Hôtel de Ville, les clauses de l'accord qui venait d'être signé.

Le lendemain, 20 septembre, le général de Kirchbach se présenta en personne à l'Hôtel de Ville et déclara que la convention signée la veille avait été présentée au Prince Royal, mais que celui-ci avait refusé de la ratifier. La raison alléguée était que, « d'après les lois de la guerre, on ne conclut pas de capitulation avec une ville ouverte, mais seulement avec une forteresse ou une place-forte ».

En conséquence, les conditions stipulées étaient rejetées et Versailles devait livrer ses armes et ses munitions. Au surplus le général déclara que la convention n'était pas nécessaire pour protéger la ville et qu'il était chargé par le Prince Royal d'affirmer au Conseil que « les lois de l'humanité » seraient observées vis-à-vis des habitants de Versailles, la volonté expresse du Prince étant que les personnes, les propriétés, les édifices publics et notamment le Musée national fussent respectés. Il ajouta que les autorités françaises pourraient toujours s'adresser aux autorités allemandes pour obtenir que ces volontés fussent observées (1).

Le motif invoqué au nom du Prince Royal pour justifier son refus de ratifier la convention du 19 septembre ne peut guère être pris au sérieux. Ni les lois, ni même les simples usages de la guerre ne mettaient obstacle au maintien d'un accord tel que celui qui avait été signé (2). Il est permis de

(1) Delerot : Versailles pendant l'Occupation ; pp. 18 à 24

(2) Au surplus et à Versailles même, l'État-major allemand ne montra pas toujours le même respect pour le Droit des Gens. Un jour que le maire de cette ville avait invoqué devant un des militaires diplomates de l'État-major une des règles les mieux reconnues de ce droit, un des amis et confidents intimes de M. de Bismarck, répondit avec un sourire moqueur : « Oui, cela se met dans les livres, mais voilà tout. » (Delerot : loc. cit., p. 32.)

penser que l'Etat-Major allemand n'avait pas trouvé à sa convenance toutes les clauses consenties par son délégué et qu'il n'invoqua les prétendues lois de la guerre que pour se ménager à Versailles une plus complète liberté d'action.

Dans d'autres villes, des conventions analogues ont été pleinement ratifiées et fidèlement observées. Nous citerons comme particulièrement intéressante celle qui est relative à la ville de Dijon :

« Son Excellence le lieutenant général de Beyer est disposé à se départir de toute mesure de répression et à oublier les procédés d'hostilité qui ont eu lieu hier dans la ville de Dijon sous les garanties sérieuses de l'exécution des conditions suivantes imposées à la ville et de borner ses réquisitions aux besoins de ses troupes. — Ces conditions sont :

« 1° La ville de Dijon versera cinq-cent mille francs comme caution, lesquels seront restitués si les rapports restent agréables ;

« 2° Respect absolu pour les personnes et pour les biens.

« 3° Indemnité (1) complète pour les belligérants réguliers ou irréguliers, pour le passé ;

« 4° Remise de tous les prisonniers faits hier :

« 5° Prompte exécution de proclamations contenant les conditions suivantes ;

« 6° Les susnommées conditions s'étendent à l'entretien et à la nourriture des troupes d'une force de 20,000 hommes et *à la fourniture des autres besoins de l'armée* — En réciprocité le général commandant prend l'engagement que toutes les réquisitions ne pourront être faites que par des intendants militaires auprès de la municipalité.

« S'il se produit quelque fait d'hostilité de la part de la ville,

(1) Ce mot est pris dans le sens de : amnistie.

le bombardement recommencerait et alors elle serait imposée à nouveau d'une notable contribution de guerre.

« Quant aux actes et négociations ultérieures, j'en charge Son Altesse grand-ducale, le lieutenant général, prince Guillaume de Bade, assisté du baron de Render de l'état-major.

« Les négociations auront lieu à neuf heures à Saint-Apollinaire. Si celles-ci n'étaient menées à terme d'ici à dix heures, je recommencerais les hostilités, et même aussitôt qu'il serait remarqué un nouvel arrivage de troupes françaises.

« Saint-Apollinaire, le 31 octobre 1870 :

« Vu et approuvé de la part de l'armée allemande : prince Guillaume de Bade, lieutenant général : de Render, de l'état-major.

« Vu et approuvé de la part de la municipalité de Dijon ; F. A. Dubois, maire ; Enfert, Lévêque, Brulé, adjoints. »

Le maire de Dijon déclare en outre qu'il a été verbalement arrêté que la justice continuerait à être rendue au nom de la République ;

Que les services publics fonctionneraient comme par le passé ;

Que les postes et télégraphes seraient rétablis ;

Que les ambulances, même privées, seront protégées malgré l'absence de régularité de la part de l'intendance française ;

Que la garde nationale serait désarmée, et les fusils centralisés à l'Hôtel de Ville, restant en principe la propriété de la ville, le général en chef se réservant d'y puiser s'il en a besoin (1).

A Dijon, comme à Versailles et comme dans la plupart des villes où des conventions de ce genre ont été signées, c'est la

(1) Archives diplomatiques : 1871-72 ; Tome III, p. 943.

municipalité qui est entrée en rapports avec l'ennemi, comme représentant les populations locales. Cependant il n'en a pas été de même partout. A Chartres, par exemple, ce fut le préfet d'Eure-et-Loir, M. Émile Labiche, assisté du maire, M. Delacroix qui débattit et signa avec les autorités allemandes l'accord relatif à l'occupation de la ville.

Le droit de conclure de pareils accords avec l'ennemi rentre-t-il dans les attributions légales des maires? C'est là une question de droit public interne qui peut varier avec les diverses législations.

En France, cette question peut sembler douteuse. L'art. 97, § 6 de la loi du 5 avril 1884 énonce comme rentrant dans la police municipale, « le soin de prévenir, par des précautions « convenables, et celui de faire cesser, par la distribution « des secours nécessaires, les accidents et les fléaux calami- « teux, tels que les incendies, les inondations, les maladies « épidémiques ou contagieuses, les épizooties, en provo- « quant, s'il y a lieu, l'intervention de l'administration su- « périeure. » On peut soutenir que l'énumération ci-dessus n'a rien de limitatif : que la guerre est un fléau calamiteux, aussi bien que les inondations ou les épidémies, et que l'intervention des maires n'est pas moins utile en présence de l'invasion ennemie que dans tous les autres cas prévus par le texte. D'autre part il est bien évident que l'occupation étrangère est une calamité qui se différencie profondément des exemples cités par la loi et que les dispositions à prendre en pareil cas sont sans analogie avec les précautions ou les secours que nécessitent les autres fléaux. Ainsi l'art. 97, pris en lui-même, paraît ici sans application. D'ailleurs le droit d'entrer en rapports avec une Souveraineté étrangère ou ses représentants est un des attributs essentiels de la Souveraineté nationale. Les maires ne l'ont pas de plein droit, et, pour les en investir, il faudrait un texte formel ou une délégation expresse qui ne se rencontrent pas dans la loi municipale. Enfin, il serait peut-être imprudent de conférer légalement et expressément aux maires le pouvoir de traiter avec l'ennemi en cas d'invasion. Une pareille disposition pourrait avoir pour effet d'atténuer chez certains officiers municipaux le sentiment de la responsabilité qui leur incombe dans des circonstances aussi exceptionnelles.

Nous croyons donc en principe qu'en traitant avec l'ennemi sur les conditions de l'occupation les maires agissent en dehors de leurs attributions légales et administratives. Ils contractent, il est vrai, au nom et dans l'intérêt de leurs administrés, mais sous leur seule responsabilité. Dans ces conditions on ne saurait prétendre que leurs promesses obligent légalement la population, au même titre que les stipulations du gouverneur d'une place-forte. Mais, il est bien certain qu'en se portant fort pour leurs concitoyens, en garantissant de leur personne la fidèle observation du pacte convenu, ils font preuve d'un dévouement qui ne saurait être méconnu sans injustice, et que les habitants doivent se tenir pour liés par leur parole comme ils le seraient par un engagement personnel.

De ce que les maires, en traitant avec l'ennemi, n'agissent pas en leur qualité administrative, mais comme représentants de la population locale et, au point de vue juridique, comme des gérants d'affaires, il résulte que ce n'est pas à eux seuls exclusivement qu'il appartient de conclure des pactes de ce genre. Sans doute, le maire, surtout lorsqu'il tient ses pouvoirs du suffrage de ses concitoyens, est avant tout autre le représentant attitré de la population ; mais il peut arriver que dans certaines localités il n'y ait pas de municipalité régulièrement installée au moment où l'ennemi se présente pour occuper le pays. Il peut se faire aussi que, fuyant les dangers ou les responsabilités de leur tâche, certains maires cherchent à se dérober aux devoirs qui leur incombent. En pareil cas toute personne pouvant à bon droit se croire autorisée à s'engager pour les habitants du pays et ayant le courage, à ses risques et périls, d'en assumer la responsabilité, pourra traiter avec l'ennemi au lieu et place de la municipalité absente ou empêchée. Dans tous les cas, que ce soit le maire qui y ait été partie ou un tiers agissant en son lieu et place, la convention loyalement intervenue liera à la fois la population locale et l'autorité militaire de l'armée d'invasion.

C. — *Acceptation sans opposition de la notification d'occupation.* — Lorsqu'il s'agira d'une localité peu importante ou incapable d'opposer la moindre résistance à l'invasion, le vainqueur n'entamera pas de pourparlers avec les autorités locales. Il fera appeler le maire et les représentants de la population et leur notifiera son intention d'occuper le pays. Le plus souvent le maire répondra que la commune, dans l'impossibilité de se défendre, ne peut faire autrement que de céder à la force. S'il y a lieu de craindre un soulèvement de la population, il devra faire expressément ses réserves sur les droits et les intentions des habitants. En ce cas, l'ennemi aura à pourvoir à sa sécurité par les moyens dont il dispose. Si le maire ne fait entendre aucune protestation, si aucun des notables ou des habitants présents ne s'élève contre les intentions de l'ennemi, celui-ci pourra tenir à bon droit la soumission des habitants comme constituant un fait accompli. Il y aurait, croyons-nous, une véritable déloyauté à tromper l'ennemi par une soumission apparente, puis alors même qu'on n'aurait ni signé, ni pris aucun engagement formel à se retourner contre lui, les armes à la main.

Toutefois, si l'envahisseur se contente de notifier au maire ses intentions et se retire sans organiser l'occupation et sans laisser de troupes, la population est en droit de se considérer comme libre de tout engagement. Si donc, plus tard, en reparaissant dans le pays, l'ennemi se heurte à une résistance locale organisée, il ne saurait prétendre qu'il y a eu trahison ; car, en déclarant vouloir occuper le pays et en ne l'occupant pas, il a rompu le premier un pacte qui ne saurait tenir qu'à la condition de constituer un engagement réciproque. C'est pourquoi, dans un cas comme celui dont nous nous occupons, il importe que le vainqueur qui prétend imposer ses conditions aux autorités locales précise nettement la portée et le caractère de l'occupation qu'il entend effectuer. Mais, aux déclarations de principe, il faut qu'il se joigne des faits, sans quoi l'occupation n'aurait aucun caractère de réalité. Ces faits seront généralement les suivants : désarmement de la population, établissement, soit dans la localité, soit à proximité, d'une garnison capable d'assurer le maintien de l'ordre et de faire respecter l'autorité de l'occupant, enfin organisation de rapports permanents ou réguliers entre les maires et les autorités civiles ou militaires chargées de l'administration du territoire occupé.

§ II. — *Soumission tacite de la population.* — La soumission de la population à l'autorité de l'envahisseur, quand elle n'est pas expresse, ne se manifeste pas toujours d'une manière uniforme. Elle peut dépendre de circonstances de fait infiniment variées.

Tout d'abord, il est bien certain que la résistance locale, tant qu'elle subsiste, même si elle n'est que le fait d'une minorité, est la négation flagrante de l'autorité de l'envahisseur. On doit estimer cependant que la lutte des habitants, pour mettre obstacle à l'occupation, doit présenter un certain caractère d'organisation ou de généralité. Aucun pouvoir, pas même celui du gouvernement national, ne pourrait empêcher de se produire des actes individuels et isolés de rébellion. Il serait injuste et malheureux que de pareils actes eussent pour effet d'empêcher le rétablissement d'un ordre légal dans le pays. En conséquence, lorsque la résistance locale aura été définitivement brisée et que le vainqueur sera en mesure de se faire partout et ostensiblement obéir, la soumission de la population devra être réputée un fait accompli. Qu'on ne dise pas que cette soumission obtenue par la force n'oblige pas les habitants : après que la lutte a cessé, tous ceux qui restent dans le pays, ceux surtout qui y continuent leur commerce, leurs affaires ou leurs travaux, acceptent implicitement pour leurs personnes et leurs biens la protection de l'occupant. En échange de la sécurité qui leur est garantie, ils sont tenus de respecter l'autorité de fait établie sur le territoire.

Lorsqu'il n'y a pas eu de résistance locale, la soumission pourra être présumée dans beaucoup de cas dont on ne saurait prétendre fournir une énumération limitative. Parmi les faits qui la caractérisent le plus sûrement, on peut citer les suivants : désarmement de la population effectué sans résistance avec ou sans le concours de l'autorité locale, recouvrement sans violence de réquisitions en nature ou de contributions en argent ; logement facile des troupes de passage ou de garnison, etc. Mais il faut toujours se rappeler que ces faits ou d'autres semblables n'ont toute leur signification que si, de son côté, l'ennemi occupe réellement le pays en y conservant des forces suffisantes pour assurer toujours le maintien de l'ordre et le plein exercice de son autorité et surtout pour prévenir en toute circonstance soit un retour offensif de l'armée nationale, soit un soulèvement local.

La plupart des localités occupées pendant la guerre de 1870-71 l'ont été dans des conditions qui pouvaient être considérées à bon droit par nos ennemis comme impliquant la soumission tacite de la population. D'autre part l'attitude des Allemands ne différait pas en général suivant qu'ils se proposaient de se maintenir dans le pays ou qu'ils n'avaient d'autre but que de s'y ravitailler pendant un séjour de courte durée. On ne saurait leur reprocher de n'avoir pas tenu compte de la différence qu'il y a entre l'invasion simplement passagère et l'occupation régulière : c'est une distinction que les publicistes n'avaient pas encore tracée à cette époque et qui jamais ne s'était clairement fait jour dans la pratique. Mais très souvent, après avoir annoncé l'intention d'occuper le pays, ils se retiraient sans avoir rien fait pour assurer le maintien de leur autorité ; et si plus tard, en revenant dans la même localité, ils y rencontraient quelque résistance, ils faisaient preuve d'une rigueur aussi injuste qu'impitoyable.

C'est ainsi que, dans le courant de septembre 1870, les troupes du Prince Albert, après avoir passé une première fois à L'Isle-Adam, s'étaient retirées en annonçant l'intention de revenir, mais sans laisser aucun détachement quelconque. Les gardes nationaux et les francs-tireurs du pays résolurent de prévenir ce retour. Ils s'embusquèrent sur la route de Pontoise et, le 25 septembre, une colonne de réquisitions approchant, ils l'attaquèrent, tuèrent plusieurs hommes, parmi lesquels le commandant, et s'emparèrent de plusieurs fourgons et de quelques chevaux. Les Prussiens ne tardèrent pas à revenir en force, mais ils durent encore une fois se retirer après un engagement qui dura une journée. Enfin, le 29 septembre, ils réussirent à s'emparer de L'Isle-Adam et, pour tirer vengeance des faits de résistance qui s'y étaient produits, ils incendièrent la ville et la mirent au pillage (1).

(1) Le Roy : Le-Hâvre et la Seine-Inférieure pendant la guerre de 1870-71, p. 84. — L'auteur ne s'est pas borné au récit des opérations dont la

Peu de jours avant, le **21** septembre **1870**, la petite commune de Mézières, près de Mantes, avait été visitée par une patrouille de uhlans qui enjoignit au maire de procéder au désarmement de la garde nationale et de se tenir prêt le lendemain à remettre les fusils à l'autorité prussienne. Le maire se conforma à ces ordres et le lendemain les armes étaient chargées sur des chariots pour être livrées à l'ennemi, quand survint une compagnie de francs-tireurs de Mantes qui s'empara des fusils, s'embusqua à l'entrée du village et accueillit le détachement de cavalerie qui se présenta par une fusillade qui tua deux dragons prussiens et mit le reste en fuite. Aussitôt le général de Bredow accourut avec sa colonne et du canon, bombarda Mézières et la livra aux flammes (1).

Nous avons cité ces exemples parce que la soumission de la population ayant été ici obtenue une première fois, on pourrait penser que les mesures violentes employées par les Allemands s'appliquaient à des actes de trahison ou de rébellion : mais, on remarquera que dans l'un et l'autre cas l'occupation n'avait pas commencé ou avait été interrompue, ce qui devait avoir pour effet de rétablir les populations dans tous leurs droits. On peut même noter qu'à Mézières, les habitants étaient restés étrangers aux actes d'hostilité dirigés contre l'envahisseur. Il est donc certain que les procédés des Allemands ne sauraient être excusés dans ces circonstances à raison d'une prétendue révolte de la population survenue au cours d'une occupation régulièrement établie et maintenue sans interruption.

La conduite des Allemands en cette occurence ne fut d'ail-

Seine-Inférieure a été le théâtre; il a cité aussi de nombreux faits qui se sont passés dans les départements voisins.

(1) Le Roy : loc. cit., p. 76.

leurs que la mise en application d'un faux principe que nos ennemis ont constamment invoqué pendant la guerre de 1870 et dont la portée s'étendait beaucoup plus loin que les exemples cités ici. Ce principe que le général de Voigts-Rhetz a vainement essayé de faire approuver par la Conférence de Bruxelles serait que les habitants d'une localité, *même non encore occupée*, qui prennent part à la lutte, soit en se défendant par leurs seules forces, soit en appuyant l'armée nationale pendant le combat, se mettent par là en dehors des lois de la guerre et méritent d'être traités comme criminels et fusillés. La règle à peu près constante adoptée par l'armée allemande dans les cas de ce genre était d'incendier les villages où ces faits se produisaient. On sait assez l'histoire de Bazeilles pour que nous n'ayons pas à la rappeler ici. Le même traitement a été appliqué à peu près partout aux villes ou villages qui, après la retraite de l'armée nationale, ont essayé d'organiser la résistance locale avec les ressources dont ils disposaient.

Ce système a été assez nettement condamné à la Conférence de Bruxelles, même par les délégués militaires, pour qu'on puisse espérer qu'il ne serait pas remis en pratique, le cas échéant, dans une prochaine guerre. L'article 10 de la Déclaration de Bruxelles, l'art. 2 du Manuel de l'Institut de Droit international et le Manuel de Droit international à l'usage des officiers de l'armée de terre (p. 30) reconnaissent la qualité de belligérants aux habitants d'un territoire non occupé, qui, à l'approche de l'ennemi, prennent les armes spontanément et ouvertement pour combattre les troupes d'invasion, même s'ils n'ont pas le temps de s'organiser. (1)

En conséquence ces habitants, s'ils tombent entre les

(1) Cependant Guelle paraît d'un avis opposé, Tom. I, p. 88.

mains de l'ennemi, peuvent être faits prisonniers de guerre et traités comme tels, mais aucune mesure particulière de rigueur ne peut être prise, soit contre leurs personnes, soit à l'égard de leurs biens. On excuserait moins encore le renouvellement des procédés usités en 1870, tels que l'incendie et le pillage des localités dans lesquelles la population organise la défense ou y participe à côté des troupes régulières.

DEUXIÈME PARTIE

EFFETS DE L'OCCUPATION SUR LES PERSONNES

CHAPITRE I

RAPPORTS GÉNÉRAUX DE L'OCCUPANT AVEC LES HABITANTS

1. — Autrefois et jusqu'à la fin du siècle dernier, la population paisible d'un pays envahi était abandonnée sans réserve au pouvoir arbitraire de l'envahisseur. Grotius et Pufendorff considèrent d'après l'accord unanime des peuples que les citoyens des deux États belligérants, par conséquent les femmes, les enfants, les vieillards sont des ennemis et que, comme tels, ils sont à la merci du vainqueur (1).

Dans la seconde moitié du dix-huitième siècle, Vattel dont on connaît les idées libérales écrivait : « Les femmes, les

V. Bluntschli : Dr. Intern. cod.; Introduction, p. 34.

enfants, les vieillards infirmes, les malades, sont au nombre des ennemis : et l'on a des droits sur eux, puisqu'ils appartiennent à la Nation avec laquelle on est en guerre et que, de Nation à Nation, les droits et les prétentions affectent le corps de la société avec tous ses membres. Mais ce sont des ennemis qui n'opposent aucune résistance ; et par conséquent, on n'a aucun droit de les maltraiter en leur personne, d'user contre eux de violence, beaucoup moins de leur ôter la vie. Il n'est point, aujourd'hui, de Nation un peu civilisée, qui ne reconnaisse cette maxime de justice et d'humanité. Si quelquefois le soldat furieux et effréné se porte à violer les filles et les femmes, ou à les tuer, à massacrer les enfants et les vieillards, les officiers gémissent de ces excès : ils s'empressent à les réprimer, et même un général sage et humain les punit quand il le peut....

« Aujourd'hui, la guerre se fait par les troupes réglées : le peuple, les paysans, les bourgeois, ne s'en mêlent point, et, pour l'ordinaire, ils n'ont rien à craindre du fer de l'ennemi. Pourvu que les habitants se soumettent à celui qui est maître du pays, qu'ils paient les contributions imposées, et qu'ils s'abstiennent de toute hostilité, ils vivent en sûreté, comme s'ils étaient amis ; ils conservent même ce qui leur appartient ; les paysans viennent librement vendre leurs denrées dans le camp, et on les garantit autant qu'il se peut des calamités de la guerre. Louable coutume, bien digne des nations qui se piquent d'humanité et avantageuse à l'ennemi même qui use de cette modération ! (1) » Il y a déjà un progrès marqué sur Grotius et Pufendorfl ; cependant Wattel ne voit dans le respect des personnes et de leurs biens qu'une question d'hu

____

(1) Le Droit des Gens ; Liv. III, Ch. VIII, §§ 146 et 147.

manité et de générosité et non une obligation imposée par le droit des gens.

Le traité d'amitié conclu en 1785 entre la Prusse et les États-Unis est le premier document officiel qui pose en principe le respect des habitants paisibles par les armées belligérantes. — L'art. 23 porte : « Les femmes et les enfants, les gens de lettres de toutes les facultés, les cultivateurs, artisans, manufacturiers et pêcheurs qui ne sont point armés et qui habitent des villes, villages et places non fortifiées et en général tous ceux dont la vocation tend à la subsistance et à l'avantage commun du genre humain, auront la liberté de continuer leurs professions respectives et ne seront point molestés en leurs personnes, ni en leurs maisons. » Ce traité avait été négocié sous l'influence libérale de Benjamin Franklin, mais il semble qu'il était en avance sur la civilisation de l'époque, car lorsqu'il fut renouvelé en 1798, l'art. 23 fut supprimé.

Déjà cependant J.J. Rousseau avait formulé le principe qui a servi de base à tous les progrès du droit de la guerre en notre siècle : « La guerre, écrivait-il, n'est point une relation d'homme à homme, mais une relation d'État à État, dans laquelle les particuliers ne sont ennemis qu'accidentellement, non point comme hommes, ni même comme citoyens mais comme soldats (1). » Cette idée devenue aujourd'hui courante ne passa pas immédiatement du cercle spéculatif de la philosophie dans le domaine du droit international. Elle fut reprise un peu plus tard par Portalis auquel on en attribue communément tout le mérite et qui lui donna seulement l'autorité qui s'attachait alors à sa parole de jurisconsulte : « La guerre, disait-il en paraphrasant

____

(1) Contrat social ; Liv. I, Ch. 4.

le texte de J.-J. Rousseau, est une relation d'État à État et non d'individu à individu. Entre deux ou plusieurs belligérants, les particuliers dont ces nations se composent ne sont ennemis que par accident, ils ne le sont point comme hommes, ils ne le sont pas même comme citoyens, ils le sont uniquement comme soldats. (1) »

Six ans plus tard, Talleyrand, dans une lettre à l'Empereur du 20 novembre 1806 (2), reproduisait en le développant, ce principe qui tendait de plus en plus à s'affirmer : « D'après une maxime que la guerre n'est point une relation d'homme à homme, mais une relation d'État à État, dans laquelle les particuliers ne sont ennemis qu'accidentellement, non point comme hommes, non pas même comme membres ou sujets de l'État, mais uniquement comme ses défenseurs, *le droit des gens ne permet pas* que le droit de la guerre et le droit de conquête qui en dérive s'étendent aux citoyens paisibles et sans armes, aux habitants et aux propriétés privés, aux marchandises du commerce, aux magasins qui les renferment, aux chariots qui les transportent, aux bâtiments non armés qui les voiturent sur les rivières et sur les mers, en un mot *à la personne et aux biens des particuliers.* Ce droit né de la civilisation en a favorisé les progrès. C'est à lui que l'Europe a été redevable du maintien et de l'accroissement de sa prospérité au milieu des guerres fréquentes qui l'ont divisée. »

Pendant la longue période de paix qui suivit les traités de 1815, le développement des idées philanthropiques amené par les excès des guerres précédentes et par la lassitude qu'elles avaient causé ne fit que s'accentuer. Les travaux des publicistes fixèrent alors définitivement le principe du res-

(1) Discours prononcé le 14 floréal an VIII à la séance d'inauguration du Conseil des prises.
(2) Moniteur universel du 5 décembre 1806.

pect qui est dû à la personne des habitants paisibles. Aussi cette règle est-elle inscrite à plusieurs reprises dans les Instructions de 1863 pour les armées en campagne des Etats-Unis d'Amérique :

« C'est un principe qui est de plus en plus généralement reconnu que le citoyen non armé doit être respecté dans sa personne, ses propriétés et son honneur autant que les exigences de la guerre le permettent (art. 22). — La protection accordée au citoyen inoffensif du pays ennemi est la règle, le trouble apporté dans ses relations privées est l'exception (art. 25). — Les Etats-Unis reconnaissent et protègent dans les contrées ennemies occupées par eux la religion et la morale, les propriétés privées, la personne des habitants, spécialement des femmes et la sainteté des relations domestiques. Les infractions à ces prescriptions seront rigoureusement punies (art. 37). — Toute violence commise sans nécessité contre les habitants du pays envahi ; toute destruction de propriété qui n'est pas commandée par un officier ayant qualité à cet effet ; tout vol, tout pillage ou saccagement, même après la prise d'assaut d'une place ; tout rapt, toute mutilation, tout meurtre d'un habitant sont interdits sous peine de mort ou sous tout autre châtiment proportionné à la gravité de l'infraction (art. 44. »

II. — Au début de la guerre franco-allemande, dans son ordre du jour aux soldats daté de Hambourg le 8 août 1870, le roi de Prusse disait : « Nous ne faisons pas la guerre aux habitants paisibles ; c'est au contraire le devoir de tout soldat sensible à l'honneur, de protéger la propriété privée et de ne pas laisser compromettre, même par des exemples isolés d'indiscipline, la bonne réputation de notre armée. »

Dans sa proclamation du 11 août aux habitants des territoires occupés, il s'exprimait en termes équivalents :

« Je fais la guerre aux soldats et non aux citoyens français. Ceux-ci continueront par conséquent à jouir d'une complète sécurité *pour leurs personnes et leurs biens* aussi longtemps qu'ils ne me priveront pas eux-mêmes, par des entreprises hostiles contre les troupes allemandes, du droit de leur accorder ma protection. » Le général Steinmetz, le général de Beyer, dans les proclamations à leurs troupes, répétaient les mêmes paroles. Sans doute, ces promesses n'ont pas toujours été tenues au cours des vicissitudes de la lutte ; mais le soin que les Allemands ont mis à se justifier des reproches qui leur ont été adressés, prouve du moins qu'ils considéraient le principe comme rigoureusement obligatoire.

La Conférence de Bruxelles de 1874 l'a à son tour nettement consacré dans l'art. 38 du Projet de déclaration : « L'honneur et les droits de la famille, la vie et la propriété « des individus, ainsi que leurs convictions religieuses et « l'exercice de leur culte devront être respectés. » Le Manuel des Lois de la Guerre de l'Institut de Droit international reproduit ce même texte dans son article 49.

Enfin le Manuel de Droit International à l'usage des officiers de notre armée de terre ne se montre pas moins explicite : « Dans ses rapports avec la population, le soldat est obligé à la même réserve que s'il tenait garnison dans son pays. Il doit s'abstenir comme d'un crime de tout attentat contre la vie des individus et de toute violence contre leur personne. C'est pour lui une obligation absolue de respecter l'honneur et les droits de la famille, de ne porter aucune atteinte à la pudeur des femmes, à la pureté des enfants, à la faiblesse vénérable des vieillards. Le meurtre, les menaces sous condition, les blessures, les violences, les attentats aux mœurs, les arrestations ou séquestrations arbitraires, l'enlèvement de mineurs, le rapt sont des crimes, en temps de guerre comme en temps de paix, en pays ennemi comme sur le territoire national. La punition en est poursuivie conformément au Code de justice militaire et les officiers ont à prévenir et à réprimer tout excès de la part de leurs hommes (1). »

III. — *Serment de fidélité.* — Au temps où l'on ne distinguait pas entre l'occupation et la conquête, il paraissait naturel d'exiger des habitants d'un pays envahi tout ce qu'un Souverain pouvait légitimement demander à ses sujets. Il n'était pas rare que le vainqueur devenu maître d'un territoire, imposât aux habitants un serment de fidélité. Les Anglais notamment ne manquaient pas de recourir à cette mesure dans les colonies dont ils s'emparaient.

Il est reconnu aujourd'hui que l'occupation n'entraîne pas un changement de nationalité des habitants. Bien que soumis en fait à l'autorité actuelle de l'occupant, ils restent en droit sujets du souverain légal et la prestation de serment à l'ennemi serait de leur part un véritable acte de forfaiture. Comme le dit le Manuel de Droit International, « il y aurait abus de la force et mépris de la conscience humaine à exiger des habitants une promesse que l'honneur et le patriotisme leur défendent de donner (2). »

Ce principe n'a soulevé aucune objection à la Conférence de Bruxelles. L'art. 49 du projet russe primitif portait à ce sujet : « La population des localités occupées ne peut être contrainte au serment de sujétion perpétuelle à la puissance ennemie. » M. de Lansberge demanda qu'au lieu des mots « serment de sujétion perpétuelle » on se servît de l'expression générique « aucun serment ». Sur la proposition du baron

(1) Loc. cit., p. 106.
(2) Loc. cit., p. 108.

Jomini, la conférence adopta la rédaction suivante, qui forme l'art. 37 du Projet de Déclaration : « La population d'un territoire occupé ne peut être contrainte à prêter serment à la puissance ennemie ». Il est impossible d'admettre avec Dahn (1) que l'ennemi soit en droit d'exiger un serment de fidélité lorsque l'occupation doit se prolonger ou s'il est probable que l'ennemi gardera le territoire après la paix. Tant que le traité de paix n'a pas fait une nouvelle attribution de souveraineté, l'intention de l'occupant de conserver le pays ne change rien aux devoirs de la population locale envers le gouvernement légal.

L'art. 37 de la Déclaration de Bruxelles laisse indécise la question de savoir si les fonctionnaires peuvent être astreints à un serment professionnel. Nous examinerons plus loin ce cas particulier.

IV. — *Droit d'expulsion.* — Si l'occupant est privé de la garantie purement morale et, en fait, assez illusoire que lui procurerait la prestation par les habitants d'un serment de fidélité, on lui accorde en revanche le droit, beaucoup plus important en pratique d'expulser du territoire les personnes dont la présence lui paraît dangereuse pour le maintien de l'ordre ou pour la sécurité de ses troupes. Il pourra user de ce droit à l'égard des anciens fonctionnaires politiques qui ne se seraient pas spontanément retirés, des hommes influents et violemment hostiles capables de surexciter la population, des habitants qu'il soupçonne d'être restés en relations avec le gouvernement légal ou avec l'armée nationale, et enfin de tous ceux dont l'attitude lui paraît inquiétante ou suspecte.

V. — *Ordres généraux de l'Occupant.* — D'une manière générale les habitants sont obligés de se soumettre aux

(1) Le droit de la guerre ; pp. 10 et 11.

règlements et ordonnances promulgués par l'occupant pour la durée de l'occupation. Toutefois les dispositions de ce genre ne sont moralement et légalement obligatoires que si elles sont conformes au droit des gens ou tout au moins aux usages de la guerre. L'obligation des habitants n'est fondée en droit que sur l'acceptation expresse ou tacite, du nouvel ordre de choses. Or, en acceptant l'occupation, ce qu'ils ont eu en vue, c'est un régime qui est connu dans ses grandes lignes et qui n'a rien de déshonorant ni d'inhumain. Si l'occupant y substitue un régime de violence et d'arbitraire, il rompt le premier le lien de droit qui s'était formé. Si l'ennemi prétendait à un droit de vie et de mort sur tous les habitants, si le pillage pouvait être permis, si les femmes, les vieillards, les enfants ne devaient pas être respectés, on n'aurait pas le droit de présumer que les populations aient voulu se soumettre à un pareil état de choses. Il est incontestable, au contraire, qu'elles auraient lutté de toutes leurs forces pour s'opposer à son établissement et, si la lutte était devenue impossible, qu'elles auraient du moins essayé d'y échapper par la fuite.

Lueder reconnaît que les habitants du pays occupé ne sont tenus d'obéir à l'occupant que dans le sens et avec l'étendue que comportent le droit d'administration et les nécessités de la guerre : « Les habitants, ajoute cet auteur, restent citoyens de leur État ; mais ils sont semblables à ceux qui vivent en pays étranger et qui, pour un temps et dans certaines limites, se soumettent à une autre puissance (1). »

On ne peut donc dire avec Dahn que la population est

---

(1) Lueder ; in Handbuch des Volkerrechts von Holtzendorff : Tome IV, § 118, p. 512. — V. aussi Lœning : Rev. de Dr. Intern., 1872, p. 633.

obligée vis-à-vis de l'occupant » à l'obéissance à laquelle elle était tenue envers l'État (1). » L'occupant est le *maître*, mais ce n'est pas le *Souverain* et c'est encore *l'ennemi*. La population ne peut être tenue de lui obéir que si les ordres qu'il donne ne sont pas contraires aux liens de fidélité qui la rattachent toujours au gouvernement national du pays. C'est en ce sens qu'il faut entendre l'article 48 du Manuel des Lois de la Guerre de l'Institut de Droit international : « Les habitants d'un territoire occupé qui ne se « soumettent pas aux ordres de l'occupant peuvent y être contraints. »

L'occupant est en droit de prendre toutes les mesures de police qu'il juge utiles pour le maintien du bon ordre et pour la sécurité de ses troupes. Il peut prohiber les attroupements, interdire la circulation sur des points déterminés, défendre de sortir le soir après l'heure fixée pour l'extinction des feux, prescrire, en cas de besoin, l'éclairage des rues par les soins des propriétaires riverains, etc., etc. Parmi les mesures de cet ordre il en est deux qui méritent d'être étudiées avec quelque détail ; ce sont la *remise des armes* et *l'interdiction de quitter le pays.*

VI. — *Remise des armes par la population.* — Les habitants peuvent être obligés à remettre, dans un délai déterminé, entre les mains de l'occupant les armes de toute espèce et les munitions dont ils sont détenteurs. La légitimité de cette mesure n'a pas besoin d'être démontrée. Il faut remarquer seulement que le droit pour l'occupant de se faire remettre les armes appartenant en propre aux habitants n'implique pas le droit de se les approprier. Elles pourront donc être mises en lieu sûr pendant la durée

(1) Dahn : Le droit de la guerre, p. 10:

de la guerre, mais elles seront restituées à la fin de l'occupation.

Pendant la guerre de 1870-71, la remise des armes a été imposée par les Allemands dans presque toutes les localités où ils ont pénétré. Aussi les documents officiels sur ce sujet sont-ils en assez grand nombre. Nous citerons d'abord un décret du Gouverneur général de Reims, du 6 octobre 1870 :

« Dès qu'un endroit est occupé par les troupes allemandes, les habitants sont tenus de se dessaisir de toute espèce d'armes et de munitions de guerre, obligation que leur communiquera le maire sur la sommation de l'officier commandant les troupes.

« Le commandant et le maire signeront un duplicata de l'inventaire des armes remises à l'autorité militaire.

« Les armes de guerre seront confisquées, tandis qu'on emmagasinera le reste en lieu sûr et sous bonne garde militaire.

« Les demandes d'exception doivent être adressées au commandant qui en décidera et, en cas d'autorisation, délivrera un certificat au pétitionnaire.

« Dans les départements occupés, le maire de chaque endroit où nos troupes ne sont pas encore entrées, doit opérer la rentrée des armes et les garder pour en faire la remise à l'officier des troupes qui occuperont l'endroit.

« Les habitants des endroits occupés par nos troupes devront remettre leurs armes le lendemain de l'expédition de ce décret ; ceux qui habitent les endroits qu'on occupera, remettront les armes le lendemain de la publication du décret ci-dessus que les maires auront soin de faire exécuter. Quiconque y contreviendra sera traduit devant un conseil de guerre et doit s'attendre à être transporté en Allemagne, pour y être condamné à cinq ans de réclusion ou à une amende équivalente.

> « Reims, le 6 octobre, 1870.
>
> « Le gouverneur général,
>
> « Frédéric-François
>
> « Grand-duc de Mecklembourg-Schwérin » (1).

Ce décret n'a rien qui puisse être sérieusement critiqué. Mais les peines encourues, cinq ans de réclusion ou une amende *équivalente* (?), durent paraître dérisoires aux officiers habitués à n'appliquer que la peine de mort. Aussi ces prescriptions ne furent-elles pas maintenues.

Même pendant le temps où elles devaient être en vigueur, des sous-ordres zélés n'hésitèrent pas à les modifier de leur propre autorité. Ainsi, à Épernay, le commandant de place von Pannevitz, dans une affiche datée du 20 octobre et renouvelant l'ordre de déposer les armes disait : « Si, le délai passé, lors des recherches, des armes sont trouvées, les possesseurs d'armes à feu seront passés par les armes; ceux d'armes blanches, punis des travaux forcés (2). »

Après que le grand-duc de Mecklembourg-Schwerin eut été remplacé par le général de Rosenberg-Gruszezynski, une nouvelle ordonnance fut promulguée portant : « Tout habitant des départements réunis sous le gouvernement général de Reims, trouvé en possession d'armes quelconques ou de munitions et ne pouvant exclure par des circonstances particulières la présomption d'un but hostile, se rend coupable de trahison contre les troupes allemandes. — En ce cas, le conseil de guerre pourra être réuni pour juger sommairement. (3) »

---

(1) Moniteur officiel de Reims du 10 octobre 1870.

(2) Cité par Ruble : L'armée et l'administration allemandes en Champagne, p 100.

(3) Moniteur officiel de Reims du 20 janvier 1871.

La peine de la trahison était la mort et nous n'avons pas à montrer ce qu'il y avait d'excessif à voir dans la simple détention d'une arme quelconque une présomption d'hostilité ou de trahison.

Les Allemands avaient admis, et cela résulte suffisamment de l'ordonnance du 6 octobre citée plus haut, que les armes de guerre seules seraient confisquées et que les autres seraien restituées. En fait cette promesse est loin d'avoir été tenue : à Versailles spécialement l'occupant a fait à ce sujet un véritable butin (1).

La Déclaration de Bruxelles ne contient pas de disposition qui s'applique au cas que nous venons d'examiner ; mais l'article 6 porte que « les dépôts d'armes et en général toute espèce de munitions de guerre, quoique appartenant à des sociétés ou à des personnes privées.... peuvent ne pas être laissées à la disposition de l'ennemi. » Il s'agit ici d'un cas particulier et qui n'a d'importance que pour l'industrie de la fabrication des armes. La conférence de Bruxelles a paru accepter sur cette question le point de vue du général de Voigts-Rhetz qui n'admettait pas le droit à indemnité pour les propriétaires de ces sortes d'objets : « Les armes empruntées ou enlevées seront, disait-il, rendues dans l'état où les aura mises la guerre ou ne seront même pas rendues du tout ; si par suite d'une insurrection ou toute autre cause, elles disparaissent ou subissent des détériorations, on ne devra ni les remplacer, ni payer d'indemnité. (2) »

M. Moynier protesta auprès de l'Institut de Droit International contre ce système qu'il considérait comme une spoliation pure et simple : « Le seul motif dit-il que l'on ait donné à

(1) V. Délerot : Versailles pendant l'occupation, pp. 42, 43, 47 et 48.
(2) Séance du 11 août, Protoc. XI. — Voir aussi : Séance du 22 août, Protoc. XVIII.

propos de cette licence est que les armes et munitions constituent de la contrebande de guerre. Mais cette assimilation
aux règles du droit international maritime est forcée car il
n'y a chez les détenteurs terrestres de ces choses qui, dans
les pays de fabrique, constituent peut-être tout l'avoir de
leur propriétaire, aucune intention frauduleuse, ni même
aucun acte incriminable et digne d'être puni par la confiscation, peine d'ailleurs formellement prohibée par l'article 38.
Si l'occupant estime qu'il est de son intérêt de *ne pas les laisser
à la disposition de l'ennemi*, pourquoi ne se bornerait-il pas à
les séquestrer et à les rendre à la paix, ou, s'il les prend pour
s'en servir, pourquoi ne les paierait-il pas ? » (1)

L'Institut de Droit international a tenu compte de ces observations dont la justesse est incontestable et l'article 55 du
Manuel des Lois de la guerre a été rédigé de manière à y
donner satisfaction : « Les moyens de transport (chemins de
« fer, bateaux, etc.), les télégraphes, *les dépôts d'armes et de
« munitions de guerre*, quoique appartenant à des sociétés ou à
« des particuliers, peuvent être saisis par l'occupant, mais
« ils doivent être restitués, si possible, et les indemnités ré
« glées à la paix. »

VII. — *Interdiction aux habitants de quitter le pays.* —
Fiore est d'avis que l'occupant devra laisser aux habitants du
pays occupé la faculté de s'en éloigner à leur gré (2). Cette
tolérance n'est pas, selon nous, obligatoire et même, l'occupant sera le plus souvent forcé par les circonstances d'interdire aux habitants de quitter le pays sans son autorisation.
On ne saurait dire avec Fiore que ce soit là les traiter en
masse comme prisonniers de guerre. Cette disposition tend à

(1) Rev. de Dr. Intern., 1875, p. 480.
(2) Droit international codifié ; n° 1087.

un double but : 1° empêcher que les hommes valides n'aillent rejoindre l'armée nationale et en grossir les forces : 2° s'opposer à toutes communications clandestines entre le territoire occupé et le gouvernement légal : le maintien de ces communications ayant pour effet de faciliter la trahison et l'espionnage et d'encourager les actes individuels ou collectifs de rébellion et d'hostilité.

Nul doute que si quelques habitants sont surpris au moment où ils cherchent à quitter le pays et si leur intention d'aller prendre du service dans l'armée adverse est démontrée, ils puissent être faits prisonniers de guerre et traités comme les soldats désarmés. Mais, s'ils ont réussi à accomplir leur dessein et que, dans le cours des opérations, une fois enrôlés, ils soient faits prisonniers de guerre, aura-t-on le droit de les punir ? La question nous paraît délicate. Loening considère l'affirmative comme évidente, mais il n'en donne pas les raisons (1). M. Rolin-Jaequemyns admet l'opinion contraire et la défend par une raison d'analogie avec ce qui se passe dans le droit maritime. Il compare l'individu qui quitte le territoire pour s'enrôler à un vaisseau neutre chargé de contrebande de guerre pour un des belligérants et qui échappe aux croiseurs de l'autre ou à celui qui a forcé un blocus. « Une fois l'obstacle franchi, c'est à l'État dont la vigilance est en défaut à en subir les conséquences, et il ne doit pas lui être loisible de se venger, soit sur le même vaisseau qu'il rencontrerait plus tard chargé d'autres marchandises, soit sur d'autres vaisseaux appartenant au même armateur. (2) » L'assimilation ne nous paraît pas juste. Il y a rarement à tirer argument pour

(1) Rev. de Dr. Intern., 1875, pp. 85, 86.
(2) Rev. de Dr. Intern., 1871, p. 318.

la guerre continentale et pour les personnes de ce qui est admis en droit maritime et pour les navires. Nous comprendrions mieux que l'on comparât l'individu en question au prisonnier de guerre libre de tout engagement qui s'est évadé et qui est repris, plus tard, les armes à la main. On admet pour celui-ci qu'il ne peut être l'objet d'aucune mesure de répression et qu'on sera seulement en droit de le surveiller plus étroitement. Toutefois cette dernière comparaison n'est pas encore entièrement satisfaisante. La question est précisément de savoir si l'habitant du territoire occupé peut être considéré comme libre de tout engagement. On peut prétendre que l'acceptation de l'occupation, bien que n'émanant pas personnellement de lui, le lhit cependant implicitement. D'autre part, l'intéressé peut soutenir qu'il n'avait donné mandat à personne de s'obliger pour lui, qu'il était libre de tout engagement autant que le prisonnier de guerre auquel nous le comparions tout à l'heure et qu'enfin il n'a commis aucun acte de déloyauté vis-à-vis de l'ennemi. L'une et l'autre opinion peuvent être défendues. En tout cas, si l'occupant prononce une peine, elle ne devra pas porter sur le fait d'avoir pris du service dans les rangs de l'armée adverse ; car la loi pénale est territoriale et le fait dont il s'agit s'est passé hors du territoire occupé. La seule infraction répréhensible dans l'espèce consiste à avoir contrevenu à l'interdiction de sortir du territoire. Cette infraction peut, il est vrai, à raison des circonstances, être l'objet de peines relativement sévères, mais elle ne saurait sans exagération être considérée comme un crime (1).

(1) Nous parlerons plus loin (3e Partie, ch. II) de l'abolition de la conscription et des mesures de répression employées en 1870-71 par les Allemands pour empêcher les habitants valides des territoires occupés d'aller rejoindre les armées françaises.

101

VIII. — *Trahison*. — Les habitants doivent s'abstenir de tout acte qui pourrait être considéré comme un fait de trahison envers l'occupant.

Nous devons examiner à ce sujet les actes de trahison proprement dite et le fait plus grave d'espionnage.

Il y a trahison de la part d'un habitant du territoire occupé, lorsqu'il envoie de ce territoire à l'armée ou au gouvernement de son pays des renseignements recueillis, par les voies ordinaires ou par des moyens licites, sur les opérations militaires, sur l'emplacement et les mouvements des troupes, sur les desseins connus ou présumés de l'ennemi et en général sur tout ce qui intéresse la situation et la sûreté de l'armée d'invasion (1).

Pris en lui-même, cet acte n'a rien de contraire à l'honneur. On suppose au contraire que l'individu accusé de trahison a recueilli ses informations sans employer aucun artifice ou aucune manœuvre déloyale, sans quoi il serait poursuivi comme espion. Sera coupable de trahison l'habitant qui informera son gouvernement des mouvements et passages de troupes opérés au vu et su de toute la population, de l'effectif des forces cantonnées dans la localité et de l'état d'esprit des soldats, ou qui transmettra des indications sur les projets de l'ennemi d'après les conversations des officiers logés chez lui. De pareils actes n'auront en général d'autre mobile que le patriotisme, mais ils n'en sont pas moins dangereux pour l'armée ennemie dont ils peuvent en certain cas compromettre la sécurité.

Par suite on comprend que l'occupant use de moyens énergiques pour les réprimer. On peut prétendre d'ailleurs qu'il y a perfidie en ce qu'une personne traitée et respectée

____

(1) Bluntschli : Dr. Intern. cod., n° 631.

comme non combattante abuse de sa situation pour seconder clandestinement les hostilités poursuivies par son gouvernement. En droit strict, d'après le Manuel de Droit International à l'usage des officiers de l'armée de terre (1), le fait seul de transmettre à l'ennemi des avis contraires aux intérêts de l'occupant est punissable comme trahison.

Toutefois il est bien certain qu'il n'y a trahison que si les communications ou la transmission des renseignements ont eu lieu pendant la durée même de l'occupation. Si celle-ci a été interrompue pendant un temps plus ou moins long et rétablie ensuite, les habitants ne peuvent être recherchés à raison des faits qui se sont accomplis dans la période intermédiaire.

En principe il n'est pas nécessaire pour que la trahison soit punissable que l'occupant ait édicté à ce sujet des prohibitions expresses. Cependant pour éviter toute surprise en une matière où la moindre faute peut entraîner la peine de mort, il est d'usage d'aviser la population des actes qui sont plus particulièrement interdits et des pénalités afférentes aux infractions commises. C'est ordinairement l'objet d'un paragraphe inséré dans la proclamation que le commandant en chef publie à son entrée sur le territoire ennemi (2). Chaque habitant sait ainsi qu'il s'expose à être puni s'il commet certains actes. Le cas échéant, il agira en pleine connaissance de cause.

Les Instructions américaines sont très dures pour le cas de trahison : « La trahison, disent-elles, est toujours sévèrement punie. Si le crime a consisté à faire connaître à l'ennemi n'importe quel détail concernant la position, les opérations,

(1) p. 36.
(2) Manuel de Dr. Intern. à l'usage des off. de l'armée de terre. p. 89.

les desseins ou la sûreté des troupes qui détiennent ou occupent la ville ou le district, le coupable sera puni de mort.

« Sera considéré comme traître et puni de mort le citoyen ou l'habitant d'une contrée ou d'une place envahie ou conquise qui donnera des informations de ce genre à son propre gouvernement dont il est séparé par l'armée ennemie, ou à l'armée de son gouvernement (1). » Le Manuel de Droit International à l'usage des officiers de l'armée de terre (2) admet, que, à moins de dispositions spéciales édictées par l'autorité compétente, la peine de la trahison est la mort, mais il ajoute que cette peine peut être abaissée s'il existe des circonstances atténuantes.

Il serait injuste et odieux de traiter avec la dernière rigueur tous les cas de trahison indistinctement. Il en est qui peuvent être commis inconsidérément, sans nul dessein arrêté, et qui ne portent aucune atteinte sérieuse à la sécurité de l'occupant. Nous croyons avec Bluntschli (3) que la peine de mort ne doit être appliquée à la trahison que dans les cas graves. C'est donc avec raison que l'article 198 de notre Code de Justice militaire permet d'appliquer les circonstances atténuantes au crime de trahison lorsqu'il a été commis par des individus non militaires ou non assimilés aux militaires.

Le Code pénal militaire allemand du 22 juin 1872 (art. 58) prononce en principe la peine de mort contre les individus reconnus coupables de trahison, mais il dispose que, dans les cas les moins graves, c'est la réclusion qui sera prononcée. Cette dernière peine ne peut être portée alors que pour 10 ans ou à perpétuité. L'article 160 déclare ces dispositions applicables aux étrangers en temps de guerre.

(1) Instructions américaines, art. 91 et 92.
(2) p. 36.
(3) Règle 631.

Le traître ne doit pas être puni sans jugement préalable. Il est justiciable des Conseils de guerre ou des tribunaux militaires de l'occupant. La compétence de ces tribunaux ne se fonde pas sur une substitution de souveraineté, mais sur le droit pour l'occupant de réprimer directement tous les actes de nature à compromettre la sécurité de ses troupes ou la conduite des opérations.

Dans la guerre de 1870 et par application du Code pénal Prussien de 1851 alors en vigueur, les Allemands appliquaient *les usages de la guerre* aux étrangers coupables de trahison de guerre. Un arrêté de l'auditorial général du 25 juillet 1870, interprétait ces usages comme permettant de fusiller, sans autre forme de procès, toute personne surprise en flagrant délit d'un acte de trahison. Dans les cas où des preuves devaient être recueillies, on employait une procédure particulière prévue par les ordonnances du 12 juillet 1867. Un conseil de guerre spécial était constitué, qui jugeait sommairement et ne pouvait prononcer que la peine de mort. Si la peine de mort n'était pas applicable parce que les faits incriminés ne rentraient pas dans la compétence du conseil, celui-ci se dessaisissait et renvoyait aux conseils de guerre ordinaires (1). Ces dispositions, dont la rigueur excessive a été justement critiquée, seraient inapplicables sous l'empire du Code militaire du 22 juin 1872. Nous avons vu en effet qu'il prévoit et punit la trahison commise par un étranger, et d'autre part il décide dans son article 3 qu'aucune peine ne peut être subie en vertu du Code que conformément à une décision judiciaire.

IX. — *Espionnage*. — L'espionnage est un fait de trahison caractérisé par la dissimulation du but poursuivi et par l'em-

(1) Lœning · Revue de Dr. Intern. ; 1873, p. 70 et suiv.

ploi de manœuvres tendant à en faciliter l'accomplissement. L'espion, par exemple, se déguise en marchand ambulant afin de suivre les troupes et d'en observer tous les mouvements sans éveiller les soupçons ; il se fait embaucher pour des travaux de fortification afin d'étudier les ouvrages et d'en relever les plans ; il entre comme domestique au service des officiers ou des cantiniers pour épier et surprendre dans les conversations le secret des desseins de l'ennemi. Dans tous les cas d'espionnage il y a clandestinité et perfidie. Aussi l'article 19 de la Déclaration de Bruxelles donne-t-il de l'espionnage la définition suivante : « Ne peut être considéré comme espion que l'individu qui, agissant clandestinement ou sous de faux prétextes, recueille ou cherche à recueillir des informations dans les localités occupées par l'ennemi, avec l'intention de les communiquer à la partie adverse (1). »

L'espionnage est un fait souvent très difficile à caractériser. Aussi, en raison de la portée terrible d'une accusation de ce genre, faut-il se garder des entraînements auxquels la masse du public se laisse souvent emporter par l'exaltation du patriotisme et par les passions que la guerre suscite.

A la Conférence de Bruxelles, le maréchal de camp Servert avait proposé de faire une distinction entre l'espion qui agit par patriotisme et celui qui n'a d'autre mobile que le lucre. La commission fut d'avis qu'il serait difficile de trouver une formule pour établir cette distinction, laquelle du reste serait inopérante, puisqu'aux yeux des lois militaires l'espion, quel que soit le mobile qui le fait agir, est livré à la justice. En conséquence la proposition du délégué d'Espagne fut seulement mentionnée au protocole et la Conférence adopta la

____

(1) A cette rédaction on avait proposé d'en substituer une autre de forme affirmative ; mais la forme négative a paru préférable à cause de sa portée restrictive. (Séance du 21 août ; Protocole XVII).

texte suivant qui forme l'article 20 de la Déclaration : « L'espion pris sur le fait sera jugé et traité d'après les lois en vigueur dans l'armée qui l'a saisi ». Il est important de remarquer que l'espion n'est punissable que s'il est pris sur le fait. L'article 21 ci-après n'est donc qu'une application de l'article 20 : « L'espion qui rejoint l'armée à laquelle il appartient, et qui est capturé plus tard par l'ennemi, est traité comme prisonnier de guerre et n'encourt aucune responsabilité pour ses actes antérieurs ». Ce texte ne vise expressément que les espions appartenant à l'armée, mais le principe doit être étendu aux habitants. Cela résulte expressément des explications données au protocole.

M. le baron Lambermont demanda si l'article 21 s'appliquait au cas suivant : Un habitant d'une localité non encore occupée par l'ennemi s'en va dans la zone des opérations recueillir des renseignements qu'il transmet à son gouvernement ou à l'armée nationale. Sa mission remplie, il rentre chez lui. Plus tard il tombe avec sa localité au pouvoir de l'ennemi. Celui-ci peut-il le punir ? Le Président répondit négativement et M. Lambermont en prit acte (1).

Lors de l'examen des travaux de la Conférence par l'Institut de Droit International, M. Den Beer Portugael reprit l'idée du maréchal Servert et demanda que l'on se bornât à prononcer l'emprisonnement contre l'espion qui avait agi par patriotisme. MM. de Landa et Neuman émettaient le vœu de supprimer en général la peine de mort pour les espions. Ils pensaient que cette mesure de terreur, n'effraie pas plus les patriotes que les scélérats avides de lucre. M. Rolin-Jacquemyns en rapportant ces diverses opinions les considérait comme inspirées par une idée de justice, mais il ne croyait

(1) Séance du 1er Août ; Protocole III.

pas que le droit pénal de la guerre fût assez développé pour leur donner satisfaction dès à présent (1).

En effet, puisque l'espionnage est un crime prévu par les codes militaires de toutes les nations, il est certain que les espions seront traités en pratique suivant les dispositions de ces codes. On ne peut que se borner à souhaiter qu'une certaine latitude soit laissée aux juges dans l'appréciation des faits et dans le choix de la peine; et que ceux-ci s'efforcent dans leurs sentences de tenir compte non seulement de la gravité des faits, mais aussi des mobiles auxquels les accusés ont obéi. Nous croyons avec Bluntschli et Dahn que la peine de mort doit être réservée aux cas les plus dangereux, mais que le plus souvent elle serait hors de proportion avec le crime (2).

En fait quelles sont les peines portées contre l'espionnage? Les Instructions américaines (art. 88) décident : « L'espion pourra être pendu, qu'il ait réussi ou non à obtenir les informations qu'il cherchait ou à les transmettre à l'ennemi. » Le mot « pourra » laissait subsister la faculté d'appliquer une peine moindre.

Le Code de Justice militaire français prononce la peine de mort (art. 63, 64, 205 et suiv.), mais sauf admission de circonstances atténuantes (art. 198). Il est donc permis de tenir compte de la gravité du fait, des circonstances dont il a été entouré et des mobiles qui l'ont inspiré. La législation prussienne en vigueur pendant la guerre de 1870 était celle que nous avons fait connaître en parlant de la trahison. Elle ne comportait aucune autre peine que la mort et permettait d'exécuter le coupable sans jugement. La loi allemande ac-

(1) Rev. de Dr. Intern. ; 1875, p. 497.
(2) Bluntschli : Dr. Intern. codifié, N° 628. — Dahn : Le droit de a guerre, p 21.

tuelle est plus humaine. D'après l'article 58 du Code pénal militaire de 1872 et l'article 90 du Code pénal ordinaire, l'espionnage est compté au nombre des faits qui entraînent en principe la peine de mort, mais il est permis de ne prononcer pour les cas les moins graves que la réclusion, soit à perpétuité, soit même pour une durée de dix années.

Un fait certain et sur lequel tout le monde du moins semble d'accord, c'est que l'espion ne peut jamais être puni sans jugement. Cela résulte de l'article 20 déjà cité de la Déclaration de Bruxelles : « L'espion pris sur le fait *sera jugé* et traité d'après les lois en vigueur dans l'armée qui l'a saisi ». Mais cette formule n'est pas très satisfaisante. Isolée des protocoles, elle permettrait peut-être de soutenir que, si les lois de l'armée occupante n'exigent pas de jugement régulier, l'espion pourrait être fusillé sans aucune forme de procédure. Cette opinion semblait bien être celle de M. le général de Voigts-Rhetz, désireux sans doute d'absoudre la pratique allemande de 1870, mais elle a été écartée par la Conférence. En effet, une première rédaction de l'article 20 adoptée le 1er août (protocole III), ne contenait pas les mots « sera jugé ». Cette rédaction paraissait suffisante à M. de Voigts-Rhetz, mais M. le baron Baude, délégué de France proposa de dire « sera jugé et traité » et cette modification fut adoptée (1). Pour éviter toute équivoque, l'Institut de Droit international a préféré le texte suivant, qui forme l'article 25 du Manuel des lois de la guerre sur terre : « Pour prévenir les abus auxquels donnent lieu trop souvent, en temps de guerre, les accusations d'espionnage, il importe de proclamer bien haut qu'aucun individu accusé d'espionnage ne doit être puni avant que l'autorité judiciaire ait prononcé sur son sort. »

(1) Séance du 21 août, Protocole XVII.

X. — *Actes individuels d'hostilité*. — L'obligation où se trouve l'habitant de garder une stricte neutralité, lui fait un devoir de s'abstenir de tout acte individuel d'hostilité. Les actes de cette nature ne se prêtent pas à une définition précise. Nous nous contenterons de citer comme exemples ceux qui étaient spécialement visés dans les proclamations allemandes de 1870-71 : prendre les armes contre l'armée occupante ; tuer, blesser ou piller des personnes appartenant aux troupes d'occupation ou faisant partie de leur suite : détruire des ponts ou des canaux, endommager les lignes télégraphiques ou les chemins de fer, rendre les routes impraticables ; incendier des munitions, des provisions de guerre, ou les quartiers des troupes.

Il est certain que ces différents actes doivent être sévèrement réprimés. On ne saurait admettre cependant, comme l'ont fait les proclamations allemandes, qu'ils doivent tous être punis indistinctement de la peine de mort.

XI. — *Soulèvement général de la population*. — Les habitants d'un territoire régulièrement occupé, auxquels il est interdit de prendre les armes isolément contre l'occupant, n'ont pas davantage le droit de se soulever en masse contre lui.

L'histoire offre de nombreux exemples de soulèvement des populations contre l'occupant et des répressions sanglantes qui en ont été la suite. On peut citer la révolte de la population de Francfort, en 1792, contre l'armée Française qui occupait la ville assiégée par les Prussiens, les événements de Pavie en 1796, l'insurrection vénitienne de 1797 et les soulèvements de la Péninsule Ibérique de 1808 à 1814 (1).

____

(1) Rolin-Jaequemyns ; Rev. de Dr. Intern. 1875, p. 109. —Calvo : Le Dr. Intern. théor. et prat., Tom. IV. § 2179.

L'article 52 des Instructions américaines porte : « Si les citoyens ou un certain nombre de citoyens du pays déjà occupé par l'armée ennemie, se soulèvent contre elle, ils violent les lois de la guerre, et ne peuvent plus invoquer leur protection. », et l'article 85 ajoute : « Sont considérés comme rebelles les individus qui, dans un territoire occupé ou conquis par une armée, se révoltent contre elle ou contre les autorités qu'elle y a établies. S'ils sont pris, ils sont passibles de la peine de mort, qu'ils se soient révoltés isolément ou en bandes plus ou moins considérables, et qu'ils aient été poussés ou non à cette révolte par leur propre gouvernement. Il ne sont pas prisonniers et ne devront point être traités comme tels, même s'ils sont découverts et arrêtés avant que leur conspiration en soit arrivée à la révolte ouverte ou aux violences armées. »

L'article 46 du projet russe, primitivement soumis à la Conférence de Bruxelles, portait : « Les individus faisant partie de la population d'un pays dans lequel le pouvoir de l'ennemi est déjà établi et qui se soulèvent contre lui, les armes à la main, peuvent être déférés à la justice et ne sont pas considérés comme prisonniers de guerre. » — Lorsque cet article vint en délibération, le général de Voigts-Rhetz proposa d'y substituer la rédaction suivante qui aurait pris place en tête de l'article 45 concernant le droit à la résistance des habitants dans un territoire non encore occupé : « La population d'une localité occupée de fait qui se soulève les armes à la main contre l'autorité établie est soumise aux lois de la guerre en vigueur dans l'armée occupante. »

M. de Lansberge, délégué des Pays-Bas, fit observer que cette rédaction était trop absolue et n'était admissible pour

(1) Rolin-Jacquemyns, Rev. de Dr. Intern. 1875, p. 109. — Calvo : Le Dr. Intern. théor. et prat., Tome IV, § 2179.

aucun pays : « Sans doute il y a des nécessités en temps de guerre qui conduisent l'occupant à traiter avec rigueur la population qui se soulève ; comme elle n'a pas la force de son côté, la population n'a qu'à courber la tête. Mais, livrer d'avance à la justice de l'ennemi des hommes qui, par patriotisme et à leurs risques et périls, s'exposent à tous les dangers qu'entraîne un soulèvement, serait un acte qu'aucun gouvernement n'oserait proposer. Mieux vaudrait supprimer toute la première partie de l'article ». M. Lambermont, délégué de Belgique s'éleva également, contre cette rédaction. Pour lui la Conférence ne devait pas perdre de vue le côté moral des choses et se préoccuper trop des moyens d'assurer la tranquillité et la sécurité des populations : « La défense de la patrie n'est pas seulement un droit, mais un devoir pour les peuples. Il y a des choses qui se font à la guerre, qui se feront toujours et que l'on doit bien accepter. Mais il s'agit ici de les convertir en lois, en prescriptions positives et internationales. Si des citoyens doivent être conduits au supplice pour avoir tenté de défendre leur pays au péril de leur vie, il ne faut pas qu'ils trouvent inscrit sur le poteau au pied duquel ils seront fusillés l'article d'un traité, signé par leur propre Gouvernement, qui d'avance les condamnait à mort. Ce sont là des faits qu'il vaut mieux ne pas réglementer, si l'on n'est pas d'accord sur la teneur d'une disposition réglant le droit de prendre les armes dans le territoire occupé. En ce cas, il serait préférable qu'on laissât la question dans le domaine du droit des gens, chacun demeurant entier dans ses droits, et qu'on abandonnât la rédaction proposée. »

M. le baron Baude, délégué de France, était non moins formel : « Tant qu'un traité de paix, disait-il, n'a pas cédé le pays occupé à l'occupant, les habitants du territoire sont de droit, sinon de fait, soumis aux lois qui les régissaient avant l'occupation, et il semble excessif de les mettre pour ainsi dire hors la loi. Si donc ils se soulèvent, on peut les combattre les armes à la main, s'ils sont vaincus, on ne saurait les traiter autrement que comme des belligérants. »

En sens contraire, M. le général de Voigts-Rhetz fit remarquer que le texte primitif de l'article 46 constatait quelles étaient, quant aux soulèvements dans le pays occupé, les lois et coutumes de la guerre. Et M. le baron Jomini, délégué de la Russie, observait qu'une population ne tentera de se soulever que si elle se croit en état de repousser l'ennemi. « Si elle parvient à son but, l'occupation cessera ; mais si elle a trop présumé de ses forces elle subira les dures conséquences de son insurrection. »

Ainsi, comme le constatait M. le colonel fédéral Hammer, « deux principes diamétralement opposés l'un à l'autre étaient en présence ; d'une part, les maximes et les intérêts des grandes armées en pays ennemi qui demandent impérieusement de la sécurité pour leurs communications et pour leur rayon d'occupation ; d'autre part, les principes de la guerre et les intérêts des peuples qui sont envahis par l'ennemi et qui ne peuvent admettre que des populations soient livrées à la justice comme des criminels pour avoir pris les armes contre lui. »

Mieux valait donc passer la question sous silence, puisqu'on ne pouvait pas s'entendre, et la laisser dans le domaine du droit non écrit. C'est le parti qu'a pris la Conférence. Mais il semble néanmoins résulter de ses délibérations qu'elle a constaté que le droit des gens, tel qu'il se pratique actuellement, ne permet pas aux populations soulevées dans un pays déjà occupé de réclamer les privilèges des belligérants (1).

Le Manuel de l'Institut de Droit International n'a pas

(1) Séance du 18 Août ; Protoc. XIV.

éclairé la question d'un nouveau jour. Il se borne à dire dans son article 47 que « les habitants qui commettent des actes hostiles contre l'occupant sont punissable » et il renvoie en même temps à l'article 1 qui stipule que « les personnes qui ne font pas partie d'une force armée belligérante doivent s'abstenir d'actes de violence. » Ces dispositions, malgré leur généralité, paraissent s'appliquer plus spécialement aux cas individuels d'hostilités.

Bluntschli se prononce en ces termes sur le soulèvement des populations : « Dès que les troupes ont pris possession d'une partie du territoire envahi, les révoltes qui pourraient survenir pendant l'occupation constituent une violation des lois de la guerre et les coupables peuvent être punis conformément aux lois pénales. » (1)

M. Calvo professe sur cette question une opinion un peu ambiguë. Partant de ce principe que l'occupation peut bien suspendre quelques-uns des devoirs de la nationalité, mais qu'elle n'en sape pas définitivement la base, il en conclut que le vaincu conserve indéfiniment — à ses risques et périls, il est vrai — le droit de profiter des circonstances pour reprendre les armes et chercher à reconquérir l'affranchissement de la patrie. » En agissant ainsi, dit-il, le citoyen accomplit *un devoir impérieux* méritant souvent l'admiration, commandant toujours l'estime. » Mais, en même temps, l'auteur est d'avis que le vainqueur a le droit de poursuivre la répression du soulèvement en appliquant rigoureusement les lois de la guerre : — c'est-à-dire que les insurgés pris les armes à la main et les instigateurs du mouvement peuvent être condamnés à mort et leurs biens confisqués (2).

<hr>

(1) Dr. intern. cod., n° 598. — add. : ibid. n° 643. — Voir aussi : Rolin-Jacquemyns : Rev. de Dr. intern., 1875, pp. 109 à 111.
(2) Calvo : Le Dr. intern. théor. et prat., § 2174 et 2175.

La conception de l'occupation que nous avons cru devoir adopter et qui repose tout entière sur l'acceptation par la population de l'autorité de fait de l'envahisseur, ne nous permet pas de dire avec Calvo que c'est *un devoir impérieux* pour l'habitant de profiter de toutes les circonstances favorables pour reprendre les armes. Nous admettons que, tant que l'occupation n'est pas complètement réalisée, il y a pour les habitants un devoir étroit de combattre l'ennemi par tous les moyens possibles. Tant que les ressources dont ils disposent ne sont pas épuisées, tant que la résistance est matériellement possible, on peut dire qu'ils sont obligés — au point de vue patriotique — de continuer la lutte ; et on admet que, dans ces conditions, ils ont le droit d'être traités comme belligérants.

La question cesse d'être la même quand la soumission du pays a été obtenue. On ne peut méconnaître alors qu'il s'établit une sorte de contrat entre l'armée d'invasion et la population qui a visiblement cessé les hostilités. Qu'on ne dise pas que ce contrat n'est pas libre, qu'il est imposé par la force et que, étant vicié dans son origine, il ne saurait être obligatoire. On ne peut pas étendre au droit des gens et surtout au droit de la guerre les principes qui régissent les contrats du droit civil. Le traité de paix est-il donc toujours librement débattu ? En est-il pour cela moins obligatoire?

Nous devons donc reconnaître que la population d'un territoire, en acceptant expressément ou tacitement l'autorité de l'ennemi, s'interdit elle-même de reprendre les armes tant que l'occupation se maintient et qu'elle s'exerce loyalement. Nous n'irons pas assurément jusqu'à mettre les soulèvements dans un pays occupé sur la même ligne que les insurrections contre le gouvernement légitime. Nous ne nous défendrons pas, en certains cas, d'accorder notre admiration aux efforts héroïques d'une population pour reconquérir sa liberté et celle de la patrie. Toutefois, on nous accordera que les soulèvements ne présentent des chances un peu sérieuses de succès que lorsqu'ils sont concertés à l'avance et opérés par surprise dans des conditions que les lois de la guerre n'autorisent pas, parce qu'elles ne peuvent être exécutées avec une entière loyauté. Il ne faut pas oublier aussi que l'occupant a le devoir d'assurer la sécurité de son armée et de prendre toutes les mesures pour se maintenir dans le pays occupé. Il ne saurait être taxé de cruauté ou d'injustice s'il refuse de traiter en combattants réguliers les habitants d'un pays qui, après avoir fait leur soumission, ont recommencé inopinément la lutte et rompu les premiers le pacte qu'ils avaient été obligés d'accepter.

CHAPITRE II

1. — *Principes généraux.* Le principe du respect des personnes n'est pas encore reconnu comme absolu. Dans certaines circonstances exceptionnelles, l'ennemi a le droit de requérir non seulement des denrées ou des objets en nature, mais encore *des services personnels.* C'est un des points sur lesquels la pratique moderne de la guerre prête le plus justement à la critique et qui soulève en doctrine les plus vives controverses. Aussi l'occupant ne doit-il y recourir qu'en cas de nécessité absolue et avec tous les ménagements possibles. C'est un devoir de justice et d'humanité de ne pas requérir les habitants pour des services qui les exposeraient aux dangers de la guerre. On ne pourrait par exemple les obliger à venir relever les blessés pendant l'action ou à conduire des voitures jusque sur le champ de bataille. Enfin les mêmes considérations de patriotisme et d'honneur qui ont fait repousser tout serment de fidélité imposé à la population interdisent de demander à aucun homme une prestation directement contraire à ses devoirs envers la patrie.

II. — *Conférence de Bruxelles*. — Cette doctrine a été consacrée par les articles 39 et 40 de la Déclaration de Bruxelles. La discussion sur ce sujet a donné lieu à un intéressant échange d'observations (1). Le projet russe primitif qui fut soumis à la commission était ainsi conçu : « Tant que la province occupée par l'ennemi ne lui est pas annexée en vertu d'un traité de paix, la population de cette province ne peut être forcée ni à prendre part aux opérations militaires contre son gouvernement légal, ni à des actes de nature à contribuer à la poursuite de buts de guerre au détriment de la patrie. » M. le général de Voigts-Rhetz proposa de substituer le mot « territoire » au mot « province », et cette modification fut acceptée sans difficulté. Mais, en même temps, le délégué d'Allemagne exprima l'opinion qu'on ferait bien de supprimer la dernière partie de l'article en finissant sur ces mots « contre son gouvernement légal ». Il demanda aussi qu'on remplaçât dans la première partie les mots « prendre part », par « prendre une part active ». Ces propositions furent d'abord soutenues par le comte Lanza, délégué d'Italie « : Aucun gouvernement, disait-il, ne voudrait renoncer à requérir des guides, à faire travailler les habitents aux voies de communication, à imposer aux voituriers le transport des subsistances et autres services semblables. »

M. le baron Lambermont combattit le système de M. le général de Voigts-Rhetz et celui du comte Lanza. Il indiqua que la substitution des mots « prendre une part active » aux mots « prendre part » serait dangereuse et qu'on s'en prévaudrait pour justifier tous les actes qui ne rentreraient pas dans la qualification proposée. Sur ce point, la conférence se rangea à son avis ; mais elle adopta la suppression de la par-

(1) Protocole XIV : Séance du 18 Août.

tie finale de l'article. La rédaction nouvelle qui fut votée par la Conférence et qui forme l'art. 36 de la Déclaration est ainsi conçue : « La population d'un territoire occupé ne peut être forcée à prendre part aux opérations militaires contre son propre pays. »

L'opinion à laquelle s'est ralliée la Conférence est donc une sorte de moyen terme entre les deux tendances extrêmes qui s'étaient manifestées. Si la proposition du général de Voigts-Rhetz avait été votée, on aurait pu imposer aux habitants toutes sortes de prestations, sauf peut-être de prendre les armes contre leur patrie. D'un autre coté, si les habitants avaient pu refuser tout service de nature à contribuer à la poursuite du but de la guerre, on se demande à quels actes ils auraient pu être tenus. En repoussant ces deux systèmes, la Conférence s'est abstenue de préciser nettement la portée de sa déclaration.

L'art. 40, relatif aux réquisitions et contributions, reproduit à peu près exactement les termes de l'art 36 : «... L'ennemi ne demandera aux communes ou aux habitants que des prestations et des services... qui n'impliquent pas pour les populations l'obligation de prendre part aux opérations de guerre contre leur patrie. » Cherchant à dégager la notion fondamentale de ce texte, M. de Voigts-Rhetz s'est demandé ce qu'on peut et ce qu'on ne peut pas exiger des populations du territoire occupé. Ce qu'on ne peut réclamer, selon lui, ce sont des services que réprouverait l'art. 36, comme contraires au patriotisme et à l'honneur ; ce qu'on peut demander, ce sont toutes les autres choses nécessaires à l'occupant (1). Répondant une autre fois à M. Lambermont qui avait demandé des explications sur le mot « services », le délégué d'Allemagne dit que,

<hr>

(1) Séance du 19 août : Protocole XV.

par cette expression, on entend les offices rendus par les conducteurs de voitures, les maréchaux, les serruriers, les charpentiers et en général tous les ouvriers, à quelque métier qu'ils appartiennent (1).

III. — *Institut de Droit International.* — L'Institut de Droit International, dans l'examen qu'il fit de la Déclaration de Bruxelles, se demanda ce qu'il fallait penser de l'article 36. M. Den Beer Portugael aurait voulu qu'il fût interdit de requérir des guides ou des voituriers. Il estimait que l'emploi des cartes peut dispenser de recourir aux guides. Quant aux voituriers, ils doivent être libres d'accompagner leurs voitures et leurs attelages, mais s'ils préfèrent courir le risque de les perdre plutôt que de servir personnellement l'ennemi, il faut respecter chez eux un sentiment que l'on respecte chez le soldat prisonnier. Si l'occupant ne peut suppléer à ce refus de services, il ne devra s'en prendre qu'à l'insuffisance de ses forces.

M. Moynier trouvait trop vague et trop élastique la rédaction adoptée. Il croyait surtout urgent de préciser que les habitants ne pourraient être contraints de participer à des travaux de fortification. Leur destination est exclusivement militaire. Y travailler, c'est bien réellement prendre part à des opérations militaires contre son propre pays. La conscience publique réprouve une pareille exigence et il faudrait le dire nettement pour éviter toute équivoque. MM. Rolin-Jacquemyns, Landa et Neuman approuvaient, au contraire, le texte de la Déclaration. « Il nous paraît bon et prudent, disait M. Rolin-Jacquemyns, de s'en tenir pour ces matières encore peu définies dans leurs détails d'application, à l'énoncé de principes généraux, humains, dont il faut attendre le développement de la pratique et de l'opinion. En parlant spécialement des

(1) Séance du 20 août : Protocole XVI.

14. B.

guides, des voituriers, des fortifications, on risquerait de manquer le but humain qu'on se propose, et de donner lieu à des difficultés d'interprétation dont se prévaudrait l'occupant. Il serait d'ailleurs difficile de faire accepter des rédactions satisfaisantes sur tous ces points (1). »

L'Institut de Droit International n'a pas cru pouvoir préciser cette question beaucoup plus que ne l'avait fait la Conférence de Bruxelles. Il a cependant adopté la proposition de M. Moynier et inscrit à l'article 47 du Manuel des lois de la guerre une disposition portant que l'occupant ne peut contraindre les habitants à l'aider dans ses travaux d'attaque et de défense.

IV. — La Conférence de Bruxelles et l'Institut de Droit International ont pu juger qu'il serait prématuré de poser des règles fixes concernant les services que l'occupant est en droit d'exiger de la part des populations ; mais il reste possible d'indiquer sur quelques points particuliers l'état de la question et les diverses solutions en présence.

A. — *Levées de recrues*, — Il est à peine besoin d'indiquer que l'occupant n'a pas le droit de lever des recrues sur le territoire occupé. C'est un procédé auquel on ne se faisait pas faute de recourir au Moyen-Âge pour combler les vides que la mort avait pu faire dans les rangs d'une armée. Cette pratique nous apparaîtrait aujourd'hui comme un véritable acte de barbarie.

B. — *Travaux de siège et de fortification.*— On a accusé les Allemands en 1870 d'avoir réquisitionné des paysans dans les environs de Strasbourg pour les employer aux travaux du siège (2). La lumière sur ce point n'a pas été faite, mais l'éner-

(1) Revue de Dr. Intern., 1875, p. 500.
(2) Journal officiel, 2 sept. 1870 ; — A. Mézières : Revue des Deux Mondes, 15 Octobre 1870.

gie que les publicistes d'outre-Rhin ont mis à contester la matérialité du fait (1) prouve bien que tout le monde est d'accord pour en nier la légitimité.

C. — *Service des transports.* — Les réquisitions de ce genre ont été jusqu'ici d'un usage fréquent dans toutes les guerres ; et l'accroissement des effectifs ne peut qu'en augmenter l'utilité dans l'avenir. Leur emploi est prévu dans un grand nombre de règlements militaires (2). La Déclaration de Bruxelles et le Manuel de l'Institut de Droit International semblent bien les admettre et tout au moins ne les excluent pas expressément (3). Le Manuel de Droit International à l'usage des Officiers de l'Armée de terre les considère comme licites (4). M. Den Beer Portugael avait proposé à l'Institut de Droit International de les interdire (5), mais sa demande a été repoussée. Enfin M. Féraud-Giraud a exposé les divers aspects de la question dans des termes que nous ne saurions mieux faire que de reproduire : « L'occupant pourra requérir le transport par l'habitant avec les chevaux et les voitures de celui-ci, des fournitures nécessaires à l'armée, des prisonniers et surtout des blessés, parfois même des troupes, mais l'habitant, en pareil cas, ne devra agir que sous la direction, l'ordre et la surveillance de l'occupant, et sous une contrainte de nature à paralyser tout refus utile et toute résistance efficace. Je sais bien qu'en pareil cas on peut soutenir que les réquisitions de l'ennemi doivent porter exclusivement sur les choses et non sur les personnes, c'est-à-dire qu'il doit leur être permis de requérir les moyens de transport, chariots et bêtes

<hr>

(1) Lœning : Rev. de Dr. Intern., 1872, p. 650.
(2) V. notamment pour la France le règlement du 20 Nov., 1880 sur le service des Étapes ; art. 19 et 90 et notice n° 5.
(3) Déclaration, art. 36 et 40. — Manuel, art. 48.
(4) pp. 110 et 111.
(5) V. supra p. 209.

de somme, mais non le concours de leurs propriétaires ou des préposés de ces derniers. Mais il faut apprécier les choses dans leur réalité et ne pas s'évertuer à rechercher de prétendues garanties qui nuisent plus à ceux en faveur desquels on les invoque qu'elles ne leur servent. Le plus souvent les moyens de transport requis sans le concours de leurs propriétaires seront perdus pour eux, ou considérablement endommagés et c'est une garantie de leur conservation que la présence du propriétaire ou de ses agents (1). »

D. — *Entretien des voies de communication.* — L'occupant peut-il requérir les habitants pour l'entretien ou la remise en état des voies de communication? S'il s'agissait de routes purement stratégiques et devant servir exclusivement à favoriser les entreprises militaires de l'ennemi, assurément non. Mais si les réparations et les travaux d'entretien ont pour objet le service général de la voierie, il faut admettre que l'ennemi a le droit d'y employer la population. Il est impossible de soutenir qu'en y travaillant les habitants prennent part aux opérations de guerre contre la patrie. Sans doute les mouvements de troupes ou de matériel pourront en être facilitées, mais, à part quelques cas exceptionnels (2), l'entretien des routes est avant tout une mesure d'administration proprement dite et d'intérêt public.

E. — *Travaux sur les voies ferrées.* — En temps de guerre, les transports commerciaux de voyageurs ou de marchandises sont considérablement réduits et, si les chemins de fer prennent en territoire occupé une importance considérable, cette

(1) Féraud-Giraud. Occupation militaire; p. 10.
(2) Le décret du 26 octobre 1883 sur le service en campagne établit (art. 148) que les gens du pays doivent aider les sapeurs du génie qui précèdent les colonnes, afin d'aplanir les obstacles qui retarderaient la marche des troupes.

importance est presque exclusivement stratégique. Ils ne servent pas seulement à l'ennemi pour le transport des approvisionnements, pour l'évacuation des malades et des blessés, mais aussi pour le ravitaillement en munitions et pour le transport des troupes en vue de certaines opérations militaires. Cependant, il est impossible d'affirmer que le droit des gens actuel interdit absolument d'imposer aux populations des prestations tendant à entretenir, à faciliter ou même à rétablir le service des chemins de fer. Mais, d'un autre côté, c'est un devoir rigoureux pour les habitants requis de ne pas satisfaire complaisamment aux demandes de ce genre et de ne s'y conformer qu'après une réquisition réelle et en présence d'une véritable contrainte. Il est à souhaiter que les réquisitions de ce genre soient restreintes le plus possible et qu'elles ne s'exercent jamais pour l'exécution de travaux se rattachant aux opérations militaires.

A cet égard de nombreux abus ont été réprochés aux Allemands pendant la dernière guerre. Ce qui s'est passé notamment à Fontenoy a soulevé une réprobation universelle. Dans le courant de janvier 1871, un détachement de francs-tireurs avait pu arriver à l'improviste jusqu'au pont du chemin de fer de Fontenoy sur la Moselle, entre Toul et Nancy. Il réussit à le faire sauter et eut le temps de se retirer sans avoir été inquiété. C'était là une opération exclusivement militaire et dont les conséquences stratégiques étaient considérables, puisqu'une des grandes lignes de communication des armées allemandes se trouvait ainsi interceptée. La colère des allemands se traduisit d'abord par l'incendie du village de Fontenoy, déclaré coupable de n'avoir pas prévenu l'ennemi de la présence des francs-tireurs. Une contribution de 10 millions fut imposée pour ce même fait au département de la Meurthe. Enfin le préfet réquisitionna à la mairie de

Nancy 500 ouvriers pour travailler à la reconstruction du pont. Les ouvriers ayant refusé, le préfet prit l'arrêté suivant :

« Nous, préfet de la Meurthe.

« Considérant qu'après avoir requis 500 ouvriers, en vue d'exécuter un travail urgent, ceux-ci n'ont pas obtempéré à nos ordres ;

« Arrêtons : — Art. 1. — Aussi longtemps que ces 500 ouvriers ne se seront pas rendus à leur poste, tous les travaux publics du département de la Meurthe seront suspendus ; sont donc interdits tous travaux de fabrique, de voierie, de rues ou chemins, de construction et autres d'utilité publique.

« Art. 2. — Tout atelier privé qui occupe plus de dix ouvriers sera fermé dès aujourd'hui et aux mêmes conditions que pour les travaux prémentionnés : sont donc fermés tous ateliers de charpentiers, menuisiers, maçons, manœuvres, tous travaux de mines et fabriques de toute espèce.

« Art. 3. — Il est en même temps défendu aux chefs, entrepreneurs et fabricants dont les travaux ont été suspendus de continuer à payer leurs ouvriers.

« Tout entrepreneur, chef ou fabricant qui agira contrairement aux dispositions ci-dessus mentionnées sera frappé d'une amende de 10 à 50.000 francs pour chaque jour où il aura fait travailler et pour chaque ouvrier occupé.

« Le présent arrêté sera révoqué aussitôt que les 500 ouvriers en question se seront rendus à leur poste et il leur sera payé à chacun un salaire de 3 francs par jour.

« Le Préfet : Comte Renard. »

Ces mesures étaient déjà d'une rigueur excessive : cependant, doutant de leur efficacité, le préfet prit le même jour un nouvel arrêté ainsi conçu :

« Si demain, mardi, 24 janvier, à midi, 500 ouvriers des chantiers de la ville ne se trouvent pas à la gare, les surveillants d'abord et un certain nombre d'ouvriers ensuite, seront saisis et fusillés sur place. »

Devant cette menace barbare la population céda. Ce qui s'est passé à Vaux (1) prouve que les Allemands n'auraient pas hésité, le cas échéant, à mettre l'arrêté à exécution. Ces mesures odieuses ont été unanimement condamnées.

F. — *Service de santé.* — Les réquisitions pour aider au fonctionnement de ce service sont parfaitement légitimes et leur emploi ne soulève ni contestations ni difficultés. L'article 42 du règlement du 31 octobre 1892 sur le Service de santé en campagne en prévoit l'exercice en ces termes : « Les réquisitions de personnel pour le service des formations sanitaires portent de préférence sur des personnes qui sont préparées par leur profession ou par les fonctions qu'elles remplissent aux soins à donner aux malades et aux blessés. Pour l'installation, les gros travaux et les inhumations on s'assure le concours de corvées d'habitants ou d'ouvriers d'art. » Toutefois, même dans les réquisitions de cette nature, il y a une mesure à garder. L'occupant doit tenir compte des besoins de la population civile. Les médecins pourront en tous cas continuer à visiter et à soigner leurs malades ordinaires. Les réquisitions adressées au personnel des hôpitaux et aux hospices ne devront pas compromettre le service régulier de ces établissements.

L'article 5 de la Convention de Genève du 22 avril 1864 stipule :

« Art. 5. — Les habitants du pays qui porteront secours aux blessés seront respectés et demeureront libres.

(1) V. 3e partie, Ch. IV.

« Les généraux des puissances belligérantes auront pour mission de prévenir les habitants de l'appel fait à leur humanité et de la neutralité qui en sera la conséquence

« Tout blessé recueilli et soigné dans une maison y servira de sauvegarde. L'habitant qui aura recueilli chez lui des blessés sera dispensé du logement des troupes, ainsi que d'une partie des contributions de guerre qui seraient imposées. »

Cet article conçu dans les intentions les plus généreuses était cependant rédigé d'une façon trop absolue. On a pu craindre que, dans certaines circonstances, les secours donnés aux blessés ne fussent considérés par quelques habitants comme un moyen de se soustraire aux charges du logement des troupes. Aussi la convention additionnelle du 20 octobre 1868 a-t-elle spécifié ce qui suit :

« Art. 4. — Conformément à l'esprit de l'article 5 de la Convention et aux réserves mentionnées au protocole de 1864, il est expliqué que, pour la répartition des charges relatives au logement des troupes et aux contributions de guerre, il ne sera tenu compte que dans la mesure de l'équité du zèle charitable déployé par les habitants. »

Cette disposition est de nature à prévenir tous les abus. M. Guelle observe (1) avec beaucoup de raison que, si l'on veut que les endroits occupés par les blessés puissent être respectés, il ne faut pas les étendre outre mesure. Dans une déclaration du gouvernement français en date du 25 septembre 1870, il a été posé en principe qu'une ambulance ne doit être considérée comme sérieuse que si elle contient au moins six blessés.

G. — *Guides.* — L'occupant a-t-il le droit d'exiger que les habitants servent de guides à ses troupes ? Sur cette question

____

(1) Précis des lois de la guerre, tome I, p. 161.

il y a une opposition radicale entre les pratiques actuelles de la guerre et les principes les plus indiscutables de la justice et du droit.

La pratique est indiquée par l'article 93 des Instructions américaines : « Toute armée en campagne a besoin de guides, et elle les prend d'autorité, si elle ne peut s'en procurer autrement. »

Tel est l'usage admis dans toutes les armées et par tous les auteurs militaires. En France l'article 247 du Règlement du 26 octobre 1883 sur le Service en campagne dit à propos des partisans : « Les partisans sont obligés de faire souvent usage de guides et quelquefois d'espions. Le choix des guides doit porter sur des hommes intelligents, et particulièrement sur des chasseurs, des braconniers, des bergers, des charbonniers, des bûcherons, des gardes champêtres ou forestiers. Il est prudent d'en prendre plusieurs, de les questionner séparément, et de les confronter ensuite, si les renseignements qu'ils donnent diffèrent les uns des autres. Quand on n'a qu'un guide, on le fait marcher à l'avant-garde, entre deux hommes chargés de le surveiller et, au besoin, d'user contre lui de rigueur ; quelquefois même on l'attache. »

Il est certain que l'emploi des guides s'impose bien souvent comme une condition indispensable de diverses opérations militaires. On a essayé, il est vrai, de le nier, et M. Den Beer Portugael a prétendu que « dans ce temps où l'on peut se procurer des cartes topographiques excellentes de tous les pays de l'Europe, et où l'on a des procédés pour en tirer des masses d'exemplaires, aucune nécessité de guerre ne saurait justifier cette exigence qui répugne au patriotisme. » (1) Nous pensons au contraire que, malgré toutes

(1) Voir le rapport déjà cité de M. Rolin-Jaequemyns ; Rev. de Dr. Intern., 1875, p. 500.

les précautions, il ne sera pas toujours facile, en temps de guerre et en pays ennemi, d'avoir au moment voulu des cartes à grande échelle de la région où l'on se trouve. D'ailleurs, c'est s'abuser étrangement que de penser qu'une bonne carte puisse dans tous les cas remplacer un guide. Pour une troupe suffisamment nombreuse, qui n'a pas à craindre les embuscades et qui opère de jour par des routes bien tracées ou sur un terrain découvert, la carte suffit. Mais, si l'on est dans une contrée accidentée ou couverte de forêts, si l'on doit marcher la nuit, si l'on veut suivre des chemins détournés ou des sentiers, la meilleure carte serait insuffisante et l'on devra nécessairement recourir pour se faire conduire à des personnes connaissant bien le pays.

D'un autre côté on ne saurait contester que les habitants qui servent de guides aux troupes ou aux détachements ennemis ne portent à leur pays un préjudice certain et presque toujours un préjudice bien plus grave que s'ils prenaient directement les armes contre lui. Aussi le Manuel de Droit International à l'usage des Officiers, après avoir visé les dispositions de nos règlements sur ce sujet est-il conduit à ajouter : « Cette faculté, on ne saurait le nier, est peu conciliable avec le respect dû aux personnes : aussi doit-on la considérer comme une exception au principe général, exception à laquelle il ne faut pas recourir sans absolue nécessité. Il est évident, en effet, que la personne obligée de guider ou de faciliter les expéditions de l'ennemi se trouve cruellement atteinte dans son patriotisme » (4). Et ce ne sont pas seulement les devoirs du patriotisme qui enchaînent en cette matière la liberté des citoyens, ce sont aussi les dispositions formelles de la loi pénale. Dans tous les pays, le fait de

(1) Loc. cit., p. 110.

servir volontairement de guide aux armées de l'ennemi constitue un acte de trahison et est puni comme tel (1).

Le droit de prendre des guides parmi les habitants du pays implique cependant comme conséquence inévitable la faculté d'employer des mesures de rigueur contre ceux qui ne se soumettent pas aux réquisitions de ce genre. Cette conséquence apparaît si évidemment comme odieuse que les partisans les plus déterminés du système évitent en général de la déduire expressément. Ils échappent ainsi à la nécessité de faire connaître les peines qui pourraient être prononcées contre les récalcitrants. Quelles qu'elles soient, ces peines seront toujours injustes. Aussi faut-il souhaiter du moins qu'elles ne soient pas excessives. Condamner à mort un citoyen, parce qu'il se refuse à trahir son pays, serait un acte de barbarie indigne d'un peuple civilisé.

L'emploi des menaces n'autorise pas l'habitant à céder. Son devoir reste le même quoique difficile à remplir et souvent même périlleux. La situation, on le voit, est à peu près inextricable : « Quant on y réfléchit, dit le capitaine Guelle, on trouve que rien n'est plus digne de pitié que la situation de ce malheureux placé entre son honneur et sa vie. S'il refuse, c'est la mort ; s'il obéit, c'est la trahison, involontaire c'est vrai, mais cependant aussi funeste dans ses résultats que si elle était librement consentie ; enfin si, feignant d'obéir, il égare l'ennemi, c'est encore la mort qui l'attend. En présence d'alternatives aussi cruelles, et quand on songe qu'au point de vue humain on ne peut exiger d'un homme qu'il devienne martyr et se laisse tuer plutôt que de céder à l'ennemi, on se prend à regretter de voir encore sub-

----

(1) Instructions américaines; art. 96. — Code pénal français, art. 77.

sister de pareilles pratiques à une époque qui se pique de civilisation (1). »

On admet du moins que celui qui n'a cédé qu'à la force ne peut être condamné par la justice de son pays : « Nul ne peut être puni, dit l'article 94 des Instructions américaines, s'il n'a servi de guide à l'ennemi qu'à la suite de violence et de contrainte. » Bluntschli dit en termes équivalents : « Celui qui, au contraire, est contraint par les troupes ennemies à leur montrer le chemin, n'est pas punissable d'après les lois de la guerre » (2). Et il justifie son opinion comme il suit : « Un individu isolé ne peut pas résister à une armée et doit céder devant les menaces : car au point de vue humain, on ne peut exiger d'un homme qu'il devienne un martyr et se laisse mettre à mort plutôt que de se soumettre aux autorités militaires ennemies. Toutes les armées ont besoin d'hommes pour les guider, et toutes recourent, s'il le faut, aux menaces et à la contrainte pour s'en procurer. Personne donc ne peut être puni pour avoir cédé à la nécessité (3). » On le voit, c'est la loi nationale, la loi véritable fondée sur la justice, le devoir et l'honneur qui se trouve obligée de céder ici devant une pratique dont l'iniquité est universellement reconnue.

La même question peut se présenter sous un tout autre aspect. L'habitant d'une contrée régulièrement occupée qui sert de guide aux troupes de son propre pays peut-il être puni par l'occupant ? Comme dans le cas précédent il faut répondre par une distinction. Celui qui s'offre spontanément pour ce service commet un acte d'hostilité contraire aux devoirs de l'occupation. Il peut être puni s'il tombe aux mains de l'occupant. Au contraire, s'il a été légalement requis, on n'est pas

(1) Guelle : Précis des lois de la guerre, t. 1, p. 133.
(2) Dr. intern. cod. ; n° 635.
(3) Loc. cit., note 1.

en droit de lui reprocher sa conduite, car il n'est pas tenu envers l'occupant de la même obligation de fidélité qu'envers sa patrie (1).

Si l'on considère comme licite l'usage de requérir des guides, on est bien obligé d'admettre que celui qui, après avoir accepté de conduire l'ennemi, lui indique volontairement de faux chemins, doit être puni. Les Instructions américaines disposent que « les guides qui sont convaincus d'avoir sciemment égaré les troupes peuvent être punis de mort » (2). Bluntschli n'est pas moins formel : « Les guides qui trompent intentionnellement les troupes qu'ils sont chargés de conduire, sont responsables de leur conduite et peuvent être condamnés à mort (3). » Toutefois le même auteur ajoute à cette règle un commentaire qu'il est important de retenir : « La sévérité de cet article s'explique par les dangers auxquels peuvent se trouver exposées les troupes induites en erreur sur le chemin à suivre. Les conseils de guerre doivent cependant se garder d'admettre à la légère que le guide ait agi avec une intention coupable : il est très possible qu'il se soit trompé et ait eu l'intention de chercher et d'indiquer le bon chemin. Dans ce cas il ne peut être puni. Pour le condamner, il faut la preuve de l'intention coupable,

(1) Bluntschli ne considère que la première de ces hypothèses : « Un citoyen d'une localité occupée par l'ennemi offre de montrer aux soldats de son pays un chemin par lequel ils pourront surprendre leurs adversaires ; il est pris avant la réalisation de son projet ; il pourra être traduit par l'ennemi devant un conseil de guerre, condamné comme traître et fusillé, bien qu'il ait, de bonne foi, voulu faire acte de patriotisme ». (Dr. Intern. cod., n° 634, note 1). Ce cas est visé aussi par l'article 95 des Instructions américaines dont la rédaction est assez ambiguë : « Le citoyen d'un pays ennemi envahi et qui sert volontairement de guide à l'ennemi, ou offre de lui en servir, est considéré comme traître et sera puni de mort ».

(2) Article 97.

(3) Dr. Intern., cod. n° 630.

preuve qui peut naturellement résulter des faits et circonstances de la cause (1). » MM. Funck-Brentano et Sorel sont d'avis que le guide qui égare volontairement l'ennemi ne peut qu'être fait prisonnier de guerre (2). Leur opinion se fonde sur ce que l'envahisseur qui a forcé un habitant à faire un véritable acte de guerre contre sa patrie ne peut le traiter que comme un combattant régulier. Cette assimilation entre un belligérant ordinaire et le guide même pris de force et qui trompe celui qu'il doit conduire, ne paraît pas admissible.

M. Calvo avait dit avant MM. Brentano et Sorel que les guides en général doivent être traités comme le seraient les autres combattants dans les mêmes circonstances et que, si l'ennemi juge qu'un guide a fait acte d'hostilité envers lui, il ne peut que le faire prisonnier de guerre (3). Mais M. Calvo ne paraissait viser par là que le guide qui, dans l'accomplissement de sa mission, se trouve conduit sur le champ de bataille et qui prend part à l'action. Quant au guide qui trompe celui qu'il devait conduire, Calvo déclare, comme Bluntschli, qu'il peut encourir la peine de mort (4).

Platon de Waxel soutient que celui qui égare l'armée ennemie après avoir été *forcé* de lui servir de guide n'encourt aucune peine : « L'ennemi, dit-il, n'avait aucun droit de le contraindre à cet acte directement hostile à ses compatriotes et n'aura, en cas qu'il l'égare, aucun droit de le rendre responsable » (5). Cette théorie ne nous paraît pas exacte. Le mot « forcé » dont se sert l'auteur prête à l'équivoque. Il ne peut jamais y avoir de contrainte absolue en

(1) Lot. cit., not. 1.
(2) Précis du droit des gens, p. 285.
(3) Le Droit International théorique et pratique, 4° éd., t. IV, § 2120, p. 182.
(4) Loc. cit.
(5) L'armée d'invasion et la population, p. 103.

cette matière. Assurément celui qui est requis comme guide et qui refuse ce service peut prétendre qu'il ne mérite aucune peine ; mais celui qui a cédé soit à des menaces, soit à une contrainte quelconque, et qui a *accepté* de conduire l'ennemi, peut être puni s'il le trompe.

La Conférence de Bruxelles, soucieuse avant tout de faire une œuvre pratique, n'a pas pu condamner expressément l'usage de requérir des guides en pays ennemi. Du moins, elle n'a pas voulu sanctionner une pratique aussi injuste. M. le général de Leer, second délégué de Russie, avait proposé un article ainsi conçu : « Un habitant du pays qui a volontairement servi de guide à l'ennemi est coupable de haute trahison : il n'est pas punissable dès qu'il a été forcé par l'ennemi. — Un guide, même quand il a été forcé de servir l'ennemi, peut être puni quand il a indiqué avec intention de faux chemins (1). » La plupart des délégués déclarèrent n'avoir pas reçu d'instructions de leur gouvernement sur cette question. En conséquence, la discussion fut renvoyée à une séance ultérieure et, dans l'intervalle, le projet fut retiré. Ce retrait coïncidant avec celui des dispositions relatives aux représailles s'explique par les mêmes motifs. Comme le dit M. Lambermont, » la matière a été laissée dans le domaine du droit non écrit, sous la sanction de la conscience publique, en attendant que les progrès de la science et de la civilisation apportent une solution complétement satisfaisante (2). »

L'Institut de Droit International a imité, au sujet des guides, la réserve de la Conférence de Bruxelles. Faisant allusion au projet du général de Leer, M. Rolin Jaequemyns constate

_____

(1) Séance du 1er août ; Protoc. III.
(2) Séance du 29 août, Protoc. XVI.

dans son rapport (1) qu'aucun membre de l'Institut n'a proposé l'adoption de cet article dont le premier alinéa n'appartient pas au droit des gens, tandis que le second tend plutôt à aggraver les rigueurs de la guerre qu'à les adoucir. Par suite, le Manuel des Lois de la guerre sur terre est muet sur la question.

En résumé l'opinion de la Conférence de Bruxelles et celle de l'Institut de Droit International ne peuvent être considérées comme douteuses. C'est uniquement pour ne pas affaiblir la portée pratique de leur œuvre que ces deux assemblées ont évité de se mettre en opposition avec un état de fait auquel les militaires déclarent ne pas pouvoir renoncer.

II. — *Otages.* — On appelle otages des citoyens de l'un des États belligérants qui se trouvent entre les mains et à la disposition de l'autre belligérant pour lui garantir l'exercice de certains droits qu'il prétend avoir.

De deux choses l'une ; ou bien les otages sont offerts volontairement ou bien ils sont pris directement par l'ennemi. Bluntschli distingue et justifie en ces termes les deux hypothèses : « Les otages remis par le gouvernement ennemi ou par la population ennemie, et les personnes dont les autorités militaires se sont emparées à titre d'otages, sont traités de la même façon que les prisonniers de guerre. Cependant, le but qu'on se propose en recevant ou en prenant des otages, peut obliger envers ces derniers à des mesures plus ou moins sévères et à une réclusion plus complète. — Un gouvernement donne parfois des otages pendant la guerre lorsqu'il s'est engagé à faire telle ou telle chose, à payer, par exemple, une contribution de guerre, à rendre une place, etc. Il en *prend* aussi parfois, par exemple pour avoir une ga-

(1) Rev. de Dr. Intern., 1875, p. 501.

rantie du maintien de l'ordre dans une ville ou contrée conquise. On prend, de préférence, pour otages des personnes influentes, afin de profiter de l'ascendant de ces personnes sur la population et de la considération dont elles jouissent dans le pays. Les otages de cette catégorie doivent être traités avec les mêmes égards que les otages remis lors de la conclusion d'un traité ; on prendra seulement quelques précautions de plus pour les empêcher de s'enfuir (1). » Bluntschli invoque à l'appui de son opinion l'article 54 des Instructions américaines. Mais ces instructions ne reconnaissent nulle part à l'occupant le droit de *prendre* des otages ; elles se bornent à dire : « Un otage est une personne *acceptée* à titre de garant de l'exécution d'un arrangement conclu entre les belligérants, pendant la guerre ou à la suite d'une guerre. Les otages sont rares à l'époque actuelle (art. 54). — Si un otage est *accepté* il est traité comme prisonnier de guerre, conformément à son rang et à sa condition, autant du moins que les circonstances peuvent le permettre (art. 55). »

Ni la Conférence de Bruxelles, ni l'Institut de Droit International dans le Manuel des Lois de la guerre n'ont parlé des otages. Notre Manuel de Droit International à l'usage des officiers est également muet sur cette question. Faut-il conclure de ce silence à la condamnation du système ? Après les événements de 1870-71 il est malheureusement impossible de le croire. Il est bien plus probable que cette question, comme celle des guides, n'a été laissée de côté que par impossibilité de lui donner une solution satisfaisante. Un texte récent démontre

(1) Dr. Intern. cod., n° 600 et not. 1. — Bluntschli admet encore l'usage des otages en dehors de l'état de guerre, soit pour assurer l'exécution d'un traité définitif entre deux États (N°° 426 et 427), soit à titre de réprésailles (N° 500). Ces cas particuliers sont en dehors du cadre de notre étude.

que la pratique des otages serait encore admise dans notre armée. L'article 2 du décret du 21 mars 1893 sur les prisonniers de guerre porte : « Sont également considérés comme prisonniers de guerre : 1° les déserteurs ennemis ; 2° les otages (1). »

A. — Nous admettons parfaitement que, dans certains cas, des otages puissent être offerts par la population et acceptés par l'ennemi. Ce sera la garantie la plus sérieuse, quelquefois la seule garantie qui puisse être donnée au vainqueur par le vaincu pour lui permettre d'obtenir un traitement plus favorable. Nous adoptons pleinement sur ce point l'opinion exprimée par M. Morin : « S'il faut admettre ce mode extraordinaire d'engagement, ce ne peut être que dans la guerre et surtout dans les conventions militaires, lorsque l'ennemi ne veut accorder que sous une telle condition un sursis ou traité demandé. La dation d'otages, utile au pays et à l'individu consentant, sera donc licite lorsqu'elle sera le meilleur moyen d'obtenir de l'ennemi, soit une abstention, soit un délai pour quelque paiement exigé, soit une suspension d'armes ou un armistice particulier, soit des conditions favorables lors d'une capitulation, soit enfin la paix par un traité conditionnel qui se résoudrait en cas d'inexécution des conditions (2). »

Comment les otages donnés volontairement sont-ils choisis ? C'est là une question de droit public interne. Mais il est évident qu'avec les idées dont le droit public moderne est

(1) La notice n° 2 annexée au règlement du 26 nov. 1889 sur le service des Étapes, et intitulée : « Instruction pour la prise de possession d'un commandement d'étapes en territoire ennemi, porte que, si l'attitude de la population l'exige, le commandant d'étapes se fait remettre des otages et prévient que tout mouvement hostile serait suivi de représailles immédiates.

(2) Morin : Les lois relatives à la guerre, tome II, ch. XVI, § IV, pp. 268 et 269.

pénétré, le gouvernement d'un Etat ou l'administration d'une ville ne peuvent contraindre les habitants à servir d'otages. « Ce qui vaut mieux, dit M. Morin (1), c'est le dévouement patriotique et intelligent des administrateurs eux-mêmes, ainsi que des autres notables, comprenant qu'il s'agit de faire échapper leur pays à des rigueurs extrêmes et se concertant pour le sacrifice temporaire qu'exige la guerre portée jusque chez eux. »

Parmi les exemples fournis par la guerre de 1870-71, citons celui de la municipalité de Saint-Quentin. Les habitants de cette ville ouverte ayant résisté aux troupes allemandes, la commission municipale fut sommée par le commandant de venir conférer avec lui à une heure indiquée, faute de quoi la ville serait bombardée. La commission municipale n'hésita pas à se rendre à cette sommation et, pour préserver la ville des malheurs dont elle était menacée, elle laissa deux de ses membres comme otages aux mains de l'ennemi (2).

B. — Quant à la prise d'otages directement et par la force nous la condamnons absolument : c'est un attentat injustifiable contre la liberté individuelle. A quoi sert de déclarer qu'on ne fait pas la guerre aux habitants paisibles si l'on arrête des citoyens inoffensifs ? Prétendre à ce droit exorbitant, c'est nier le principe du respect des personnes paisibles, c'est provoquer la population à une résistance légitime, c'est engager la guerre contre les particuliers eux-mêmes.

Les Allemands ne se sont pourtant pas fait faute d'employer ce procédé pendant la dernière guerre. Ils ont souvent pris des otages en vue de protéger la sécurité de leurs troupes

(1) loc. cit. p. 274.
(2) V. Rolin-Jaequemyns : Rev. de Dr. Intern., 1871, p. 299.

contre des soulèvements ou des surprises. C'est ce qui est arrivé à Châtillon-sur-Seine. Le 19 novembre au matin, cette petite ville qui était occupée depuis la veille par une garnison allemande de 750 hommes environ fut surprise par un détachement de volontaires garibaldiens. Plusieurs officiers et soldats allemands furent tués ou blessés ; un plus grand nombre furent emmenés comme prisonniers par le détachement, qui se retira au bout de quelques heures. Dès leur rentrée dans la ville, les Allemands prirent comme otages le maire, le président du tribunal et plusieurs notables. Quelques jours après on fit une razzia de tous les hommes rencontrés dans les rues ou dans les maisons et on les garda plusieurs jours, soit dans les postes de la ville, soit à la gare. Le général de Krantz les fit réunir et les avertit lui-même qu'ils auraient à répondre sur leur tête de la vie des prisonniers allemands emmenés par les volontaires garibaldiens (1).

Ces événements eurent d'ailleurs leur contre-coup en dehors de la ville. A Chaumont notamment, le colonel Plaetz, commandant d'étapes, prit un arrêté qui mérite d'être rapporté. Après avoir rappelé sommairement ce qui s'était passé à Châtillon il disait : « Le commandant de cette ville, en faisant connaître au public cet acte détestable, contraire à tous les usages de la guerre et indigne d'un peuple civilisé, se voit dans la nécessité de déclarer que, quoiqu'il reconnaisse à la population de Chaumont et des environs des sentiments meilleurs, quoiqu'il ait remarqué partout une attitude calme et convenable à l'état de guerre où nous sommes, il doit aviser aux moyens pour que des actes aussi déplorables et qui appelleraient les plus dures représailles, ne se reproduisent plus. C'est pourquoi, dans l'intérêt des troupes aussi bien que de la

(1) Mignard : L'invasion allemande en Bourgogne, pp. 76 à 86.

ville et du département, il juge utile de prendre les mesures de sûreté qui suivent : 1° Je m'assurerai d'un certain nombre de citoyens les plus notables de la ville et des villages environnants pour les garder en otages ; 2° si des événements pareils à celui que je viens de mentionner se reproduisaient en cette ville, ou même à la moindre tentation (*sic*) de cette nature, je ferais fusiller les otages pour punir le crime de leurs concitoyens, selon les droits de la guerre... (1). »

En d'autres circonstances, le système des otages a été employé pour faciliter le recouvrement des réquisitions ou des contributions de guerre. Les cas de ce genre ne se comptent pas et on en rencontre dans toutes les monographies relatives à l'invasion. Ils ont été surtout fréquents vers la fin de la guerre et pendant l'armistice pour presser la rentrée des contributions avant la conclusion définitive du traité de paix. Les trois exemples suivants sont empruntés à l'arrondissement de Péronne : Le 30 janvier, la petite ville de Bray-sur-Seine est frappée d'une contribution de 37.000 francs (25 francs par tête. Faute de pouvoir payer, le maire et trois notables sont emmenés prisonniers à Amiens. — A Combles, le jour même de l'armistice, un capitaine de dragons vient réclamer 325.000 francs (25 francs par tête). Les fonds n'ayant pu être réalisés, cinq conseillers municipaux sont tirés au sort et conduits comme otages à Amiens. — La commune de Driencourt est condamnée à une amende de 1000 francs pour avoir laissé passer des étrangers sur son territoire. Le maire refuse de payer ; il est amené comme otage et relaché seulement après que la somme a été versée (2). Ailleurs, dans l'arrondissement de Saint-Quentin, les Allemands prennent

(1) Cité par Mignard, loc. cit., p. 257.
(2) Ramon : L'invasion en Picardie, pp. 62, 134, 348.

vingt-deux otages à Saint-Quentin, trois à Bohain, deux à Cugny, deux à Prémont (1). En vain le délégué aux affaires étrangères, M. de Chaudordy, avait protesté contre ces pratiques et réclamé l'intervention de lord Granville pour les faire cesser : les Allemands ont continué à y recourir jusqu'à la fin de la guerre (2).

C. — Nous devons mentionner tout particulièrement un cas où les otages ont été pris à titre de prétendues représailles.

Dès le début de la guerre de 1870, nos croiseurs avaient pu s'emparer d'un certain nombre de navires de commerce allemands. Le fait était absolument conforme au droit des gens maritime. Les déclarations du Congrès de Paris de 1856 ne protègent en effet que la marchandise neutre naviguant sous pavillon ennemi et la marchandise ennemie sous pavillon neutre. La Prusse, dont la marine de guerre n'existait pas en 1870, avait proclamé avec quelque ostentation son intention de respecter la propriété privée sur mer. Elle ne faisait par là aucun sacrifice. Mais la France, qui avait des intérêts opposés, n'était pas tenue d'adopter la même ligne de conduite, et elle ne fit qu'user d'un droit incontestable en capturant les bateaux allemands et en faisant prisonniers leurs équipages. Quarante capitaines de la marine marchande avaient été pris dans ces conditions et internés à Clermont-Ferrand. Sur le refus de notre gouvernement de les remettre en liberté, quarante notables furent arrêtés dans les provinces occupées, vingt à Dijon, dix à Gray et dix à Vesoul, et envoyés comme prisonniers à Brême. Il eût été intéressant de savoir comment et par qui la désignation de ces otages avait

(1) A. Deroux : L'invasion de 1870-71 dans l'arrondissement de Saint-Quentin, p. 148.
(2) Archiv. diplom., 1871 tom. IV, p. 1175.

été faite. Mignard cite les noms de ceux de Dijon (1) sans pouvoir dire s'ils furent choisis arbitrairement ou s'ils furent débattus sur une liste fournie par la municipalité. Il note seulement que quelques généreux citoyens avaient demandé qu'on tirât au sort sur une liste générale des notables, mais le général de Werder déclara que les choix faits étaient irrévocables, et d'ailleurs, ceux qui avaient été désignés se refusèrent à toute substitution. Parmi les otages ainsi arrêtés, figurait le baron Thénard, membre de l'Institut, dont le père avait, pendant un demi-siècle, donné dans sa maison à tous les savants de l'Allemagne, l'hospitalité la plus large et la plus confiante. Il faut lire à ce sujet dans le compte-rendu de la séance de l'Académie des Sciences du 26 décembre 1870, la protestation très noble du président de cette compagnie contre cet acte inqualifiable.

M. Féraud-Giraud a apprécié le système de lever des otages en des termes que nous ne saurions mieux faire que de reproduire et qui font bien ressortir l'inutilité de ce procédé, même à titre de représailles : « Il est incontestable que l'ennemi n'a pas un droit de vie sur l'otage, qu'il peut seulement le priver de sa liberté. Or, ce ne sera pas la détention à l'étranger d'un otage qui modifiera les dispositions et les actes de l'ennemi. L'Allemagne, au moment où elle croyait utile de s'emparer de quelques Français qui devaient être respectés entre tous, à cause de leur âge, de leur honorabilité, de la nature même des services qu'ils avaient rendus, avait déjà sur son sol de nombreux prisonniers, et ces quelques victimes de plus ne pouvaient modifier la durée de la guerre ni ses procédés. Ces abus de la force étaient dès lors des actes de cruauté d'autant plus injustes qu'ils étaient inutiles et sans efficacité

(1) L'Invasion allemande en Bourgogne, p. 99.

aucune. L'Allemagne se plaignait de certains faits dont souffraient ses troupes, de la part de certains corps francs notamment. Est-ce sérieusement pour en avoir raison que l'on transportait comme otages en Allemagne les gens honorables appartenant aux localités où ces faits s'étaient produits, alors que ces mêmes personnes avaient été les premières à souffrir de l'invasion de quelques-uns de ces corps francs; et pouvait-on espérer que ces derniers auraient modifié leur mode d'agir, alors même qu'on aurait fait décimer la population (1). »

D. — Enfin on a donné le nom d'otages aux habitants notables du pays occupé que les Allemands en 1870-71 ont fait monter dans les trains de chemins de fer en vue de prévenir les attentats dirigés contre ces convois. Sur cette question nous laisserons d'abord la parole à Bluntschli qui a apprécié cette mesure dans les termes suivants : « Une nouvelle application peu recommandable du système des otages a été faite pendant la guerre de 1870-71 entre la France et l'Allemagne. Pour assurer les transports par chemins de fer, les troupes allemandes obligèrent fréquemment les notables des provinces françaises occupées à monter avec elles dans les trains. Ce mode de procéder est d'autant plus critiquable, qu'il compromet la vie de citoyens paisibles sans qu'il y ait faute de leur part, et de plus sans procurer un sérieux accroissement de sûreté. Les fanatiques qui enlevaient les rails ou cherchaient à empêcher la circulation sur les voies ferrées tenaient peu de compte de la vie des notables qui étaient parfois pour eux un objet de haine. Cette conduite n'est excusable qu'à titre de représailles et en cas de nécessité absolue (2). » A notre avis, la dernière phrase seule est de trop.

(1) Féraud-Giraud : Occupation militaire, § 14.
(2) Dr. Inter. cod., n° 600, note 2.

Disons maintenant comment les faits se sont passés. A la fin d'octobre, un ordre du maréchal de Moltke, applicable dans tous les départements envahis, prescrivit, pour prévenir les attentats contre les chemins de fer, de faire accompagner les trains allemands par des notables du pays occupé. Les commissaires civils des gouvernements généraux prirent des arrêtés en conséquence. Voici celui du commissaire civil de Reims :

                        « Reims, le 27 octobre 1870.

« Plusieurs endommagements ayant eu lieu sur les chemins de fer, ordre a été donné de faire accompagner les trains par des habitants des localités ou communautés contiguës aux voies ferrées, habitants connus et jouissant de la considération générale.

« On placera ces personnes sur la locomotive, de manière à faire comprendre que tout accident causé par l'hostilité des habitants frappera en premier lieu leurs nationaux.

« Les autorités compétentes, tant civiles que militaires, seront requises pour organiser, d'accord avec la direction des chemins de fer et les commandants d'étapes, un service régulier d'accompagnement.

                    « Le commissaire civil,
              « Charles, prince de Hohenlohe (1). »

En exécution de ces dispositions, dès le 30 octobre, dans la soirée, le maire de Reims reçut du commandant de place l'ordre de désigner une personne notable qui devrait prendre place sur la locomotive du premier train partant le lendemain matin. Le maire refusa en déclarant qu'il partirait plutôt lui-même. Le commandant répliqua que l'ordre était formel et qu'en cas de refus il ferait enlever le maire et le ferait placer sur la locomotive entre deux soldats. Celui-ci répondit

(1) Inséré au n° 5 du Moniteur officiel (allemand) de Reims.

que, dans ces conditions, il se rendrait personnellement sur la locomotive prussienne. Il exigea un ordre écrit qui lui fut envoyé. Il alla en conséquence, le lendemain à l'heure indiquée, six heures du matin, à la gare. On lui fit prendre place sur la locomotive entre deux uhlans (qui furent obligés d'en descendre faute d'espace), et le train se mit en route. Il alla ainsi jusqu'à Châlons, d'où on lui permit de rentrer à Reims en wagon. Mis au courant de ces faits, le conseil municipal de Reims protesta énergiquement contre la décision des autorités allemandes. Il déclara s'associer au refus du maire de désigner qui que ce fût pour satisfaire aux exigences de l'ennemi, et décida que les membres de l'administration qui en avaient revendiqué l'honneur, et après eux chacun des conseillers dans l'ordre du tableau, se mettraient à la disposition des Allemands pour accomplir le service qu'ils exigeaient. Presque aussitôt, un assez grand nombre d'habitants se mirent spontanément à la disposition de la municipalité et du conseil pour subir également les exigences de l'autorité allemande. Aucune désignation ne fut faite d'office. Deux ou trois jours à l'avance, la Mairie avait soin de prévenir chacun des habitants qui s'étaient offerts que son tour allait venir. La réquisition émanant de l'autorité allemande n'était remise à l'intéressé que la veille du départ à une heure assez avancée de la soirée. Au début, on ne faisait accompagner que le premier train du matin dans chaque direction. Plus tard un nouveau décret du Gouverneur général de Reims étendit cette mesure à tous les trains sans exception.

En acceptant le principe même de ce prétendu droit, il est bien certain que les habitants d'une commune n'auraient pas dû accompagner le train au delà de la première station située en dehors des limites de la commune. Mais les Allemands ne l'entendirent pas ainsi. Ils trouvèrent commode de simplifier ce

service en faisant porter l'obligation en question exclusivement sur les villes de quelque importance. Ainsi les otages de
Reims accompagnaient les trains jusqu'à Châlons, Epernay,
Rethel, Laôn ou Soissons. De même les otages de Nancy
allaient jusqu'à Toul, ceux de Toul jusqu'à Commercy, ceux
de Commercy jusqu'à Bar-le-Duc et ainsi de suite.

Les autorités allemandes tinrent rigoureusement la main à
l'exécution de ce service. Nous avons dit comment on avait
procédé vis-à-vis du maire de Reims. A Nancy, un président
de la Cour, ayant refusé de se rendre à la gare pour escorter
un convoi, fut amené sur la locomotive par quatre gen-
darmes. Cependant dans quelques endroits on cessa bientôt
d'exiger la présence des otages sur la locomotive même. On
se contenta alors de les enfermer dans des wagons souvent
délabrés et sans vitres, tristes abris contre les rigueurs d'un
hiver exceptionnel (1).

Nous avons fait connaître comment ces mesures avaient
été appréciées par Bluntschli. Pour être complet, nous dirons
aussi qu'elles ont été défendues par Lœning dans les termes
suivants : « La contrainte imposée aux notables dans
l'intérêt de la sécurité des chemins de fer doit être considérée
comme une mesure de police nécessitée par la grandeur du
danger qu'on avait à craindre ... Partout où l'on a obligé
les notables à accompagner les trains, la sécurité des
parcours a été rétablie. Au dire de beaucoup d'officiers, la
même mesure a produit le même résultat dans toute la
France... On a considéré ce fait comme contraire au droit
des gens, parce qu'il était autrefois inconnu. Mais la guerre

______

(1) Nous empruntons la plupart de ces détails à l'ouvrage très mo-
déré et très documenté de Diancourt : Les Allemands à Reims. Voir
aussi : Calvo ; le Droit International théorique et pratique, 4ᵉ éd., tom. IV,
§ 2160.

franco-allemande de 1870-71 est aussi la première dans laquelle on ait fait usage de grandes lignes de chemins de fer en pays ennemi. A de nouveaux maux, il faut de nouveaux remèdes. Si, dans une guerre future, des circonstances identiques se présentent, on recourra de même à ce moyen dont l'efficacité est aujourd'hui bien démontrée (1). »

Dahn et Lueder, se plaçant au même point de vue d'utilité pratique que Lœning, adoptent les mêmes conclusions que lui (2). Mais la presque unanimité des auteurs, MM. Rolin-Jacquemyns, Calvo, F. de Martens, Neuman, Funck-Brentano et Sorel, Féraud-Giraud, Guelle, condamnent énergiquement cette pratique (3).

Dans cet emploi des habitants notables comme une sorte de blindage humain pour assurer la sécurité des transports, ce n'était pas seulement la liberté des otages qui était en jeu, mais aussi leur vie suivant les termes mêmes des proclamations officielles. C'est justement par là que cette mesure est absolument contraire au droit des gens : « Si l'on admet ces pratiques », écrit M. de Formanoir, capitaine de l'état-major belge, dont on ne saurait nier la compétence, « pourquoi une armée assiégeant une place ne mettrait-elle pas au premier rang de braves bourgeois inoffensifs au moment où elle monte à l'assaut ? Quelle différence trouverait-on entre cette manière d'agir et celle qui consiste à exposer des êtres inoffen-

(1) Rev. de Dr. Intern., 1872, pp. 89 et 90.

(2) Dahn, Jahrbucher f. die deutsche Armee und Marine, III. p. 63. — Lueder, in Handbuch des Volkerrechts von Holtzendorff ; tome IV, § 113 p. 476.

(3) Rolin-Jacquemyns : Rev. de Dr. Intern. 1870, p. 670 et 1871, p. 338. — Calvo : Le Dr. Intern. th. et prat., Tome IV, § 2160. — Féraud-Giraud : Occupation militaire, pp. 13 et 14. — Guelle : Les lois de la Guerre, Tome II, p. 52. — F. de Martens : Dr. Intern., Tom. III, § 119. — Brentano et Sorel : Précis, p. 284. — Neuman : Grundriss, § 40.

sifs au danger de sauter avec tout un train de chemin de
fer (1). »

Toute l'argumentation de Læning et celle de Lueder en
faveur de ce système se réduisent à en proclamer la nécessité
et l'efficacité. Mais l'emploi des otages sur les trains était-il
nécessaire ? Il est permis d'en douter. D'après l'ouvrage si
consciencieux de M. Jacqmin sur « Les Chemins de fer pendant la guerre de 1870-71 », on ne trouve dans les journaux
allemands, ni dans les journaux français — en dehors de la
destruction du pont de Fontenoy — aucun détail précis sur les
prétendues agressions contre les chemins de fer commises
par des francs-tireurs ou par des partisans isolés. La *Zeitung
des Vereins*, très prodigue de détails sur l'exploitation allemande, parle, à plusieurs reprises, des rails enlevés, des pon-
ceaux détruits par les francs-tireurs ; mais elle ne cite aucun
nom de lieu. Elle dit que les voies ferrées étaient gardées
par 100,000 hommes de la landwehr. Si ce chiffre est exact,
il prouve mieux qu'aucun argument l'invraisemblance des
agressions et l'inutilité des otages. D'un autre côté, si les
accidents n'étaient pas aussi nombreux qu'on l'a dit avant la
mise en pratique du système, on ne peut guère affirmer que
c'est l'emploi des otages qui les a fait disparaître.

Remarquons enfin que ces mesures n'ont pas empêché la
réussite de l'attentat le plus grave dirigé contre les voies
ferrées pendant la guerre. La destruction du pont de Fontenoy a eu lieu à la fin de janvier, alors que le système des
otages était en pleine vigueur et aurait dû porter tous ses
fruits. Peut-être eût-on obtenu les mêmes résultats en s'en tenant aux premières proclamations des gouverneurs généraux
de l'Alsace et de la Lorraine, qui intéressaient les habitants

(1) De Formanoir : Les chemins de fer en temps de guerre.

eux-mêmes au maintien des voies de communication en leur représentant, que l'interruption des transports empêcherait la transmission aux troupes des vivres venus d'Allemagne et forcerait à recourir à de plus nombreuses et plus importantes réquisitions.

Enfin et surtout il ne faut pas admettre qu'une mesure se justifie par sa seule efficacité. La question ne doit pas être posée sur ce terrain. Comme le dit très bien M. Pillet (1), il s'agit de savoir s'il est permis à une armée de restreindre les dangers que comporte pour elle l'état de guerre en associant par force à ses destinées des non-combattants, compatriotes des ennemis qu'elle a à combattre. Car, il faut le remarquer, ces notables choisis comme boucliers étaient, par leur présence destinés à prévenir toute détérioration de la voie, aussi bien celle qui pouvait provenir de combattants réguliers et à ce qualifiés, que celle qui pouvait avoir sa source dans des actes coupables des habitants.

L'objet véritable de cette pratique était donc d'écarter une sorte particulière de dangers de guerre en exposant d'abord à ces dangers des non-combattants. Aussi M. Pillet n'hésite-t-il pas à conclure en déclarant que « ceux-là seront toujours et partout des misérables qui essaieront de se préserver en faisant partager leurs dangers à des tiers qui n'ont aucun titre à prendre part aux hostilités (2). »

E. — Pour conclure sur toute cette question des otages, nous ne saurions mieux faire que de citer le passage suivant emprunté à une savante étude de M. Albert Desjardins : « Autrefois une convention expresse se formait entre deux parties, dont l'une donnait, dont l'autre recevait des garanties sous le

---

(1) Le Droit de la guerre, Tome II, 17ᵉ conférence.
(2) Loc. cit., p. 338.

nom d'otages : aujourd'hui, c'est un belligérant qui fait acte d'autorité sur un territoire envahi ou occupé. Autrefois, les otages devaient assurer l'accomplissement d'une obligation convenue, déterminée ; aujourd'hui, un envahisseur rend ceux qu'il a saisis de son propre pouvoir responsables des faits qu'il lui convient d'interdire, toujours de son propre pouvoir, peut-être beaucoup moins dans la pensée de faire respecter les lois de la guerre que dans celle de paralyser la défense. Autrefois celui qui recevait des otages s'engageait, implicitement à les bien traiter ; aujourd'hui, celui qui en prend n'hésite plus à les assimiler aux prisonniers de guerre ; quelquefois il va plus loin et il expose leurs jours faisant de leurs dangers une protection pour lui-même. Ces aggravations sont d'autant plus choquantes que les otages n'ont pas été pris de nos jours, et en général, dans la même classe qu'autrefois : ce n'est pas parmi ceux qui combattent, mais au sein de la population civile que nous les avons vu choisir, au sein de cette population que le progrès des mœurs et du droit international tendent à mettre autant que possible en dehors des plus grands périls et des maux les plus extrêmes (1). »

(1) Albert Desjardins : L'otage dans le droit des gens au xvie siècle, p. 14.

CHAPITRE III

DROITS ET DEVOIRS DES FONCTIONNAIRES DANS LES PAYS OCCUPÉS

1 — Pendant la durée de l'occupation l'autorité du gouvernement légal se trouve suspendue en fait sur toute l'étendue des territoires occupés. En conséquence, les ordres que ce gouvernement pourrait transmettre, par des moyens accidentels ou par des voies clandestines, aux habitants ou aux fonctionnaires, n'auraient aucun caractère obligatoire. Mais il en est autrement des instructions qu'il peut donner à ses agents de tout ordre avant la rupture des communications, et par lesquelles il trace à chacun d'eux la ligne de conduite à suivre en présence de l'ennemi. Les fonctionnaires doivent se conformer aux ordres qu'ils ont reçus sur le point de savoir s'ils ont ou non à continuer leurs fonctions pendant l'occupation (1).

Dans certains cas on a vu un État envahi ou menacé d'invasion prescrire d'une manière générale à tous ses agents et même aux simples officiers municipaux, de se retirer ou de

(1) Manuel de Dr. Intern. à l'usage des officiers de l'armée de terre ; p. 97.

cesser leurs fonctions à l'approche de l'ennemi. C'est ainsi que le règlement prussien du 12 avril 1813 pour le Landsturm stipulait dans son article 79 : « Si une ville ou une contrée est occupée avec tant de célérité que les habitants n'aient pas le temps de se retirer, les autorités seront considérées comme supprimées et personne ne sera tenu de leur obéir. » De même, en 1866, les Autrichiens avaient ordonné en Bohême à tous les fonctionnaires de quitter le territoire que l'ennemi se préparait à occuper.

Nous considérons ces exemples comme des témoignages d'un patriotisme plus exalté que clairvoyant. Comme le fait remarquer Bluntschli (1), l'ennemi souffre beaucoup moins de cette mesure que les nationaux eux-mêmes dans l'intérêt desquels l'administration est établie.

Mais il se peut que le gouvernement n'ait donné aucune instruction aux fonctionnaires sur la ligne de conduite à tenir. En ce cas, ils seront obligés de se décider d'après les inspirations de leur conscience. Leur conduite variera suivant la nature de leurs fonctions et suivant les exigences de l'ennemi. Chacun d'eux aura à tenir compte, non seulement des devoirs spéciaux qui lui incombent envers le gouvernement national, mais encore des services qu'il peut rendre au pays occupé et à la population locale en restant à son poste et de la désorganisation que l'abandon de son emploi occasionnerait, le cas échéant. A un autre point de vue, les fonctionnaires ont aussi à se préoccuper des avantages ou des inconvénients que l'ennemi retirera de leur présence et de la continuation de leurs services.

II. — *Fonctionnaires politiques.* — Les fonctionnaires politiques, gouverneurs de province, préfets ou sous-préfets qui

___

(1) Droit International codifié ; Règle 541, note 1.

sont les représentants locaux du gouvernement légal, céderont la place dans tous les cas devant un ennemi qu'ils ne peuvent servir à aucun degré. Agents directs du pouvoir central, ils sont les intermédiaires obligés entre celui-ci et la population. Il y a donc incompatibilité absolue entre l'exercice de leurs fonctions et la soumission de fait que l'occupation implique à l'égard de l'ennemi. Celui-ci d'ailleurs ne leur permettrait pas facilement de conserver leur poste et d'entretenir avec les agents de tout ordre, spécialement avec les maires, des rapports qui pourraient facilement se convertir en une résistance organisée contre le nouvel état de choses.

La retraite des fonctionnaires politiques nationaux et leur remplacement par des agents de l'occupant a pour conséquence de mettre les employés subalternes de l'administration politique, tels que, chez nous, les employés des préfectures et des sous-préfectures, dans la nécessité de cesser à leur tour leurs fonctions. Ils ne peuvent en effet devenir les auxiliaires et les collaborateurs de l'administration nouvelle, dont l'objectif principal sera nécessairement de faire servir autant que possible l'occupation à la réalisation des projets militaires de l'ennemi.

À Versailles, pendant l'occupation, le préfet prussien, M. de Brauchitsch avait demandé au personnel français de la Préfecture de Seine-et-Oise et à l'archiviste départemental, M. Desjardins, de prêter leur concours à l'administration allemande pour le recouvrement des impôts dans le département. M. Desjardins rédigea, avec l'approbation des chefs de division, la réponse suivante :

« Monsieur,

« Après avoir réfléchi aux questions que vous nous avez

posées ce matin, nous avons pensé qu'il est impossible que nous prêtions à l'autorité prussienne un concours, si faible qu'il soit, sans nuire aux intérêts de notre pays. Ce sentiment, nous n'en doutons pas, est celui qui vous animerait à notre place.

« Nous sommes d'ailleurs les employés du préfet nommé par le gouvernement français. L'administration départementale française ayant été supprimée, nos fonctions ont cessé avec elle.

« Sensibles à la courtoisie que vous nous avez montrée, nous vous prions, Monsieur, d'agréer nos hommages respectueux. »

Les employés furent réunis ensuite par les chefs de division qui leur rendirent compte de la résolution qu'ils avaient prise, tout en les prévenant qu'ils n'étaient pas engagés par cette décision et que, par conséquent, chacun d'eux restait maître de sa conduite. Tous déclarèrent spontanément qu'ils se retiraient avec leurs chefs.

En réponse à la lettre de M. Desjardins, M. de Brauchitsch adressa aux chefs de division et à l'archiviste la lettre suivante qu'il leur fit remettre par un gendarme :

« Monsieur,

« Répondant à votre lettre d'hier, je vous préviens que je ne puis pas accepter les raisons par lesquelles vous croyez devoir me refuser votre concours, si faible qu'il soit, aux ordres que j'aurai à vous donner dans l'intérêt de l'administration du département de Seine-et-Oise. Je ne vous ai pas demandé de prêter votre concours à l'autorité prussienne. Je vous avais seulement demandé des renseignements dans l'intérêt de votre pays même et vous m'aviez promis de reprendre vos fonctions sous lesdites conditions. Si vous ne voulez pas reprendre vos fonctions et que vous persistiez dans vos sentiments, je vous ordonne de payer une amende de 200 francs à M. le secrétaire Alippi, jusqu'à demain matin dix heures.

« De Brauchitsch. »

Au reçu de cette sommation, deux des chefs de division quittèrent Versailles ; un troisième, M. Cochard et M. Desjardins préférèrent attendre les événements. La somme de 200 francs n'ayant pas été versée, ils furent arrêtés. M. Desjardins fit comprendre qu'un archiviste attaché à un dépôt public était chargé avant tout de travaux d'érudition et il obtint sa mise en liberté. Mais M. Cochard ne sortit de prison qu'après le paiement de l'amende fixée par le préfet allemand (1).

III. — *Agents des Finances*. — Les fonctionnaires politiques ne sont pas les seuls qui doivent interrompre leur service pendant l'occupation. La même ligne de conduite s'impose aux agents des finances. D'après le droit des gens, l'occupant peut légitimement s'approprier les fonds qu'il trouve dans les caisses publiques et percevoir les impôts pendant la durée de l'occupation. Il en résulte que la continuation du service aurait pour effet de procurer à l'ennemi des ressources qu'il n'emploierait pas exclusivement à l'administration du pays, mais dont il utiliserait à son profit la plus grande partie. L'interruption de leurs opérations s'impose par suite à tous les agents des finances, aux percepteurs des contributions directes et indirectes, aux employés des douanes et même aux fonctionnaires de l'enregistrement.

A l'égard de ces derniers, un doute pourrait s'élever parce qu'ils ne sont pas exclusivement chargés dans l'intérêt de l'État de percevoir certains impôts. Leurs fonctions se rapprochent à

(1) Délerot : Versailles pendant l'occupation, pp. 62 à 65.

d'autres égards de celles des notaires, notamment en ce que leur visa a pour effet de donner date certaine aux actes sous seing-privé qui leur sont présentés. Il est certain cependant que le caractère qui prédomine en eux est celui d'agents de perception, et leur devoir en cas d'invasion ne diffère pas de celui des autres fonctionnaires du service des finances.

Il n'y a guère que les agents financiers des communes, receveurs municipaux ou spéciaux, préposés d'octroi, etc., qui puissent continuer leur service, d'abord parce qu'ils ne sont pas directement subordonnés à l'occupant, mais à la municipalité, et, en second lieu, parce que les recouvrements qu'ils opèrent sont affectés à l'acquittement des dépenses communales.

VI. — *Agents des postes.* — Quant au service des postes, l'ennemi en prend la direction dès le début de l'occupation, tant pour interrompre les communications entre le pays et le gouvernement légal que pour assurer dans les meilleures conditions possibles la transmission des ordres et des correspondances intéressant ses propres troupes. Les agents indigènes ne peuvent participer à cette organisation sans léser plus ou moins grièvement les intérêts de leur pays. Il serait inadmissible qu'un agent ou un facteur se chargeât de coopérer au service postal des armées ennemies; or c'est le service des armées qui est pour l'occupant l'objectif principal de l'administration des postes.

D'un autre côté, la continuation régulière des relations postales offre de grands avantages pour la population. Il serait sans inconvénient qu'en pays occupé quelques agents indigènes pussent rester en fonctions pour assurer la réception, l'expédition et la distribution des correspondances à destination de la localité ou en provenant. Si leurs fonctions étaient limitées à ce service, ils pourraient accepter sans forfaiture de se conformer aux instructions de l'ennemi et se soumettre au contrôle de l'administration étrangère, celle-ci ne pouvant laisser s'effectuer sans surveillance un service aussi important. Malgré tout il est impossible de méconnaître que, dans ces conditions, la situation des agents serait particulièrement délicate et difficile.

En 1870-71 les Allemands ont invité les fonctionnaires français des postes à continuer leurs fonctions, mais les propositions qui leur étaient faites étaient absolument inacceptables. Ces propositions étaient formulées dans la circulaire ci-après qui fut communiquée à tous les agents des postes en résidence sur les territoires occupés :

« Sa Majesté le Roi de Prusse ayant daigné ordonner que les postes établies dans les territoires français occupés par les troupes allemandes seront administrées sous la direction supérieure de l'autorité centrale postale à Berlin, sur les lieux par un commissaire spécial, Son Excellence le Chancelier de la Confédération de l'Allemagne du Nord a nommé, par suite de cette ordonnance royale, le soussigné administrateur des postes territoriales dans les départements français se trouvant sous la domination allemande.

« Le soussigné, en prenant l'administration à lui confiée, invite le personnel des établissements de poste existant dans l'étendue des territoires occupés à suivre sous les circonstances actuelles ses ordres sans opposition, et à éviter *tout ce qui pourrait porter atteinte aux intérêts des hauts alliés allemands et de leurs armées.*

« En reconnaissance de cet engagement, tout agent et tout sous-agent doit de sa propre main et en énonçant son nom et son prénom, souscrire la formule ci-annexée, en apposant la date et en ajoutant la dénomination de son titre et de ses fonctions. La formule remplie sera renvoyée par le retour du courrier sous l'adresse de l'administrateur des postes à Nancy;

« A cette invitation, le soussigné ajoute la communication que le refus de la déclaration sus-mentionnée amènerait comme conséquence nécessaire la *destitution* immédiate du fonctionnaire réfractaire, ainsi que la souscription de la formule une fois prêtée, l'agent qui dans la suite aurait fait infraction d'une manière ou d'autre à l'engagement pris par la souscription se serait exposé aux mesures rigoureuses nécessitées par un tel procédé (*sic*).

« Aux agents qui donnent la souscription exigée et qui remplissent l'engagement pris, par conséquent est assurée la protection des autorités et le paiement de leurs traitements ;

« Si les agents et les sous-agents se représentent qu'il s'agit de la fonction assurée des postes territoriales et de la garantie du commerce paisible dans l'intérêt de la prospérité de leurs compatriotes et des provinces qui ont déjà subi de si rudes épreuves, ils s'adonneront aussi à l'avenir à ces fonctions avec le dévouement que leur imposent les circonstances comme accomplissement d'un devoir spécial.

« Au reste, l'administration des postes sera gérée, jusqu'à nouvel ordre et sauf les décisions ultérieures des autorités compétentes, sur la base des lois, ordonnances et règlements français. Les modifications qui auront été exigées par les circonstances ainsi que les autres dispositions que le soussigné aura à faire, seront portées à la connaissance du personnel, suivant le cas, par des circulaires ou par des ordres spéciaux.

« L'administrateur des postes dans les territoires occupés :

« **Rosshirt**

« **Directeur supérieur des postes.** »

Modèle d'engagement. — « Je suis prêt à suivre sans opposition les ordres de l'administration des postes établie dans les territoires français occupés par les troupes allemandes, et je promets *d'éviter tout ce qui pourrait porter atteinte aux intérêts des hauts alliés Allemands et de leurs armées.* »

Il est permis de dire que, dans ces conditions, le refus s'imposait de la part de tout le personnel français. Cependant le directeur des postes du département de Seine-et-Oise ayant enjoint à ses agents de refuser tout service à l'administration allemande, fut pour ce fait arrêté et envoyé comme prisonnier en Allemagne (1).

Par suite du refus de concours des agents français, les allemands furent obligés de procéder à une réorganisation générale du service des postes dans toute l'étendue des territoires occupés. Aux anciens bureaux de poste français furent substitués des bureaux nouveaux administrés par la poste allemande et desservis par ses employés. Ces bureaux recevaient les lettres du public aux conditions imposées par les règlements d'occupation, mais ils ne s'occupaient pas de faire distribuer à domicile la correspondance destinée aux habitants. Tantôt les lettres étaient conservées dans les bureaux et n'étaient remises que si on allait les y réclamer ; tantôt elles étaient données en bloc à la mairie qui les faisait distribuer par ses agents ou par les anciens facteurs de l'administration. A Versailles, la distribution à domicile fut faite aux frais de la ville, sur réquisition de l'autorité allemande par des réfugiés indigents des communes voisines (2).

A Reims, ce furent des facteurs appartenant à l'administration française qui assurèrent le service, mais sans avoir aucun rapport avec la poste allemande. Le triage des lettres

(1) Délerot : Versailles pendant l'occupation ; p. 162 et 163.
(2) Délerot : loc. cit , p. 162.

était effectué par eux à la mairie, après que les Allemands y avaient déposé les paquets destinés à la ville. La coopération à un service organisé dans ces conditions était absolument licite et n'avait rien, semble-t-il, qui pût froisser le patriotisme le plus exclusif, car les agents n'étaient en rapport qu'avec le maire d'une part et les habitants de l'autre. Il est fâcheux de constater cependant que l'Administration française ne l'entendait pas ainsi. Tandis que les facteurs de Reims qui avaient cessé leur service continuaient à toucher leurs appointements, ceux qui le continuaient dans les conditions que nous venons de dire virent leurs traitements suspendus. Le Conseil municipal et le maire protestèrent en leur faveur, mais sans succès. Après le rétablissement du service, les appointements qui leur étaient dus ne furent pas rappelés, et ce fut la ville, pour empêcher qu'ils ne fussent victimes de leur dévouement, qui dut inscrire à son budget le montant des traitements dont ils avaient été privés.

V. — *Employés des chemins de fer*. — Le service des chemins de fer en temps de guerre s'exerce dans des conditions analogues à celui des postes. Les mêmes difficultés se présentent et doivent être résolues d'une manière analogue. Il n'y a aucune raison de faire une différence entre les agents des compagnies particulières et les employés d'un réseau appartenant à l'État. Dans les deux cas, le service est le même et répond à des besoins qui présentent au plus haut point le caractère d'intérêt public.

Pendant la guerre de 1870-71, les Allemands recoururent le plus souvent au personnel de leur pays pour l'exploitation des chemins de fer du territoire français. Mais ce ne fut pas sans avoir essayé d'abord d'obtenir, par menace ou par persuasion, le concours des agents indigènes. La lettre suivante, rapportée par M. Jacquin, directeur de l'exploitation du chemin de fer de l'Est et qui fut adressée à certains maires des Ardennes, donne un exemple de la manière dont ce concours fut demandé :

> « Chantilly, le... décembre 1870.

> « Monsieur le Maire,

> « Vous êtes invité à requérir les employés et ouvriers occupés sur la partie du chemin de fer traversant le territoire de votre commune, tels que les chefs-cantonniers et leurs cantonniers, le chef de gare et tout son personnel. Tous ces agents reprendront leur service comme par le passé, et se trouveront, les chefs de gare et leurs agents principalement, à leur poste à notre premier passage, afin d'organiser le service.

> « Faute par vous de vous rendre à cette invitation et par ces agents de s'y conformer, la commune de *** sera frappée d'une contribution de guerre et les récalcitrants traduits devant une cour martiale.

> « Recevez, Monsieur le Maire, l'assurance de ma haute considération.

> « L'Ingénieur en chef,
> « Signé : GLASER (1). »

Malgré la menace d'être traduits en cour martiale, très peu d'agents obéirent à cette mise en demeure. Le seul effet des injonctions ainsi formulées fût de déterminer un grand nombre d'entre eux à prendre la fuite.

M. Jacquin ajoute qu'en Alsace et en Lorraine on eut recours à des procédés plus doux. On représenta d'abord aux agents que l'annexion à l'Allemagne de ces deux provinces était décidée et que ceux d'entre eux qui ne voudraient pas continuer leurs fonctions pendant l'occupation seraient privés

(1) Jacquin : Les chemins de fer pendant la guerre de 1870-71, p. 353.

de tout emploi par la suite. On n'exigeait d'eux aucun autre engagement que celui de servir fidèlement la commission d'exploitation, comme ils avaient servi la compagnie de l'Est. Cette commission d'exploitation n'était pas une commission militaire mais une sorte d'administration chargée du séquestre des chemins de fer français. L'engagement à signer par les agents qui voulaient rester en fonctions était rédigé en allemand et en français. Le texte allemand était très clair, tandis que le texte français pouvait laisser croire que les commissions d'exploitation n'administraient que pour le compte de la compagnie de l'Est. Sous l'influence de ces diverses causes, un certain nombre de petits employés acceptèrent les propositions de l'ennemi, mais presque tous les agents d'un ordre un peu élevé les refusèrent.

Il y a quelques années, M. de Stein avait présenté à l'Institut de Droit international un projet de règlement des chemins de fer en temps de guerre dont le caractère fondamental et l'inspiration générale étaient des plus généreux. Son système aurait consisté essentiellement à neutraliser, pendant la durée de la guerre, certains services, certaines lignes ou certains trains. Cette conception avait paru actuellement peu réalisable, et, M. de Stein étant venu à mourir avant que l'Institut se fût prononcé, il n'a pas été donné suite à ses propositions. Toutefois les idées qu'il avait émises ont fait l'objet de travaux intéressants.

Au point de vue du personnel, le projet de règlement rédigé d'après le rapport de M. de Stein établissait une distinction entre les employés de l'État et ceux des Compagnies. La situation des premiers, spécialement en ce qui concerne le droit de donner leur démission, n'était pas bien spécifiée. A l'égard des employés des compagnies privées, l'art. 9 portait : « L'occupant peut forcer la direction et tout le personnel à lui obéir. Il peut punir les agents qui ne lui obéissent pas : mais il n'a pas le droit de les renvoyer, ni de les remplacer, ni de changer leurs contrats avec la compagnie exploitante : il peut seulement les suspendre de leurs fonctions (1). » Cette théorie, si elle devait être mise en pratique dans les conditions actuelles, nous paraîtrait absolument inadmissible. Elle se comprend mieux, sans rester à l'abri de tout reproche, dans le système de neutralisation partielle du service qui fait le fond du projet de Stein.

MM. Moynier et Piérantoni ont critiqué la distinction faite par le projet de Stein entre les employés des chemins de fer de l'Etat et ceux des compagnies privées. Ils la considèrent l'un et l'autre comme inutile (2).

Dans une étude sur le projet en question (3), M. Buzzati se déclare en principe d'accord avec M. de Stein, mais il admet cependant que l'occupant ne peut avoir le droit de forcer le personnel et la direction à lui obéir que *dans le cas d'urgence*. Cette restriction ne rend pas l'idée de M. de Stein plus acceptable. Les cas urgents sont évidemment ceux où l'intérêt militaire est en jeu, or c'est précisément dans les cas de ce genre que les agents indigènes sont particulièrement tenus

---

(1) Annuaire de l'Institut de Droit international, tome IX, 1887-88, p. 260.

(2) Annuaire de l'Institut de Droit International ; Tome VIII; pp. 219 et 220.

(3) Les chemins de fer en temps de guerre : Etude critique sur le rapport de M. de Stein par M. Buzzati, in Rev. de Dr. Intern. ; p. 402. M. Buzzati croit être d'accord sur ce point avec le « Manuel des lois de la guerre » parce que l'art. 46 de celui-ci dispose *qu'en cas d'urgence* l'occupant peut exiger le concours des habitants afin de pourvoir aux nécessités de l'administration locale. Mais les chemins de fer ont une trop grande importance au point de vue militaire pour que leur exploitation sous la direction de l'occupant puisse être assimilée à une simple mesure d'administration vis-à-vis de la population.

de ne pas venir en aide à l'occupant. Aussi nous paraît-il plus juste de décider que les employés des chemins de fer ne peuvent en aucun cas être contraints ou requis de continuer leur service pendant l'occupation.

VI. — *Employés du domaine de l'État.* — Les fonctionnaires et administrateurs du domaine public, spécialement ceux qui sont chargés de la grande et de la petite voirie, de la surveillance et de l'entretien des canaux et des ports devraient en principe conserver leurs attributions tant que l'occupant ne leur demandera rien de contraire à leur devoir. Sans doute l'ennemi pourra tirer quelqu'avantage du bon état des voies de communication, mais cette considération ne saurait entrer en balance, sauf dans quelques cas spéciaux, avec l'intérêt qu'il y a à ne pas laisser ruiner le domaine public.

Les agents du domaine particulier de l'État doivent rester à leur poste lorsque leur emploi consiste dans la surveillance et l'entretien de propriétés nationales, palais, musées nationaux, etc. Quant à ceux qui ont été institués pour l'exploitation du domaine privé de l'État, leur situation est plus délicate et il est bien difficile de poser des règles précises à leur égard. Nous estimons pourtant que les agents forestiers, s'ils n'ont pas été enrégimentés et appelés à concourir à la défense du pays devront rester à leur poste afin d'éviter autant que possible que l'occupant ne procède à des coupes extraordinaires irrégulières et pour s'opposer aux déprédations que les populations riveraines pourraient être tentées de faire en l'absence de toute surveillance.

VII. — *Fonctionnaires de l'enseignement public.* — Les fonctionnaires de l'enseignement sont de beaucoup les moins atteints par le nouvel état de choses. Tant que l'ennemi ne les contrariera pas dans l'accomplissement de leur service par une immixtion injustifiée ils devront se considérer comme tenus de rester à leur poste et de vaquer régulièrement à leurs fonctions.

VIII. — *Magistrats.* — En principe les magistrats doivent continuer à rendre la justice pendant l'occupation; mais toutefois, ce n'est qu'à la condition qu'ils puissent remplir leur mission avec dignité et indépendance. Nous aurons à revenir sur la situation qui leur est faite en parlant de l'administration de la justice dans les territoires occupés.

IX. — *Maires et Adjoints.* — A. — Il reste maintenant à parler des maires des communes et de leurs adjoints. Pour eux, c'est un devoir impérieux de rester en fonctions au moment d'une invasion. Leur tâche, toujours difficile et bien souvent périlleuse, consiste essentiellement à s'interposer entre l'ennemi et les habitants, à faire effort pour obtenir du premier toute la modération possible à assurer entre les seconds une répartition équitable des charges de l'occupation. Leur intervention, quand elle est ferme et éclairée peut atténuer considérablement le poids des calamités de la guerre.

Bien que s'exerçant dans l'intérêt seul des habitants, on ne saurait nier que l'action des maires ne profite cependant aussi à l'envahisseur. En partant de cette remarque on a pu se demander si l'intérêt de la défense nationale ne commanderait pas plutôt aux officiers municipaux d'abandonner leurs fonctions, en laissant l'ennemi aux prises avec toutes les difficultés que comportent l'établissement et l'organisation de l'occupation. Une observation impartiale des faits montre qu'il n'en est rien. Assurément l'envahisseur trouve de sérieux avantages à entrer en rapports avec les représentants réguliers de la population. Il y gagne d'assurer à ses troupes une sécurité plus complète, des cantonnements mieux assis, des approvisionnements plus faciles. Mais tout cela n'aboutit au fond qu'à procurer à son armée un peu plus de bien-être, sans que la suite des opérations militaires en puisse être sérieusement influencée. C'est ce qu'on a bien vu pendant la guerre de 1866. La marche de l'armée prussienne sur Vienne a été si rapide, malgré le désert que les Autrichiens avaient fait devant elle, qu'on s'est demandé si les dispositions prises par ces derniers n'avaient pas contribué à hâter ses mouvements au lieu de les paralyser et de les ralentir.

En l'absence de toute autorité constituée, l'ennemi est obligé à plus de précautions, mais il ne se croit tenu à aucuns ménagements. Il n'obtient pas toujours tout ce qu'il voudrait, mais il prend sans hésitation tout ce qu'il trouve. Il ne pense qu'à ses propres intérêts et ne tient aucun compte des réclamations qui lui sont adressées. Quand des vols ou des attentats sont commis au préjudice de la population, il ne s'en inquiète qu'au point de vue de la discipline militaire. Si cette situation se prolonge, elle entraîne en quelques jours la dévastation complète du pays, dévastation qui est produite beaucoup moins par les exactions des soldats que par le brigandage des maraudeurs isolés et de tous les pillards qui sont l'escorte ordinaire des armées en opérations. Ainsi, il paraît bien que la présence des autorités municipales profite plus à la population qu'à l'ennemi.

Le Manuel de Droit International à l'usage des officiers de l'armée de terre a fort clairement tracé le devoir des maires en territoire occupé : « Les fonctionnaires municipaux considéreront presque toujours comme une obligation patriotique de rester en place. Cependant ils n'oublieront pas qu'au-dessus des intérêts de la localité se place le salut du pays, et ils se garderont de tout ce qui pourrait favoriser l'invasion. Ce danger est si grave que le gouvernement légal cherchera peut-être à le prévenir en leur retirant tout pouvoir par mesure

générale ou individuelle. Dans tous les cas, ils éviteront de
se faire spontanément les intermédiaires de l'envahisseur. Ils
seront parfois excusables d'intervenir dans l'intérêt de leur
commune, pour alléger, par une équitable répartition, des
charges qui ne peuvent plus être évitées ; mais ils failliraient
à leur devoir s'ils devenaient sans nécessité les pourvoyeurs
de l'ennemi, s'ils se constituaient ses mandataires auprès des
municipalités voisines (1). »

Les maires en France ont un double caractère : ils sont d'a-
bord agents du gouvernement et, à ce titre fonctionnaire politiques : ils sont aussi administrateurs communaux et, en
cette qualité, représentants de la population locale.

Dès l'instant où l'occupation s'établit, ils perdent par le
fait même toutes leurs attributions politiques. Si quelques relations clandestines ont pu être maintenues entre les territoires occupés et le gouvernement national, les instructions de
ce dernier cesseront d'être obligatoires pour les maires. Il ne
faut pas oublier en effet que l'occupation régulière implique
comme nous l'avons montré, l'acceptation expresse ou tacite
par la population du nouvel ordre de choses, acceptation qui
doit être sincère et loyale (2).

Mais en cessant de représenter le gouvernement national,
les maires ne deviennent pas pour cela fonctionnaires de la
puissance ennemie, bien que celle-ci se trouve substituée en
fait au Souverain légal. Si les nécessités de la guerre les
placent dans l'impossibilité de remplir leurs fonctions poli-

(1) Loc. cit., p. 97 ;
(2) En 1871, pendant l'armistice, un décret du Gouvernement de la
défense nationale ayant nommé des sous-préfets dans les arrondissements de Corbeil et d'Etampes qui étaient occupés, le préfet allemand
de Seine-et-Oise prit un arrêté pour annuler ces nominations et défendre aux maires et à tous les fonctionnaires d'entrer en rapport avec les
deux sous-préfets. (D'Heylli : Le Moniteur prussien de Versailles ; N° du
16 février 1871, Tom. II, p. 563).

tiques, le patriotisme leur fait un devoir impérieux de ne devenir à aucun degré les agents de l'envahisseur. Ils refuseront notamment de sortir de la sphère de leurs attributions communales, pour prendre même temporairement, la place des fonctionnaires politiques, préfets ou sous-préfets qui se sont retirés ou qui ont été destitués par l'ennemi.

B. — Une pratique constante de l'occupation allemande en 1870-71 a été d'accroître considérablement le rôle des maires des chefs-lieux de canton. On leur a d'abord imposé de servir d'intermédiaires administratifs entre les autorités allemandes et les maires des communes rurales. Dans certains départements on est allé jusqu'à leur attribuer une véritable autorité sur ces derniers. Ainsi, à la date du 10 octobre 1870, le préfet de Seine-et-Oise prenait l'arrêté suivant :

« Nous, Préfet de Seine-et-Oise,

« Après avoir destitué les Sous-Préfets du département parce qu'ils se sont refusés de fonctionner sous mon autorité, et considérant qu'il est nécessaire d'assurer l'exercice des divers services publics, ainsi que la prompte et complète exécution des décisions officielles dans toutes les communes du département.

« Arrêtons :

« Art. 1. — Les maires des chefs-lieux des cantons du département sont délégués pour faire exécuter dans toutes les communes rurales de leurs cantons respectifs, les décisions de l'autorité supérieure concernant l'administration publique et le recouvrement des impôts.

« Art. 2. — Le présent arrêté sera publié et affiché par les soins des maires des chefs-lieux de canton dans toutes les communes de leur canton.

« Le Préfet de Seine-et-Oise, — de Brauchitsch (1). »

(1) Délerot : Versailles pendant l'occupation, p. 105.

17

Un autre arrêté du même préfet contient la disposition suivante :

« MM. les maires des chefs-lieux de canton sont requis d'établir aussitôt un service de poste régulier, entre le chef-lieu de canton et les communes composant le dit canton, par un messager, pour expédier toutes les dépêches officielles des autorités allemandes, les journaux et les lettres du public à destination (1). »

En d'autres circonstances on considérait les maires de chefs-lieux de canton comme maires de tout le canton. Très souvent les réquisitions n'étaient adressées qu'à eux seuls, avec invitation d'en faire la répartition entre toutes les communes du canton.

Enfin, pour le recouvrement des impôts, ils étaient chargés de recevoir, de centraliser et de transmettre à l'autorité allemande les sommes perçues dans chaque commune, et il leur était alloué une remise de un pour cent sur ces recouvrements.

Toutes ces exigences, et plus particulièrement la dernière étaient absolument inadmissibles. Nombre de maires ont refusé de s'y soumettre. La lettre suivante, adressée par le maire de Versailles au préfet allemand, expose nettement les motifs qui commandaient cette attitude :

« M. le Préfet pour les armées allemandes,

« J'ai l'honneur de vous accuser réception de la réquisition, sous forme de lettre, que vous m'avez adressée le 15 de ce mois et ayant pour but de faire parvenir sans retard un exemplaire de votre *Recueil officiel* à chacun des maires des communes composant les trois cantons de Versailles.

(1) D'Heylli : Le Moniteur prussien de Versailles, n° du 5 novembre 1870, tome I, p. 90.

« La seule réponse que je puisse faire à cette réquisition, c'est que, si elle m'est adressée pour la seule distribution, je peux y obtempérer, puisque le fait se convertit en une dépense d'agents chargés de faire la distribution dont il s'agit ; mais si, comme je dois le croire en lisant un arrêté que vous auriez pris le 10 octobre, vous entendez me *déléguer* comme maire de chef-lieu de canton, pour faire exécuter dans toutes les communes rurales des trois cantons de Versailles les décisions de votre autorité, je *déclare refuser absolument* cette investiture, qui excède les limites de la loi française, et que je ne peux accepter des armées allemandes.

« Je dois même m'expliquer sur un autre arrêté du même jour que vous auriez pris pour la perception des contributions directes. Cet arrêté paraît devoir m'obliger d'abord, comme maire de la commune à percevoir l'impôt des habitants de la commune ; et, comme maire du chef-lieu de canton, à recevoir pour le verser dans votre caisse, le produit de l'impôt des autres communes du canton. *Je déclare ne pouvoir accepter cette mission*, contraire à la loi française qui n'oblige jamais un maire à recevoir et à payer, et qui même ne lui permet pas de s'immiscer dans le maniement des deniers publics. Je n'ai pas besoin d'ajouter que je repousse à plus forte raison la remise de 3 p. 100 et celle de 1 p. 100 offerte sur la perception.

« Recevez, Monsieur le Préfet, pour les armées allemandes, l'assurance de mon respect.

« Rameau (1). »

Mais l'occupant n'excède pas ses pouvoirs en s'attribuant sur les actes des maires un droit de contrôle analogue à celui qui appartenait au gouvernement légal et à ses agents. Il pourra même, à raison des circonstances, étendre ce droit au

---

(1) Délerot : Versailles pendant l'occupation ; p. 106.

delà de ses limites ordinaires. On peut en citer comme exemple l'Arrêté suivant du préfet de Seine-et-Oise :

« Art. 1. — Tous les actes officiels des maires du département devront être soumis à l'approbation du Préfet et de MM. les Sous-Préfets...

« Art. 4. — Après l'approbation de chaque acte officiel publié dans les communes du département, MM. les maires des communes respectives voudront en envoyer deux exemplaires à la Préfecture.

« Art. 5. — Chaque publication faite sans l'approbation prescrite ci-dessus, sera punie d'une amende de 200 francs (1). »

C. — En résumé, les observations qui précèdent montrent bien, qu'à l'exception des maires et de leurs subordonnés, un très petit nombre seulement de fonctionnaires pourront sans inconvénient continuer leur service pendant la durée de l'occupation. C'est du reste ce qui a été reconnu par Loening lui-même : « L'expérience de la guerre de 1870-71, dit-il, a prouvé que les populations souffrent de graves préjudices de la désertion de tous les fonctionnaires. Cependant il a été démontré, d'autre part, qu'il n'est qu'exceptionnellement possible aux employés de l'État, même à ceux qui ne remplissent pas de fonctions politiques, de rester à leur poste. Leur position les met en devoir de garantir l'intérêt de l'État. Mais, comme c'est l'ennemi qui maintenant exerce le pouvoir public, ce sont ses intérêts qu'ils doivent soigner et ses ordres qu'ils doivent exécuter. Il y a là une contradiction qui peut, aux yeux de tous les fonctionnaires immédiats de l'État, établir une réelle incompatibilité entre leur honneur et la soumission au pouvoir de l'ennemi (2). »

(1) d'Heylli : Le Moniteur prussien de Versailles ; n° du 12 janvier 1871, Tom. II, p. 340.
(2) Loening : Rev. de Dr. Int., 1872, p. 640.

A l'égard des fonctionnaires qui acceptent de rester à leur poste, l'occupant peut prendre toutes les mesures de précaution qui lui paraissent nécessaires, mais en évitant de froisser inutilement leur dignité ou leurs légitimes sentiments de patriotisme. C'est, croyons-nous, en conformité avec les principes du droit des gens que le commissaire civil allemand du gouvernement général d'Alsace annonçait dans sa proclamation citée par Loening que « toutes les autorités et fonctionnaires conserveraient leurs places et leurs fonctions ainsi que leurs émoluments antérieurs, en tant que leurs propres agissements ne rendraient pas nécessaire une dérogation à cette règle. » Et il ajoutait : « Cette mesure est prise dans la supposition que tous les fonctionnaires continueront à s'acquitter de leur charge avec fidélité et conscience. Ce point de vue se légitime, non seulement par la nature des choses, mais aussi par l'intérêt bien entendu du pays et de ses habitants et ne doit point trouver d'obstacle dans les sympathies politiques. Le devoir des fonctionnaires publics est un devoir d'honneur. Il ne leur est demandé pour le fidèle accomplissement de leurs obligations d'autre garantie que leur honneur et leur conscience, qui leur interdisent toute action ou toute omission contraire à l'intérêt de l'administration actuelle du pays. Le but commun est d'alléger autant que possible pour les habitants de l'Alsace, par une administration régulière, le fardeau de ces temps désastreux (1). »

X. — L'opportunité de demander aux fonctionnaires un serment purement professionnel et provisoire nous paraît des plus contestables. Cette mesure a été préconisée par Bluntschli : « On peut, dit-il, exiger en pays ennemi que les fonc-

(1) Loening : loc. cit.

tionnaires prêtent un serment provisoire. Ils pourront être destitués ou expulsés s'ils se refusent à cet acte. Les obligations qui résultent de ce serment cessent en même temps que l'occupation militaire (1). »

Dans la note qui suit ce paragraphe, Bluntschli précise sa pensée en ces termes : « Il peut, suivant les circonstances, être nécessaire ou politique que les employés confirmés dans leurs fonctions par l'occupant, s'engagent sous serment à ne rien entreprendre contre les troupes d'occupation et à suivre les ordres que l'autorité militaire leur donnera. Lorsque les fonctionnaires refusent ce serment essentiellement provisoire, cela indique leurs intentions hostiles et les autorités militaires ont tout au moins le droit de les suspendre de leurs fonctions. »

Lueder admet aussi que les fonctionnaires soient astreints à un serment : « Les employés en particulier, dit cet auteur, lorsqu'ils conservent leur emploi ou qu'ils y sont maintenus sont obligés à une observation consciencieuse de leurs fonctions. Ils peuvent être appelés par l'occupant à prêter serment pour cette observation (de leurs devoirs de fonctionnaires), mais un serment de fidélité ne peut pas plus être réclamé d'eux que des autres habitants du pays (2). »

Bluntschli se trompe assurément en disant que le refus de prêter un pareil serment indique des intentions hostiles. Un simple sentiment de dignité personnelle et plus souvent encore un véritable devoir patriotique interdiront toujours à un homme d'honneur de s'engager par serment, même provisoirement et dans la sphère de sa profession, à ne rien entreprendre contre les troupes d'occupation, et surtout à

(1) Dr. Intern. cod., N° 551.
(2) Lueder ; in Handbuch des Volkerrechts von Holtzendorff : Tom. IV, § 118, p. 513.

suivre les ordres qu'il plaira à l'autorité militaire ennemie de lui donner (1).

XI. — Lorsque les fonctionnaires ne continuent pas spontanément leur service, peuvent-ils être contraints par l'occupant à le reprendre ? L'ennemi peut-il les obliger à rester à leur poste s'ils ne veulent pas le faire de leur plein gré ? Personne, que nous sachions, ne met en doute une réponse négative en ce qui concerne les fonctionnaires politiques. Quant aux fonctionnaires de l'ordre purement administratif, M. Rolin-Jacquemyns estime que les agents des finances, des douanes, des ponts et chaussées et les employés communaux ont à rester en fonction, en ce sens qu'un refus de service collectif de leur part pourrait être considéré comme un acte d'hostilité et entraîner un surcroît de sévérité de la part de l'occupant (2). Fiore se prononce dans le même sens (3). Lueder prétend que l'occupant a le droit de contraindre les fonctionnaires non politiques, c'est-à-dire les employés de l'administration, ceux des finances, et les agents communaux, surtout ceux d'ordre inférieur, à rester à leur poste (4). Nous ne croyons pas pouvoir accepter cette opinion et nous préfé-

(1) C'est aux Instructions américaines que Bluntschli a emprunté l'idée du serment provisoire des fonctionnaires. On y lit, en effet (art 26) : « Les chefs de l'armée d'occupation peuvent requérir les magistrats et les employés civils du pays envahi de prêter un serment d'obéissance temporaire et même de fidélité au gouvernement de l'armée envahissante, et ils peuvent expulser du pays tous ceux qui se refusent à cet acte. » On conçoit que cette disposition ait pu paraître moins inacceptable entre deux belligérants tels que les États du Nord et ceux du Sud dans la guerre de la Sécession, mais il serait inadmissible de vouloir la généraliser comme le font Bluntschli et Lueder.

(2) Revue de Droit International ; 1871, p. 334.

(3) Dr. Intern. cod. ; N° 1005.

(4) In Handbuch des Volkerrechts von Holtzendorff; Tome IV, p. 514. L'auteur critique à cet égard la Déclaration de Bruxelles et le Manuel de l'Institut de Droit International qui refusent tous deux à

rons la doctrine de Lœning, qui est d'ailleurs la plus généralement admise : « Il n'existe pour les employés aucun devoir
de rester en fonctions, ils ne peuvent donc y être contraints
par l'ennemi (1). »

Le même auteur ajoute ensuite : « En revanche, ils ont le
devoir de s'abstenir de toutes fonctions, s'ils ne veulent pas
se soumettre à l'ennemi, et de livrer aux nouveaux détenteurs de l'autorité tous les documents et autres objets de la
conservation desquels ils sont chargés. » Cette dernière
obligation peut être trouvée bien rigoureuse. Il semble qu'il
y ait un devoir pour les fonctionnaires de dérober à l'ennemi
tous les documents dont la connaissance lui serait profitable,
comme les rôles des contributions ou les états indiquant les
ressources du pays en denrées, en chevaux ou en véhicules.
Nous croyons qu'il y a une distinction à faire à cet égard.
Avant l'établissement de l'occupation, tous les fonctionnaires

l'occupant le droit de contrainte à l'égard des fonctionnaires (Déclaration de Bruxelles, art. 4 ; Manuel de l'Institut de Dr. Inter., art. 45). Il
estime que, de la part de l'Institut de Droit International, c'est non
seulement un faux point de vue, mais une inconséquence, puisque
l'article 46 du Manuel accorde à l'occupant, en cas d'urgence, le droit
d'exiger le concours des habitants afin de pourvoir aux nécessités de
l'administration locale : « Pourquoi, « dit-il, » si même des habitants
« quelconques, c'est-à-dire des non-employés, peuvent être contraints,
« les employés ne le seraient-ils pas ? ou plutôt, si après tout, la contrainte
« peut être exercée, pourquoi ne le serait-elle pas en première ligne
« contre les employés ? » (loc. cit., not. 17). Nous répondrons que la
contradiction reprochée au Manuel de l'Institut est plus apparente que
réelle. L'art. 46 n'accorde, croyons-nous, d'autre droit à l'occupant que
celui d'exiger par voie de réquisition de services personnels et seulement
en cas d'urgence, le concours temporaire des habitants en vue de parer
à certaines nécessités de l'administration locale. Cette contrainte accidentelle est d'abord très différente de l'obligation générale imposée à
un fonctionnaire de continuer son service sous la direction de l'occupant. En second lieu, les fonctionnaires peuvent être tenus soit par les
ordres de leurs supérieurs, soit par les devoirs spéciaux de leur charge
à une abstention qui ne s'impose pas au même degré à la généralité
des citoyens.

(1) Rev. de Dr. Intern., 1872, p. 64)

ont la plus grande liberté d'action pour mettre en sûreté les documents qui pourraient être utilisés par l'envahisseur ; et celui-ci n'a pas le droit de les punir pour la conduite qu'ils ont tenue à cette époque. Au contraire, après que la soumission du pays est dûment constatée, les fonctionnaires qui ne continuent pas leur service n'ont pas qualité pour retenir, ni surtout pour enlever les documents qu'ils ne détiennent qu'à raison de leurs fonctions. En suivant à cet égard les inspirations de leur patriotisme, ils mériteront l'estime des gens de cœur, mais ils s'exposeront de la part de l'occupant à des poursuites dont la légitimité, en principe, n'est guère contestable.

XII. — L'occupant est-il obligé de conserver à leur poste les fonctionnaires qui ont continué leur service ? Il est certain qu'il a le droit de révocation à l'égard de ceux qui commettraient une faute grave ; mais il serait rigoureux de relever d'une fonction qui souvent les fait vivre ceux qui ne seraient coupables que de quelque infraction légère (1). En dehors de toute faute on ne saurait cependant méconnaître le droit de l'occupant de suspendre les employés dont le maintien lui paraîtrait dangereux pour sa domination provisoire (2). Dans certains cas, il pourrait même aller jusqu'à expulser du territoire, par mesure de sûreté, les anciens fonctionnaires dont il aurait à craindre l'influence hostile sur les populations. Cette mesure fut prise par les Allemands en Alsace à l'égard de presque tous les hauts fonctionnaires, mais Lœning reconnaît qu'en cela ils ont plus d'une fois dépassé les limites de la nécessité (3).

(1) Observation du général de Voigts-Rhetz à la Conférence de Bruxelles. — Séance du 12 août ; Protoc. X.
(2) Lueder ; in Handbuch des Volkerrechts von Holtzendorff ; Tom. IV, § 118, p. 513.
(3) Rev. de Dr. Intern. ; 1872, p. 641.

XIII. — La Conférence de Bruxelles a examiné avec soin les questions relatives aux fonctionnaires. Leur situation est réglée par l'art. 4 du Projet de Déclaration :

« Les fonctionnaires et employés de tout ordre qui consentiraient, sur son invitation (l'invitation de l'occupant), à continuer leurs fonctions, jouiront de sa protection. Ils ne seront révoqués ou punis disciplinairement que s'ils manquent aux obligations acceptées par eux, et livrés à la justice que s'ils les trahissent. »

Quelques points sont à retenir spécialement dans la discution à laquelle cet article a donné lieu : — 1° Il est toujours loisible aux fonctionnaires qui sont restés à leur poste de revenir sur leur détermination et de donner leur démission. M. de Lansberge croyait qu'il serait bon de signaler cette faculté sur laquelle MM. le baron Lambermont et le général de Leer avaient déjà appelé l'attention. M. le baron Jomini répondit que cela résultait suffisamment du mot « consentir » employé dans le texte : « Le fonctionnaire, dit-il, pourra toujours revenir sur sa détermination sans commettre un délit. (1) » La question ayant été posée de nouveau à la séance suivante par M. le colonel Staaf, la commission exprima formellement l'avis que le fonctionnaire ne peut être privé du droit de donner sa démission (2). — 2° On a distingué à dessein entre le fonctionnaire qui ne remplit pas ses devoirs professionnels et celui qui commet des actes de trahison. L'article a été conçu en ce sens sur l'observation de M. le baron Baude. Il a été entendu aussi que, pour des fautes légères, un fonctionnaire pourrait être réprimandé ou condamné à l'amende, mais qu'il ne sera permis de le révoquer

(1) Séance du 12 août ; Protocole X
(2) Séance du 13 août ; Protocole XI

que pour des manquements graves dans son service (1). —
3° Le mot « *invitation* » qui figure dans l'article 4 ne doit
pas être pris à la lettre. Cet article paraît subordonner
la protection accordée aux employés par l'occupant à une
invitation de celui-ci acceptée par eux. » Or, disait M. le
baron Blanc, non seulement les fonctionnaires des municipalités et des représentations provinciales, mais des
fonctionnaires du gouvernement attachés à des services
d'intérêt social, tels que les magistrats, les professeurs,
les employés de l'état civil, des prisons, etc., peuvent
se regarder comme moralement tenus de ne pas abandonner leur poste en présence de l'occupation. Il serait injuste de mettre leur patriotisme en conflit avec le sentiment
de leur devoir moral envers la société en établissant qu'ils
resteront en charge par une sorte de délégation de l'occupant, c'est-à-dire en vertu de son invitation à laquelle ils se
rendent. » Personne ne contesta la justesse de cette réserve
et l'observation fut insérée au protocole (2).

L'Institut de Droit International fut d'avis, après examen
de l'article 4 de la déclaration de Bruxelles, qu'il y avait lieu
de rédiger un texte répondant aux diverses observations
faites au sein de la Conférence. M. Moynier indiqua qu'il y
avait à spécifier: 1° que l'article ne concerne que les fonctionnaires *civils* ; 2° que le consentement des fonctionnaires ne
doit pas nécessairement être précédé d'une *invitation* de l'occupant et peut être spontané ou même tacite, afin que ceux
qui restent à leur poste par devoir, paraissent ne pas se considérer comme agissant en vertu d'une délégation de l'en-

(1) Séance du 12 août ; Protocole X
(2) Séance plénière du 26 août : Protocole IV des séances plénières.

nemi ; 3° que les fonctionnaires sont toujours libres de donner leur démission (1).

En conséquence, l'Institut de Droit International a adopté, pour l'article 45 du Manuel des lois de la guerre sur terre le texte suivant, qui servira de résumé à nos explications :

« Les fonctionnaires et employés civils de tout ordre qui consentent à continuer leurs fonctions jouissent de la protection de l'occupant. — Ils sont toujours révocables et ont toujours le droit de se démettre de leur charge. — Ils ne doivent être punis disciplinairement que s'ils manquent aux obligations librement acceptées par eux, et livrés à la justice que s'ils les trahissent. »

(1) Rev. de Dr. Inter., 1875, pp. 477 et 478.

TROISIÈME PARTIE

ADMINISTRATION GÉNÉRALE DE L'OCCUPANT
ET SPÉCIALEMENT ADMINISTRATION DE LA JUSTICE

L'un des éléments constitutifs de toute occupation régulière consiste dans l'exercice par l'envahisseur de l'autorité publique sur toute l'étendue des territoires occupés. L'occupant manquerait à une partie essentielle de sa tâche s'il se bornait à sauvegarder ses propres intérêts. En échange de la neutralité qu'il exige des habitants paisibles, l'occupant est tenu de pourvoir au maintien de l'ordre public et d'assurer contre toutes les entreprises individuelles le respect des personnes et des propriétés privées. Son intérêt s'accorde sur ce point avec les principes les plus certains de la justice et de l'humanité. Car, en laissant la population paisible exposée sans défense aux entreprises des malfaiteurs, il ne tarderait pas à voir se produire des désordres publics toujours dangereux pour sa propre sécurité. Assurément l'occupant sera impuissant à empêcher le trouble momentané de la vie sociale, conséquence inévitable de la guerre et de l'invasion. Mais, au fur et à mesure que son autorité s'affermira, il devra prendre toutes les mesures compatibles avec les nécessités militaires pour rétablir un ordre régulier et légal dans le pays.

A cet effet, son action s'exercera principalement de trois manières :

1° Par l'appui prêté aux fonctionnaires indigènes restés en place et tout particulièrement aux municipalités, en même temps que par l'installation de fonctionnaires nouveaux chargés de pourvoir à l'administration générale au lieu et place de ceux qui n'ont pas pu être conservés ;

2° Par le maintien des lois existantes sous la réserve des modifications rendues indispensables par l'état de guerre ;

3° En pourvoyant à l'administration de la justice à tous les degrés, conformément aux règles du droit commun modifiées ou complétées suivant les exigences de la situation.

Enfin l'autorité de l'occupant s'exercera encore par des mesures d'un ordre entièrement différent ayant pour objet spécial de prévenir et de réprimer les actes d'hostilité des habitants.

Ces diverses questions feront l'objet des chapitres qui suivent.

CHAPITRE I

POUVOIR GÉNÉRAL D'ADMINISTRATION DE L'OCCUPANT

1. — Appui prêté aux fonctionnaires indigènes. — En temps de paix, l'exécution des lois est pleinement garantie par tout un ensemble de mesures qui aboutissent, en cas de résistance persistante, à un appel à la force armée. Le triomphe de l'autorité est tellement assuré dans les conditions ordinaires que les rébellions de quelque importance sont très rares. Mais lorsque, devant l'invasion, toutes les forces militaires se sont retirées, que la police est diminuée ou désarmée, que les tribunaux ne fonctionnent pas régulièrement, la possibilité d'échapper à toute répression favorise les tentatives individuelles de révolte. C'est pour parer à ce danger que l'occupant doit offrir son appui aux autorités du pays. Par un sentiment des plus respectables, les maires ou les autres agents indigènes éviteront autant que possible de faire appel au concours de l'ennemi contre leur propres compatriotes. On conçoit cependant que, dans certains cas — par exemple, pour l'arrestation de malfaiteurs dangereux ou réunis en bandes nombreuses, — il soit impossible de procéder différemment.

Dans tous les cas où son intervention sera demandée pour assurer le respect de l'ordre et de la loi, l'occupant devra venir en aide aux autorités indigènes autant que cela sera possible et nécessaire.

II. — *Fonctionnaires de l'occupant.* — A. — Quand les fonctionnaires du pays occupé ont cessé leur service ou que l'envahisseur a jugé nécessaire de leur retirer leurs emplois, il y a, au début de l'occupation, toute une nouvelle administration à organiser.

C'est d'abord le Service des Étapes qui est chargé d'y pourvoir. Les règlements militaires de chaque pays contiennent à cet égard des dispositions spéciales.

« L'administration civile du territoire ennemi, dit le règlement français, est, sous la haute direction du directeur des étapes, assurée dans chaque circonscription politique par un délégué du commandement assisté d'un personnel spécial d'administration et de police. Elle a pour objet spécial le maintien de l'ordre et de la police en arrière de l'armée, l'exploitation méthodique des ressources du pays, enfin le recouvrement des contributions en argent et en nature.

« On conserve autant que possible l'organisation des services publics et leur fonctionnement, mais l'on révoque tous les employés qui paraissent suspects. Les autorités locales sont confirmées dans leur emploi et celles qui ont disparu sont remplacées par des personnes notables du pays ; la diraction règle les relations de ces autorités avec les délégués du commandement. (1) »

Le règlement allemand dit de son côté :

« L'employé de l'administration civile (du service des

(1) Règlement du 20 novembre 1889 sur le service des Étapes aux armées ; art. 23

étapes, s'occupe de toutes les affaires qui concernent l'administration du territoire ennemi et qui sont de la compétence de l'inspecteur des étapes. Un employé de la police politique lui est adjoint pour l'aider dans ses fonctions. — Observer avec soin l'attitude des habitants, communiquer à temps tout symptôme suspect dans leur manière d'être, organiser le service politique au quartier général, se créer des sources d'information sur les mesures politiques et militaires de l'ennemi, surveiller les correspondances privées si le service postal existe encore pour les particuliers dans le territoire occupé, empêcher l'espionnage ennemi, surveiller la presse, faire fouiller les maisons quand il est nécessaire ; telles sont en général les fonctions du personnel de ce service pendant toute la durée de la guerre. La connaissance de la langue en usage sur le théâtre des opérations est d'une importance capitale (1). »

B. — Quand la guerre se prolonge et que le pays occupé sur les derrières de l'armée acquiert une certaine étendue, il y a ordinairement avantage à décharger le service des étapes de l'administration du territoire et à constituer celle-ci en un service distinct. A la tête de ce service on place d'habitude un haut fonctionnaire chargé de donner l'impulsion générale à l'administration et de maintenir une certaine uniformité dans le régime imposé aux diverses localités occupées. Le fonctionnaire chargé de cet office est investi, au point de vue civil et administratif, des attributions les plus étendues. Il possède en principe tous les pouvoirs qui appartenaient précédemment aux ministres du gouvernement légal. Les droits réservés ordinairement au chef de l'État, comme le droit de grâce ou celui d'accorder les dispenses du droit civil, peuvent

<hr>

(1) Kriegs-Etappen Ordnung, d. 3 Sept. 1867 : § 27.

18. B.

aussi lui être attribués. Il a enfin la faculté de suspendre l'application des lois et même de les modifier si cela paraît nécessaire. Ses rapports avec les autorités militaires, les commandants d'étapes, les directeurs militaires des chemins de fer de campagne, la direction générale des postes et télégraphes, doivent être spécifiés au moment de son installation. Il a une autorité générale sur tous les fonctionnaires, sur les administrations restées en exercice et sur les municipalités en se conformant aux règles du droit international.

Cet emploi est sans analogie avec tout autre existant en temps de paix dans le territoire occupé, car il a pour objet de remplacer le pouvoir central. Un seul fonctionnaire de ce genre peut suffire évidemment, quelle que soit l'étendue du territoire envahi, en l'entourant des chefs de service nécessaires et d'agents principaux en nombre suffisant. L'occupant n'aura intérêt à en établir plusieurs que si les communications sont très difficiles en pays occupé ou lorsqu'il y aura lieu, pour quelque raison que ce soit, de créer des différences sérieuses dans le régime applicable à diverses régions.

C. — En principe, il est logique, pour faciliter l'administration, de conserver toutes les circonscriptions administratives et de donner à chacun des nouveaux fonctionnaires placés à leur tête des attributions aussi semblables que possible à celles de leurs prédécesseurs. Toutefois, ce n'est là qu'un système plus simple et souvent plus avantageux que tout autre : mais rien n'oblige l'occupant à s'y conformer. Quoiqu'il fasse, en effet, le rôle des agents étrangers appelés à administrer les territoires occupés sera absolument différent de celui de leurs prédécesseurs.

Il y aura toujours lieu de spécifier leurs attributions. L'occupant qui leur conférera son investiture pourra leur déléguer des pouvoirs plus ou moins étendus. Certains agents, comme nos sous-préfets français, réduits à leurs attributions ordinaires, peuvent ne pas répondre aux besoins de la situation : et l'envahisseur se trouvera amené, tantôt à ne pas les remplacer, tantôt à donner à leurs successeurs des pouvoirs notablement plus étendus. Par contre, certaines circonscriptions, comme nos cantons, qui n'ont aucun chef administratif, pourraient en recevoir un (1). Il arrivera fréquemment aussi que des remaniements s'imposeront dans le ressort de certaines circonscriptions. L'occupant pourra en créer de nouvelles, scinder celles qui existent ou les modifier. Souvent l'occupation ne portera que sur une partie d'une subdivision administrative et il paraîtra commode, en attendant les événements, de la rattacher à une subdivision voisine. En toute hypothèse, l'occupant devra éviter de donner à ces modifications un caractère définitif, ce qui serait contraire à la nature de l'occupation.

III. — *Pratique suivie par les Allemands en 1870-71.* — Au cours de la guerre de 1870-71, les Allemands ont créé quatre grands gouvernements généraux. Ceux d'Alsace et de Lorraine ont été institués le 21 août : celui de Reims, le 16 septembre et celui de Versailles, le 16 décembre 1870. Le gouvernement général d'Alsace était formé des départements du Haut-Rhin et du Bas-Rhin, des arrondissements de Sarreguemines, Metz et Thionville appartenant au département de la Moselle et des arrondissements de Sarrebourg et de Château-Salins appartenant au département de la Meurthe.

(1) Au lieu d'imposer, comme nous l'avons vu, aux maires français des chefs-lieux de canton des obligations et un rôle que ceux-ci ne pouvaient accepter, les Allemands auraient mieux fait, pendant la guerre de 1870-71, de placer à la tête de chaque canton un de leurs agents qui eût pu se mettre en rapport direct avec les maires de chaque commune.

Le gouvernement général de Lorraine était composé du restant des départements de la Moselle et de la Meurthe et en outre des départements de la Meuse, de la Haute-Marne, des Vosges et de la Haute-Saône. Le gouvernement général de Reims comprenait les départements de l'Aisne, des Ardennes, de Seine-et-Marne, de la Marne et de l'Aube. Le gouvernement général de Versailles contenait les départements de la Somme, de la Seine-Inférieure, de l'Oise, de Seine-et-Oise, d'Eure-et-Loir, du Loiret et enfin la portion de l'Eure située sur la rive droite de la Seine ainsi que la portion du Loir-et-Cher située sur la rive droite de la Loire.

Les gouverneurs généraux furent choisis parmi les lieutenants-généraux (généraux de division) ou parmi les généraux de l'infanterie ou de la cavalerie (commandants de corps d'armée). Ils avaient à leur disposition, outre un commissaire civil spécialement chargé de la direction de l'administration proprement dite, un état-major composé de quatre ou cinq officiers de différents grades. Des corps de troupes appartenant en général à la landwehr étaient affectés spécialement aux territoires occupés, comme troupes de garnison, et placés sous les ordres directs des gouverneurs généraux.

Quant aux attributions de ces hauts fonctionnaires, elles furent fixées par l'ordonnance royale ci-après, en date du 21 août 1870:

« Instruction pour le Gouverneur général des parties occupées du pays ennemi.

« Art. 1. — Le gouverneur général d'une partie occupée du pays ennemi exerce l'ensemble du pouvoir administratif et militaire dans ce territoire. A l'application rigoureuse de ses droits, le gouverneur général doit joindre tous les ménagements possibles pour le pays et les habitants.

« Art. 2. — L'autorité de la puissance ennemie cesse dans le domaine du gouvernement général et l'autorité militaire se trouve subtituée à sa place. L'instruction du 25 Juillet pour les chefs de troupes d'occupation dans un territoire ennemi donne à cet égard au gouverneur général l'autorité nécessaire pour l'exercice du pouvoir militaire. Le gouverneur général dispose de toutes les troupes établies sur son territoire qui n'appartiennent pas à une armée constituée.

« Art. 3. — Pour l'exercice du pouvoir administratif, le gouverneur général doit se servir du commissaire civil placé sous ses ordres et, par son intermédiaire des administrations civiles de son ressort. S'il ne s'y trouve pas d'administrations civiles appropriées, le gouverneur général devra en établir.

« Art. 4. — L'activité administrative du gouverneur général et de ses agents s'étend d'abord à la continuation de la perception de l'ensemble des impôts publics qui doivent être touchés par la caisse du gouvernement général et qui, en tant qu'ils ne reçoivent pas d'affectation spéciale, doivent être dirigés vers la caisse générale militaire.

« Art. 5. — Il est en outre du devoir du gouverneur général de maintenir les mesures de police en usage dans le pays, en tant qu'elles sont d'accord avec les intérêts militaires. La juridiction civile est exercée d'après les lois du pays.

« Art. 6. — Il faut donner un soin particulier au maintien des communications qui entrent en considération pour la jonction des armées.

« Art. 7. — Il est attribué au gouverneur général le droit de prendre possession du service des postes, télégraphes et chemins de fer à l'usage du public, de le régler et de le suspendre totalement ou partiellement, suivant son appréciation.

« Art. 8. — Des contributions et des réquisitions sont imposées dans le territoire occupé par le gouverneur général d'après son appréciation ou à la sollicitation de l'intendant général de l'armée, et elles sont mises à exécution d'après ses ordres. Les gouverneurs généraux doivent se concerter avec les intendants généraux pour fixer le montant des prestations en nature à réclamer sur le territoire.

« Art. 9. — Le 1ᵉʳ et le 15 de chaque mois, un rapport sur la marche et les résultats de l'administration, sur les événements et les mesures qui offriraient quelque particularité devra m'être adressé.

« Au quartier général, à Pont-à-Mousson, le 24 août 1870.

« Signé : Guillaume.

« Contresigné : de Bismarck,

« de Roon (1). »

Ce texte, aussi bien que celui des règlements français et allemands déjà cités (2), sur le service des étapes, montre bien qu'en réalité il ne peut être question pour l'occupant de réorganiser par lui-même tous les services administratifs. Son attention doit se concentrer avant tout et presque exclusivement sur l'établissement de rapports réguliers et permanents avec les municipalités. On n'y parviendra que par l'installation de nouveaux fonctionnaires politiques en nombre suffisant pour qu'ils puissent se mettre directement en rapport avec tous les maires.

IV. — *Modifications à effectuer dans les différents services administratifs.* — A. — Pendant la guerre de 1870-71 les *préfets* et *sous-préfets* français furent remplacés sur toute l'étendue du territoire occupé par des fonctionnaires alle-

(1) Ce document n'a été rapporté, croyons-nous, dans aucune publication française sur la guerre de 1870. Nous en avons puisé le texte allemand dans l'ouvrage du baron de Lingk : Das Etappenwesen im Kriege in Frankreich — Breslau, 1888 — Aulage 8, p. 113.

(2) *supra*, p. 272 et 273.

mands. En général les circonscriptions des départements et arrondissements ne furent pas modifiées. Cependant en Alsace on sentit le besoin de restreindre le ressort des arrondissements et d'augmenter le nombre des sous-préfets. Les nouvelles subdivisions administratives ainsi créées prirent le nom de « cercles » et les sous-préfets celui de « directeurs de cercle ».

B. — Pour les *fonctionnaires de l'administration des finances*, l'occupant pourra se dispenser de pourvoir à leur remplacement. Il se heurterait à trop de difficultés s'il essayait de faire percevoir directement les impôts par ses propres agents. Les Allemands ne l'ont même pas tenté en 1870. Le seul système qui puisse donner des résultats efficaces en évitant autant que possible les violences et les vexations consiste à demander dans chaque commune le versement des impôts échus par voie de réquisition à la municipalité. Celle-ci en effectue le recouvrement s'il est possible ou y pourvoit provisoirement au moyen d'un emprunt.

C. — Le *service des postes et chemins de fer* est d'abord militarisé dès le début de l'occupation. Si celle-ci se prolonge, l'ennemi peut substituer aux agents militaires un personnel civil emprunté au service de son territoire. Nous avons dit pour quelles raisons le concours des fonctionnaires indigènes paraît, sinon impossible, au moins très difficile à obtenir.

D. — Pour l'*entretien des voies de communication*, si le service local est suspendu, il serait presque impossible à l'occupant de le réorganiser avec un personnel nouveau. On procédera par voie de réquisitions d'entretien adressées aux communes ou, en cas de mauvais vouloir, par des corvées d'habitants sous le contrôle du génie militaire.

Pour tous les *autres services* dont le fonctionnement s'effectue uniquement dans l'intérêt des habitants, l'occupant fera bien de se borner à appuyer les municipalités dans leurs efforts en vue d'en assurer le maintien ou la réorganisation. Une intervention trop active ou trop indiscrète, et spécialement une subordination directe des fonctionnaires indigènes à des agent supérieurs étrangers, ne pourrait que rendre très difficile, dans la plupart des cas, et souvent impossible, le rétablissement d'une administration régulière.

CHAPITRE II

1. — D'après les dispositions des Instructions américaines, spécialement d'après les articles 1, 2 et 3, l'occupation entraînerait de plein droit la suspension des lois criminelles et civiles en vigueur, aussi bien que de l'administration et du gouvernement national dans les territoires occupés. Il est dit à la vérité (art. 3, *in fine*) que le commandant en chef de l'armée occupante peut déclarer que la législation civile ou pénale continuera à être appliquée soit en partie, soit en totalité comme en temps de paix ; mais, il semble que cette faculté ne soit prévue que comme une sorte d'exception.

Bluntschli, au contraire, considère le maintien de la législation existante comme étant la règle et son abrogation ou sa suspension comme l'exception : « Elles (les autorités militaires) doivent, » dit-il, « jusqu'au règlement définitif des questions politiques pendantes, s'abstenir autant que possible de tous actes législatifs qui modifieraient la constitution du pays, et n'abroger le droit existant que si des motifs pressants les y contraignent. — Le pouvoir militaire est essentiellement provisoire et exceptionnel. Les décisions qu'il prend sont donc exceptionnelles comme lui, et il n'a pas pour mission de modifier les lois du pays. Il doit donc toucher aussi peu que possible à la constitution existante, et n'en empêcher l'application que lorsque des nécessités militaires l'y contraignent (1). »

La Déclaration de Bruxelles pose très nettement le principe du maintien des lois existantes : « Il (l'occupant) maintiendra les lois qui étaient en vigueur dans le pays en temps de paix, et ne les modifiera, ne les suspendra ou ne les remplacera que s'il y a nécessité (2). »

Enfin l'article 44 du Manuel de l'Institut de Droit International a accentué encore le caractère obligatoire de cette règle en disant : « L'occupant *doit* maintenir les lois qui étaient en vigueur dans le pays en temps de paix et ne les modifier, ne les suspendre ou ne les remplacer que s'il y a nécessité. »

En fait, certaines lois seront temporairement abrogées et d'autres seront maintenues en vigueur ou seulement modifiées. Dans certains cas de nouvelles dispositions réglementaires pourront être formulées par l'occupant. Il serait difficile de poser des règles absolument fixes à cet égard, mais il n'est pas impossible d'indiquer la meilleure ligne de conduite à suivre relativement à chacune des branches de la législation.

II. — *Lois de recrutement.* — Il est à peine besoin de dire que les lois militaires, et spécialement les lois de recrutement sont suspendues en quelque sorte de plein droit par le seul fait de l'occupation. En effet le dessein principal que l'envahisseur se propose en organisant l'occupation est de paralyser le plus possible, les ressources de l'ennemi ou même d'em-

(1) Dr. intern. cod., N° 545 et not. 1
(2) Loc. cit., art. 3.

ployer, s'il est possible, ces ressources dans son propre intérêt. Empêcher que le pays occupé ne participe désormais à
la lutte engagée n'a donc rien que de parfaitement licite.

L'ennemi a, par conséquent, le droit de déclarer que les
lois de recrutement sont abolies sur tous les territoires qu'il
détient. Il peut prendre des mesures contre les fonctionnaires
qui s'efforcent de les maintenir en vigueur et de les appliquer. Il peut surtout, comme nous l'avons dit plus haut (1),
s'opposer rigoureusement au départ de ceux qui tenteraient
d'aller rejoindre l'armée nationale.

Pendant la guerre de 1870-71, un décret royal du 13 août
déclara d'abord la conscription abolie sur les territoires occupés. Ce décret ne prévoyait qu'une seule infraction, celle
des fonctionnaires civils qui favoriseraient de quelque manière que ce fût le recrutement des conscrits. Ils devaient
être destitués et transportés en Allemagne jusqu'à ce qu'il
fût ultérieurement statué sur leur sort. Mais aucune défense
n'interdisait aux hommes valides de rejoindre l'armée française. Lœning nous dit qu'une pareille défense ne semblait
guère nécessaire et qu'on n'attacha d'abord aucune importance aux cas isolés qui se présentaient. Ce ne fut, paraît-il,
que dans le courant de novembre que l'émigration prit aux
yeux des Allemands un caractère inquiétant. Cependant dès
le 27 octobre 1870 une ordonnance du Gouverneur général de
Reims avait paru conçue en ces termes :

« Art. 1. — Les maires dresseront immédiatement la liste
des personnes appartenant à leurs communes, et qui, y étant
présentes, sont, d'après les lois françaises, sujettes à la conscription tant pour l'armée que pour la garde mobile ;

« Art. 2. — Les maires dresseront en même temps une

(1) p. 188.

liste des hommes de la commune qui n'ont pas dépassé leur quarante-sixième année, qu'ils aient été ou non sujets à la conscription ;

« Art. 3. — Les maires présenteront une copie de ces listes d'aujourd'hui en huit jours à MM. les préfets, sous-préfets ou fonctionnaires suppléants (militaires ou civils) ;

« Art. 4. — En cas de départ clandestin ou d'absence non motivée d'un individu porté sur les listes ci-dessus dites, les parents et tuteurs ou les familles seront frappés d'une amende de 50 francs pour chaque individu absent et pour chaque jour d'absence ;

« Art. 5. — Nos autorités civiles et militaires seront chargées de faire des perquisitions domiciliaires chez les individus inscrits sur les listes, afin de s'assurer de la stricte exécution des ordres ci-dessus publiés. »

L'injonction imposée aux maires par l'article 4 ci-dessus n'est pas sans prêter à la critique. Les listes qui leur étaient demandées n'étaient pas faciles à établir, puisqu'il s'agissait de n'y faire figurer que les personnes réellement présentes et qu'une erreur pouvait avoir pour l'intéressé et pour les siens les conséquences les plus graves. La disposition de l'article 4 qui fait encourir la peine édictée, non au prétendu coupable, mais à ses parents et à sa famille, est contraire à toute justice.

Un décret du Gouverneur général d'Alsace du 17 décembre édicta la peine des travaux forcés jusqu'à 20 ans et d'une amende pouvant s'élever jusqu'à 10.000 thalers contre tous ceux qui prendraient service dans un corps de troupe en guerre avec l'armée allemande. La même peine était applicable aux enrôleurs (1). Ces peines étaient sans doute d'une sévérité excessive, mais du moins il était permis aux juges,

(1) V. Lœning ; Rev. de Droit Intern., 1873, p. 85.

en admettant les circonstances atténuantes, d'appliquer la peine de l'emprisonnement au lieu des travaux forcés et de ne prononcer qu'une amende légère.

Au contraire, l'ordonnance royale du 15 décembre (1) ne comportait ni exception ni atténuation. Cette ordonnance est ainsi conçue :

« Art. 1. — Quiconque rejoint les forces françaises est puni d'une confiscation de ses biens actuels et futurs et d'un bannissement de dix années.

Art. 2. — La condamnation a lieu par un arrêt de notre Gouvernement général, qui, trois jours après sa publication dans la partie officielle d'un journal de ce Gouvernement, entre en vigueur et doit être exécuté par les autorités civiles et militaires.

« Art. 3. — Tout payement ou remise qui serait fait plus tard aux condamnés est regardé comme nul et non avenu.

« Art. 4. — Toute donation entre vifs et après décès, que le condamné a faite après ce décret concernant sa fortune est nulle et non avenue.

« Art. 5. — Quiconque veut quitter son domicile, doit en demander la permission au préfet, par écrit, en indiquant le but de son départ. Quiconque est absent pendant plus de huit jours de son domicile sans permission est supposé, en droit, avoir rejoint les armées françaises. — Cette supposition suffit pour entraîner condamnation.

« Art. 6. — Les préfets ont à établir et à contrôler les listes de présence de toutes les personnes mâles.

(1) D'après son préambule cette ordonnance n'était applicable que dans les gouvernements généraux de l'Alsace et de la Lorraine. — Loening rapporte (Rev. de Dr. Intern. 1873, p. 85) qu'elle ne fut publiée en Alsace que le 12 janvier et qu'elle n'y fut appliquée que cinq fois.

« Art. 7. — Le produit de la confiscation est à livrer à la caisse du Gouvernement général.

« Art. 8. — Le retour du bannissement entraîne la peine édictée par l'article 33 du Code Pénal (1).

« Art. 9. — Ce décret entre en vigueur à partir du jour de sa publication.

« Fait au quartier général à Versailles, le 15 Décembre 1870. — *Signé*: Guillaume — de Bismarck — de Room. »

Il y a dans ce texte une véritable accumulation d'abus. L'exagération des peines est évidente, appliquées à des faits qui ne constituent, pour celui auquel on les reproche, que l'accomplissement d'un devoir patriotique, et, au regard de l'occupant, qu'une infraction à un règlement d'ordre administratif ou disciplinaire, infraction commise sans déloyauté ni hostilité. La condamnation par un simple arrêt du gouverneur général, en forme administrative, sans aucune des garanties ordinaires de la justice, aggrave encore l'énormité de la peine. Que dire après cela de la présomption tirée d'une absence de plus de huit jours et déclarée suffisante pour entraîner la condamnation !

Aussi ce décret a-t-il été à peu près universellement blâmé (2). Lueder est, croyons-nous le seul auteur qui ait essayé de l'excuser et même de le défendre. Selon lui, si ces mesures ont été critiquées même par des Allemands et par des étran-

(1) Article 33 du Code pénal français : « Si le banni, avant l'expiration de sa peine, rentre sur le territoire de la République, il sera, sur la seule preuve de son identité, condamné à la détention pour un temps au moins égal à celui qui restait à courir jusqu'à l'expiration du bannissement, et qui ne pourra excéder le double de ce temps. »

(2) Luening : Rev. de Dr. Intern. 1873, p. 85. — Bluntschli : Dr. Intern. éd., N° 540, not. 2. — Rolin-Jacquemyns : Rev. de Dr. Intern., 1871, p. 316. — Funck-Brentano et Sorel : Précis du Dr. des gens, p. 278. — Féraud-Giraud: Occupation militaire, p. 15. — Guelle: Précis des lois de la guerre, Tom. II, p. 14, not 2.

gers impartiaux (1), c'est que ceux-ci n'ont pas tenu compte que, lorsque le coupable ne peut être atteint, il ne reste d'autre punition que l'amende et que celle-ci ne peut produire de l'effet que si elle est suffisamment élevée (2). Mais Loening, bien placé pour apprécier la question à ce point de vue, constate que les dispositions dont il s'agit ont été absolument superflues, et il déplore que leur sévérité arbitraire ait fourni matière à bien des attaques contre la conduite des Allemands.

III. — *Lois Constitutionnelles.* — L'occupation n'entraînant aucune substitution de Souveraineté au profit de l'occupant, ce dernier excéderait ses pouvoirs s'il prétendait rompre les liens de droit qui continuent à rattacher les habitants au gouvernement national. Alors même qu'il ne s'attribuerait pas une véritable Souveraineté, il n'a pas le droit de modifier la forme du gouvernement ou de déclarer déchu le Souverain légitime. C'est donc par une confusion entre la conquête définitive et la possession provisoire résultant de l'occupation que, dans les guerres de la Révolution, la Convention avait déclaré que la République serait proclamée dans tous les pays étrangers occupés par nos troupes.

Cependant, si la guerre avait précisément pour objet et pour but d'obtenir l'indépendance du pays occupé ou de faire cesser des abus dont les habitants étaient victimes de la part de leur Souverain, il ne serait pas nécessaire d'attendre la signature du traité de paix pour établir un nouvel ordre de choses conforme au droit et à la justice : « S'il s'agit d'une guerre d'indépendance, dit Bluntschli (3), l'occupant a sou-

(1) C'est M. Rolin-Jaequemyns que Lueder désigne par cette mention flatteuse.

(2) Lueder ; in Handbuch de Volkerrechts (von Holtzendorff, Tom IV § 118, note 23, pp. 520, 521

(3) Dr. Intern. cod , n° 545, not. 2.

vent intérêt à introduire provisoirement une nouvelle organisation politique, à conférer des droits plus étendus aux habitants du pays et à chercher à s'attirer par ce moyen leurs sympathies. Les guerres entreprises au commencement de ce siècle par la France révolutionnaire et la récente guerre aux Etats-Unis portaient ce caractère, comme aussi la guerre russo-turque de 1877-78, en Bulgarie. »

Même dans ce cas, les institutions nouvelles ne devront avoir qu'un caractère provisoire. Leur durée pourra être limitée à celle de la guerre elle-même ou subordonnée à une ratification émanant du Souverain légitime.

Bien que la forme du gouvernement et les dispositions constitutionnelles ne soient pas modifiées, cependant les droits et les prérogatives attribuées au Souverain par la constitution ne peuvent s'exercer tant que dure l'occupation. Le droit de grâce, la faculté de nommer aux emplois et de révoquer les fonctionnaires sont remplis par l'occupant.

Dans beaucoup de pays la Constitution garantit aux citoyens l'exercice de certains droits qui ne peuvent pas toujours être maintenus pendant l'occupation. Nous examinerons en particulier ce qui concerne la liberté de conscience et l'exercice des différents cultes, l'inviolabilité du domicile, les droits de réunion et de suffrage et la liberté de la presse.

A. — *Libre exercice des cultes.* — Le principe de la liberté des cultes est de ceux qui peuvent être le plus facilement respectés en temps de guerre. L'occupant a seulement le droit de veiller à ce que la célébration du culte ne devienne pas le prétexte ou l'occasion de réunions ayant un caractère politique et à ce que les prédications n'aient pas pour objet d'exciter les habitants à la révolte.

A la Conférence de Bruxelles, M. Lambermont, suivant les idées déjà exprimées par Caratheodory-Effendy, délégué de

la Turquie, avait proposé d'adopter la disposition suivante :
« L'armée d'occupation ne peut prendre possession des
églises, hôpitaux, établissements de charité ou d'instruction,
à moins qu'ils ne soient indispensables pour l'installation des
blessés... » M. le général de Voigts-Rhetz combattit cette
rédaction : « Il y a, dit-il, dans une armée, des besoins urgents auxquels il doit être satisfait sans délai. On ne pourrait
pas en hiver renoncer à loger les troupes dans une église, ni
à prendre ce qu'il faut pour leur nourriture, même aux biens
des établissements ecclésiastiques. »

La rédaction de M. Lambermont fut écartée : la Conférence se contenta de dire à l'article 8 du Projet de Déclaration que « les biens des communes, *ceux des établissements
consacrés aux cultes....* même appartenant à l'État, seront traités comme la propriété privée », et à l'article 38 : « L'honneur et les droits de la famille, la vie et la propriété des individus, ainsi que leurs convictions religieuses et l'exercice de
leur culte doivent être respectés. » Par conséquent la prise
de possession des églises, temples, etc. devra être limitée
aux cas de nécessité absolue. Elle fera l'objet d'une entente
spéciale avec les ministres des cultes. On prendra toutes les
dispositions nécessaires pour que l'affectation provisoire
attribuée à ces édifices puisse se concilier avec leur caractère
sacré.

Pendant la guerre de 1870, les Allemands se sont montrés
en général très respectueux des principes en cette matière.
Nous citerons d'après Loening (1) quelques passages d'un
décret du commissaire civil d'Alsace du 12 septembre 1870 :
« ... En reconnaissant entièrement le droit à l'indépendance
qui est assuré à l'Eglise par les lois du pays, j'ai la convic-

____

(1) Rev. de Dr. Intern. ; 1873, p. 126

tion que la protection des cultes, qui est un des premiers
devoirs du gouvernement, est fondée sur la juste appréciation
de la haute valeur des fonctions ecclésiastiques. Le gouvernement installé pour les trois départements de l'Alsace en lieu
et place des autorités précédentes, par Sa Majesté le Roi de
Prusse, en sa qualité de commandant en chef des troupes allemandes, est animé envers les Églises et leurs organes d'un vif
sentiment de bienveillance et de confiance. Il compte pour
cette raison même sur ce que ceux-ci continueront à remplir
leurs fonctions importantes, en se donnant la noble mission
de répandre à toute occasion les enseignements de la paix et
de l'obéissance due aux autorités publiques. — Il ne sera
toléré aucun empiétement du pouvoir ecclésiastique sur le
pouvoir séculier.

« Je porte ci-après à la connaissance publique les principes
qui serviront de base à l'administration.

« 1° La constitution de l'église catholique et celle de l'é-
glise protestante resteront en vigueur, sans atteinte aucune ;
particulièrement le concordat du 15 juillet 1801, les articles
organiques du 8 avril 1802 et la loi du 26 mars 1852, ainsi
que les ordonnances et instructions concernant cette loi. De
même les droits et les institutions du culte israélite ne souffri-
ront aucun changement.

« 2° Tous les prêtres et desservants des différentes confes-
sions resteront dans leurs fonctions; mais on veillera à ce qu'ils
remplissent les devoirs de leurs fonctions et principalement
ceux qui ont rapport au culte public.

« 3° Les prêtres sont tenus d'exhorter leurs communes à
la tranquillité et à l'ordre et de leur faire comprendre que la
moindre résistance ou désobéissance ne saurait qu'empirer
leur situation.

« 4° Les prêtres qui feront des sermons ou des discours

excitants, ou qui commettront des actes propres à exciter à la désobéissance, seront aussitôt révoqués de leur service ou, s'il y a lieu, punis avec toute la rigueur des lois militaires.

« 5° Les traitements que les prêtres ont reçus jusqu'à présent de la caisse du gouvernement seront payés sans interruption..... »

B. — *Inviolabilité du domicile.* — L'inviolabilité du domicile ne pourra pas être complétement respectée par l'occupant. Sans doute il ne devra pas pénétrer à la légère chez les habitants, mais on ne peut lui refuser le droit d'y entrer, même s'il en est besoin par la force, pour le logement et le cantonnement des troupes, pour faire certaines perquisitions, pour exécuter les réquisitions en cas de refus des habitants de livrer les prestations demandées, ou enfin, le cas échéant, pour mettre les maisons en état de défense s'il y a lieu de craindre une attaque.

Nul doute non plus qu'il ne puisse se faire ouvrir la demeure des absents : mais, là plus qu'ailleurs, il doit respecter la propriété privée. Les Allemands ont eu une tendance marquée, pendant la guerre de 1870-71, à piller les maisons abandonnées comme une sorte de punition du départ des habitants. Bluntschli excuse trop facilement ces violations des droits particuliers survenues après la fuite des habitants : « Lorsque le soldat, dit-il, trouve la porte fermée, les vivres gâtés intentionnellement ou enterrés, il est contraint d'enfoncer la porte, d'aller à la recherche des vivres, et dans sa colère, il cassera en passant une glace ou chauffera le poêle avec les meubles brisés (1). »

On ne saurait admettre que l'absence du propriétaire ou d'un gardien excuse ou autorise les actes de pillage. Cette absence a souvent les causes les plus légitimes. Bon nombre

______
(1) Dr. intern. cod. ; n° 652, not. 2.

de châteaux ou villas ne sont occupés qu'une partie de l'année. Dans bien des cas le départ pour l'armée du chef de la famille a déterminé le départ des autres habitants. Enfin, en admettant même que les absents se soient laissés aller à un sentiment de frayeur ou d'affolement devant la perspective de l'invasion, on ne saurait le leur reprocher comme un crime. L'abandon de leur demeure n'implique pas de leur part une renonciation à leur propriété. Si les nécessités de la guerre obligent l'ennemi à y pénétrer par la force, il ne devra pas tolérer les dégradations volontaires, et à plus forte raison les vols, dont ses soldats se rendraient coupables.

C. — *Droit de réunion et de suffrage.* — Le droit de réunion, dans les pays où les habitants en jouissent librement, ne pourra presque jamais être maintenu pendant l'occupation. Il constituerait en effet, dans l'état exceptionnel des circonstances, un danger des plus graves pour la sécurité de l'occupant. Non seulement les réunions proprement dites seront prohibées, mais encore l'ennemi pourra s'opposer à tout ce qui occasionne de grandes agglomérations d'hommes sur un point déterminée comme les foires et les marchés.

Lorsque des élections doivent avoir lieu dans le territoire occupé, soit en vertu des lois existantes, soit en exécution d'une décision régulièrement promulguée du gouvernement national, l'ennemi peut prendre toutes les mesures nécessaires pour que ces opérations aient lieu sans trouble et ne soient l'occasion d'aucun désordre. Il pourrait même par mesure, de sûreté, empêcher ou ajourner toute espèce d'élections. Bluntschli dit à ce sujet : « Lorsque la constitution ordonne la réunion des représentants du peuple à certaines époques fixes, les élections ou la réunion des députés seront interdites sur le territoire occupé par l'ennemi » (1).

(1) Dr. intern. cod. n° 535, not. 1.

En 1870, un décret du gouvernement de la défense nationale du 16 septembre avait fixé au 25 septembre le renouvellement des conseils municipaux. Ce décret était régulièrement promulgué à Versailles lorsque les Allemands occupèrent la ville le 19 du même mois. Les élections eurent lieu à la date fixée sans opposition de la part de l'ennemi (1).

On sait que les élections du 8 février 1871 pour l'Assemblée nationale eurent lieu sur toute l'étendue du territoire français occupé ou non occupé. Mais la tolérance des Allemands à cet égard ne doit pas être considérée comme l'application d'un principe du droit des gens. Elle était imposée par l'article 2 de la convention d'armistice du 28 janvier 1871, qui stipulait que toutes les facilités seraient données pour ces élections par les commandants des armées allemandes. Pendant toute la période électorale, les Allemands firent pleuvoir sur les pays qu'ils tenaient un déluge de réquisitions et de contributions de toute nature dont le recouvrement fut poursuivi avec une grande rigueur. Lœning avoue que ces mesures spéciales tendaient surtout à peser sur le vote des électeurs en vue de faire nommer des députés résolus à accepter la paix à tout prix (2).

En dehors de cette intervention générale et indirecte de l'occupant, les élections du 8 février 1871 donnèrent lieu à une intervention personnelle et directe de M. de Bismarck. Voici dans quelles circonstances ce fait se produisit : Un décret de la délégation de Bordeaux du 31 janvier 1871 avait déclaré inéligibles les anciens ministres, sénateurs, conseillers d'État et préfets de l'Empire, ainsi que tous les anciens candidats officiels. M. de Bismarck signala ce décret

(1) Délerot : Versailles pendant l'occupation, pp. 41, 42.
(2) Rev. de Dr. Intern.; 1873, p. 108.

à M. Jules Favre comme contraire à la convention d'armistice qui prévoyait la nomination d'une Assemblée *librement élue*, et il déclara que les Allemands ne sauraient reconnaître aux personnes élues sous le régime de la circulaire de Bordeaux les privilèges accordés aux députés à l'Assemblée par la convention d'armistice. Le décret du 31 janvier fut abrogé par un décret du gouvernement de la défense nationale du 4 février 1871.

D. — *Liberté de la presse.* — Dès l'ouverture des hostilités, chaque gouvernement aura à prendre à l'égard de ses nationaux et dans l'intérieur de son territoire des mesures étroitement restrictives de la liberté de la presse. Il n'est pas douteux en effet que la publication des nouvelles relatives aux mouvements des troupes ou aux opérations militaires soit très souvent de nature à nuire aux intérêts de l'armée (1).

Ce qui est légitime à cet égard en droit interne et dans les portions non occupées du territoire doit être permis à bien plus forte raison en droit international et dans les pays occupés. L'occupant a donc le droit de soumettre les journaux à une censure préalable et de ne laisser imprimer que les indications qui lui paraîtront sans inconvénient.

Les correspondants étrangers n'échappent pas à cette mesure et l'on ne peut qu'approuver la règle posée à cet égard par Bluntschli : « On exige des visiteurs et correspondants étrangers la plus grande prudence. Les chefs militaires peuvent leur interdire de divulguer certains faits, et faire au besoin contrôler leurs correspondances, les expulser en cas de non observation des ordres reçus, ou même, dans les cas graves, les traduire devant un conseil de guerre (2). »

(1) On n'a pas oublié qu'en 1870, à la fin du mois d'août, c'est un article du « Temps » qui apprit aux Allemands les projets du maréchal de Mac-Mahon et qui détermina ainsi leur marche sur Sedan.

(2) Dr. Intern. cod., Nº 638.

L'occupant n'excède pas non plus ses droits en interdisant la critique des actes de son autorité et la publication de tous articles de nature à exciter dans les populations une effervescence nuisible à ses intérêts. Il peut enfin imposer la publication des actes officiels ou des avis administratifs et l'insertion de tous les communiqués qu'il jugera nécessaire.

Toutes ces mesures ont été appliquées par les Allemands en 1870. Disons d'abord qu'ils tenaient beaucoup à ce que la presse locale subsistât, afin de pouvoir en tirer parti suivant les circonstances. Ils se rendaient bien compte que les publications qu'ils auraient à faire seraient beaucoup plus lues dans un journal semi-indépendant que dans un organe exclusivement officiel et allemand, quoique rédigé en langue française. C'est ainsi qu'à Reims, deux journaux, le *Courrier de la Champagne* et l'*Indépendant Rémois* ayant cessé leur publication le lendemain de l'arrivée des Allemands, durent la reprendre trois jours après sur une invitation impérative de M. de Bismarck. De même à Versailles, le préfet, M. de Brauchitsch, fit de très grands efforts pour conserver l'une au moins des feuilles locales ; mais toutes trouvèrent trop dures les conditions qui leur furent faites. Ces conditions étaient ainsi résumées par M. de Brauchitsch : « 1° Ne rien écrire contre la Prusse, ni contre l'Allemagne en général, ni contre les armées alliées. Ils (les journaux) traiteront de politique comme ils le voudront : 2° Insérer gratuitement les articles donnés par mon ordre ou par les ordres des autorités militaires, ainsi que les annonces et avis provenant de moi et des autorités militaires ; 3° Envoyer gratuitement deux exemplaires pour moi ; 4° Pour les contraventions quand ils me donnent sujet à des plaintes une amende, la première fois de cent francs, la seconde de deux-cents francs, et la troisième fois, il y a suspension ; 5° Vendre des exemplaires dans les rues (1). » Plus tard un décret du gouverneur général de Versailles et une ordonnance du commissaire civil (2) réglèrent comme suit le régime de la presse : Les propriétaires ou éditeurs de tout journal devaient faire connaître au préfet allemand les noms et la demeure des gérants, rédacteurs en chef, propriétaires ou administrateurs. Au moment de la publication, ils devaient faire remettre à la préfecture deux exemplaires signés. L'insertion des nouvelles relatives aux mouvements des troupes allemandes était interdite, à l'exception de celles qui paraissaient dans les journaux officiels ou qui étaient communiqués directement par les autorités allemandes. Il était défendu de publier des écrits d'une tendance hostile à l'autorité allemande ou des critiques contre les mesures de cette autorité. Les journaux étaient tenus d'insérer gratuitement dans leur plus prochain numéro les publications officielles du Moniteur officiel paraissant au chef-lieu du département. Les peines, en cas de contravention, consistaient en une amende de 100 fr. à 2000 fr. ou un emprisonnement d'un mois à trois mois.

Dans le Gouvernement général de Reims, les journaux étaient soumis à une censure préalable et devaient remettre leurs épreuves à la sous-préfecture avant le tirage. Elles y étaient soigneusement examinées. On y supprimait depuis des articles entiers jusqu'à des lignes ou des mots isolés (3). Mais ces corrections ne mettaient pas les journalistes à l'abri des rigueurs ultérieures de l'occupant. Ainsi, à Épernay, le ré-

(1) Délerot : Versailles pendant l'occupation, p. 100.
(2) Voir le texte de ces documents dans Guelle : Les lois de la guerre, Tom. II, pp. 314 à 316.
(3) Voir dans Diancourt : Les Allemands à Reims, pp. 162 à 169, le fac-similé avant et après la censure d'un numéro de l'*Indépendant Rémois*.

dacteur de l'*Écho Sparnacien*, M. Menu, fut emprisonné à Reims pendant deux mois et dirigé ensuite sur la forteresse de Magdebourg pour un article relatif à la perception des impôts et qui avait franchi sans obstacle les défilés de la censure (1).

En même temps que ces mesures étaient prises contre la presse locale, on interdisait dans les provinces envahies tous les journaux publiés dans le reste de la France. Les journaux étrangers arrivant par la poste allemande étaient arrêtés dans leur distribution quand le contenu déplaisait. A Reims un décret du gouverneur général du 17 février 1871 prohiba d'une manière absolue la circulation de l'*Indépendance Belge* dans le ressort du gouvernement et punit le colportage de ce journal d'une amende de 25 à 500 francs *par chaque numéro saisi*.

Les Allemands ne se contentèrent pas de ces mesures : ils réquisitionnèrent les imprimeries et leur personnel ouvrier et publièrent en français des journaux entièrement rédigés par eux, comme le *Moniteur officiel du Gouvernement général*, publié à Reims du 10 octobre 1870 au 31 mars 1871 et qui eut environ 35 numéros, ou le *Nouvelliste de Versailles*, devenu bientôt le *Moniteur officiel du département de Seine-et-Oise*, puis, un peu plus tard, le *Moniteur officiel du gouvernement général du Nord de la France* et dont la publication se poursuivit du 15 octobre 1870 au 5 mars 1871, formant un total de 121 numéros (2). Ces journaux ne renfermaient pas seulement les actes officiels de l'autorité allemande, mais encore des nouvelles vraies ou fausses du théâtre de la guerre et des faits divers soigneusement choisis pour démoraliser les es-

(1) Dancourt : loc. cit., ch. XIV.
(2) Ce recueil a été réimprimé par M. Georges d'Heylli sous le titre de : *le Moniteur prussien de Versailles* ; 2 vol. in-8°, 1872.

prits. Les Maires de toutes les communes étaient forcés de s'y abonner : on les affichait dans les villes, on les distribuait aux avants-postes et on les introduisait dans Paris à l'aide d'espions.

IV. — *Lois provinciales et municipales.* — Il est impossible de rien préciser sur le maintien ou l'abrogation des lois concernant l'administration provinciale, départementale ou communale. La conduite à suivre à cet égard variera suivant les circonstances. Si la législation en vigueur place les provinces ou départements sous la dépendance étroite du pouvoir central, la situation sera nécessairement modifiée. Au contraire, si les diverses circonscriptions administratives jouissent d'une autonomie relative, leur condition sera beaucoup moins atteinte. Suivant que les fonctionnaires locaux pourront ou non être conservés, le maintien de la législation sera tantôt facile et tantôt à peu près impossible.

En principe cependant les lois concernant l'organisation municipale continueront à être appliquées dans les mêmes conditions qu'auparavant. Dans chaque commune, le maire, les adjoints et le conseil municipal conservent chacun leurs attributions respectives et remplissent leurs fonctions d'après les lois nationales. On conçoit cependant que ce principe ne va pas sans de nombreuses exceptions qui sont inhérentes à la nature des choses. Le pouvoir des maires en ce qui touche la police locale n'est pas restreint par l'occupation mais se trouve naturellement limité par le droit supérieur de l'occupant. Très souvent ce dernier aura ses propres agents à côté de ceux de la police municipale, sans qu'il y ait d'ailleurs subordination des uns autres. L'occuppant pourra prescrire directement toutes les dispositions qui lui paraîtront utiles pour garantir le maintien de l'ordre ou pour assurer la sécurité de ses troupes et il les fera porter à la connaissance du public par le maire.

Il y aurait abus à prescrire aux communes de prendre des mesures qui ne sont pas du ressort de la police municipale ou qui ne tendraient qu'à sauvegarder les intérêts de l'armée d'invasion. Celle-ci doit faire elle-même sa propre police. On doit considérer comme contraire au droit des gens et d'ailleurs comme peu pratique l'invitation adressée à certaines communes en 1870-71 d'organiser un service de protection des voies ferrées ou des communications télégraphiques destiné à protéger celles-ci de jour et de nuit en vue d'empêcher les dégradations qui y étaient faites et d'éviter les amendes qui en étaient la conséquence (1). Nous avons déjà parlé de cette question à propos des otages ; nous ajouterons seulement ici que la surveillance des voies et moyens de communication, en temps de guerre et en pays occupé, est une tâche qui incombe directement à la police de l'occupant ou à ses troupes et qui ne peut être efficacement exercée par d'autres. C'est un abus véritable que de vouloir imposer ce rôle aux habitants du territoire.

V. — *Lois fiscales*. — C'est un principe du droit des gens que l'ennemi a le droit de percevoir les impôts sur le territoire occupé (2). On considère ce droit comme corrélatif à la charge qui lui incombe d'administrer ce territoire. La perception de l'impôt au profit de l'occupant a pour conséquence de rendre toute la législation fiscale complétement inapplicable, sinon en droit, au moins en fait. Ainsi que nous l'avons dit précédemment, les agents des finances ne peuvent continuer à remplir leurs fonctions pendant l'occupation et l'ennemi ne doit pas songer à leur substituer un personnel étranger. Dans ces conditions, il n'y a rien de mieux à faire que

(1) V. d'Heylli : Le Moniteur prussien de Versailles, Tome II, p. 438.
(2) Déclaration de Bruxelles, art. 5; — Manuel de l'Institut de Droit International, art. 57.

percevoir l'impôt sous forme de réquisition adressée aux communes sans se préoccuper de la perception. Les taxes municipales et les octrois peuvent rester en vigueur en conservant leur affectation spéciale.

Pendant la guerre de 1870-71, les fonctionnaires allemands considérèrent le recouvrement des impôts comme la principale de leurs attributions. Ils exigèrent d'abord le paiement des contributions directes d'après les rôles dont ils purent se mettre en possession. Mais cela ne leur suffit pas : ils prétendirent avoir droit aussi aux impôts indirects, droits d'enregistrement, de timbre, impôts sur les boissons, etc. La perception en étant interrompue et impossible à rétablir, ils en arbitrèrent le montant sans aucune règle fixe. Dans certaines régions on prit pour base le produit connu des impôts indirects pendant les deux dernières années ; ailleurs on l'évalua à 100, 150 ou 200 pour 100 des impôts directs ; dans d'autres cas on exigea comme équivalent une taxe de 25 ou 50 francs par tête d'habitant.

Les procédés employés pour faire rentrer les impôts ainsi établis étaient aussi très variables. Cependant nous ne croyons pas que nulle part les Allemands aient essayé de les lever sur les contribuables eux-mêmes. Quelquefois la ville chef-lieu était imposée pour le département ou l'arrondissement tout entier. Le plus souvent, le chiffre total fixé pour une région, d'après l'une des bases ci-dessus, était réparti suivant le chiffre de la population entre certaines circonscriptions, généralement entre les cantons. L'autorité locale de la circonscription, c'est-à-dire presque toujours le maire français du chef-lieu de canton, était lui-même chargé de la répartir, s'il était possible, entre les communes et les habitants.

Quant aux mesures de répression contre les communes qui n'effectuaient pas leurs paiements dans les délais fixés, elles étaient assez savamment graduées. On en peut juger par les dispositions suivantes empruntées textuellement aux ordonnances des autorités allemandes. Voici d'abord les mesures prescrites par le gouverneur général de Reims.

« Les communes en retard pour le paiement des impôts auront à payer une amende de 5 pour 100 de la somme due pour chaque jour de retard. Le versement une fois retardé au delà de huit jours, des troupes seront cantonnées dans les communes retardataires : celles-ci auront l'obligation de les loger et nourrir sans indemnité et de payer en outre journellement 6 francs à chaque officier et 2 francs à chaque soldat jusqu'à ce que les sommes dues soient entièrement acquittées. Le commandant des troupes sera autorisé à exercer la contrainte par corps contre les représentants de la commune et les contribuables récalcitrants et à employer pour opérer la rentrée des sommes dues tous moyens qu'il jugera convenables(1). »

De son côté, le préfet de la Marne avertit les maires « que les troupes envoyées dans les communes retardataires arrêteront au besoin des personnes honorables qui seront amenées comme otages et détenues jusqu'à l'accomplissement du versement des sommes imposées (2). » Enfin le gouverneur général ajoute : « Par la présente MM. les préfets sont avisés de faire interner en Allemagne, après un laps de huit jours, les otages arrêtés pour cause de non paiement des impôts de la part des communes débitrices, si pendant ce temps là elles n'ont pas rempli leurs obligations. On se réserve des mesures ultérieures contre les communes récalcitrantes (3). »

(1) Ordonnance du 5 Février 1871 ; au Moniteur officiel de Reims du 7 Février.
(2) Avis du préfet de la Marne du 4 janvier 1871 ; au Recueil des actes administratifs de ce département, n° 720.
(3) Ordonnance du 11 février ; au Moniteur officiel du 15 février.

Au total les sommes perçues par les Allemands spécialement à titre d'impôts se sont élevées à 62 millions, et il a été prélevé en outre, à titre de contributions de guerre ou d'amendes, des sommes montant à 30 millions (1).

Du côté de la France, les instructions données aux agents des finances leur prescrivaient, à l'approche de l'ennemi, de mettre en lieu sûr leurs archives et leurs pièces de comptabilité et d'effectuer le versement des fonds qu'ils pouvaient détenir à la recette des finances la plus voisine non menacée par l'ennemi (alors même que cette recette serait située dans un autre département).

Aucune disposition générale ne fut prise par le gouvernement français pour suspendre l'application des lois d'impôts dans les départements occupés. Dans certaines régions qui ne furent que passagerement envahies et dans d'autres où la surveillance de l'ennemi put être déjouée, le service se continua d'une manière intermittente et plus ou moins régulière pour le compte de la France. Il ne paraît pas que nulle part, malgré les sollicitations pressantes ou les menaces qui leur furent adressées, les agents restés sur les lieux aient prêté leur concours aux autorités allemandes. En fait, dans la plupart des localités occupées par l'ennemi, le service a été complètement interrompu.

Ce n'est qu'après la guerre qu'on s'est préoccupé de régulariser la situation faite aux communes ou à certains contribuables tant par les exigences des Allemands que par l'impossibilité de fait de se conformer aux lois nationales.

L'article 5 de la loi du 6 septembre 1871 sanctionnait comme il suit le paiement des sommes versées aux Allemands à titre d'impôts : « Indépendamment des dispositions qui précèdent,

(1) Villefort : Recueil des actes relatifs à la paix avec l'Allemagne, Tom. V, pp. 69 et 81.

les contributions en argent perçues à titre d'impôts par les autorités allemandes seront réglées ainsi qu'il suit : § 1. — Les communes qui ont versé des sommes à titre d'impôts seront remboursées de leurs avances par le Trésor. § 2. — Les contribuables qui justifieront du versement des sommes au même titre, soit entre les mains des Allemands, soit aux autorités municipales françaises, seront admis à en appliquer le montant en déduction de leurs contributions de 1870-71. Ils seront tenus de produire, dans le délai d'un mois, leurs pièces justificatives. § 3. — Le règlement ci-dessus spécifié comprendra: 1° le montant de l'impôt direct français ; 2° le double de cet impôt, comme réprésentation des impôts indirects réclamés par les Prussiens. Tout ce qui, dans les versements, excédera l'impôt direct doublé sera considéré comme simple contribution de guerre et régi par les principes posés dans les articles précédents. »

En outre la loi du 23 août 1871, par son article 17, accordait un délai de trois mois pour faire enregistrer sans droit en sus ni amende tous les actes sous seing-privé qui, en contravention aux lois, n'auraient pas été soumis à cette formalité ; pour faire la déclaration des biens transmis soit par décès, soit entre-vifs, lorsqu'il n'existait pas de conventions écrites ; enfin, pour réparer les omissions ou estimations insuffisantes commises dans les actes ou déclarations. La même remise de peine était accordée pour les contraventions aux lois sur le timbre. — Ces dispositions ne s'étendaient pas aux actes des officiers ministériels soumis à l'enregistrement. Il aurait paru imprudent de les exonérer, par mesure générale, des responsabilités qu'ils avaient pu encourir pour défaut d'enregistrement dans les délais légaux. C'est par voie de remise individuelle d'amendes qu'il a été procédé à l'égard de tous ceux qui n'avaient pu, à raison des circonstances de la guerre, se conformer aux prescriptions légales restées en vigueur.

VI. — *Lois civiles et pénales.* — A. — Le maintien des lois civiles pendant l'occupation ne fait l'objet d'aucune difficulté. Ces lois ne concernent que les rapports des particuliers entre eux. Elles ne touchent qu'aux intérêts privés. La guerre étant une relation d'État à État ne doit pas influer sur les droits personnels des citoyens. On ne voit pas en quoi les questions d'état, de successions, d'obligations, d'hypothèques ou toutes autres analogues, pourraient influer sur la sécurité de l'occupant et quels motifs il pourrait avoir de suspendre les lois qui les régissent.

Cependant, quelques dispositions, spécialement certaines formalités de procédure, pourront être inexécutables à raison des circonstances et les magistrats auront à tenir compte de l'occupation, comme ils le feraient de tout autre cas de force majeure. En 1870 des règles spéciales ont été posées à cet égard. Un décret du 9 septembre 1870 portait : « Art. 1. — Toutes prescriptions et péremptions en matière civile, tous les délais impartis pour attaquer ou signifier les décisions des tribunaux judiciaires ou administratifs, sont suspendus pendant la durée de la guerre : 1° Au profit de ceux qui résident dans un département investi ou occupé par l'ennemi, alors même que l'occupation ne s'étendrait pas à tout le département ; 2° Au profit de ceux dont l'action doit être exercée dans ce même département contre des personnes qui y résident. — Art. 2. — A dater de la cessation de l'occupation, un nouveau délai égal au délai ordinaire courra au profit des personnes qui se trouveront dans le cas de l'article précédent. » Un autre décret du 3 octobre 1870 étendit la même suspension aux formalités hypothécaires, aux transcriptions et généralement à tous les actes qui.

d'après la loi, doivent être accomplis dans un délai déterminé. Après la guerre, une loi du 26 mai 1871 fixa uniformément au onzième jour qui suivrait la promulgation de la loi le rétablissement du cours des délais interrompus ou le point de départ des délais nouveaux visés par les décrets précités. Enfin une loi du 20 décembre 1879 statua qu'à l'avenir le délai légal des prescriptions et péremptions ne serait plus augmenté du temps de suspension résultant de ces mêmes décrets.

B. — L'application des lois pénales ne soulève pas en principe beaucoup plus de contestations. La répression des crimes et délits est assurément la plus essentielle des fonctions de l'État dans toute société civilisée. Elle doit être plus particulièrement assurée en temps de guerre lorsque les passions violentes sont plus exposées à se donner libre carrière. Pour toutes les infractions de droit commun, l'ennemi n'a aucun intérêt à intervenir dans la répression, qui continue à s'effectuer par les tribunaux ordinaires et conformément aux dispositions en vigueur. Cependant il se réserve le jugement de toutes les personnes appartenant à son armée, alors même que les faits qui leur seraient reprochés seraient de pur droit commun et comme tels, réprimés par la loi pénale du pays. Il résulte de ce chef une première dérogation à la compétence des juridictions pénales ordinaires. En outre, l'occupant édicte des pénalités spéciales contre les actes des habitants qui seraient de nature à porter atteinte à ses intérêts et il en confie l'application à ses conseils de guerre ou à des tribunaux *ad hoc*. Nous examinerons plus loin ce qui se rapporte aux dispositions de cet ordre. Il suffit de dire ici qu'il y a là une nouvelle source de dérogations au droit commun en ce que des infractions nouvelles peuvent être ainsi créées, que la portée de certaines infractions déjà qualifiées par les lois existantes peut se trouver modifiée et aggravée, et enfin que la connaissance des faits de cette nature est déférée à de nouveaux juges.

Si la poursuite et la répression de certaines infractions sont pratiquement impossibles par le gouvernement national pendant l'occupation, il n'en résulte pas que les faits en question deviennent licites et que l'impunité soit acquise aux infracteurs. Ces faits pourront être poursuivis aussitôt que les obstacles qui s'opposaient à l'application de la loi auront disparu. Par exemple l'article 77 de notre code pénal punit de la peine de mort quiconque aura entretenu des intelligences avec les ennemis de l'État, ou quiconque leur aura fourni des secours ou des vivres ou aura secondé, de quelque manière que ce soit, les progrès de leurs armes. C'est un texte dont jamais l'occupant ne tolèrera l'application tant qu'il sera le maître du pays. Mais si, après la retraite de l'ennemi, des personnes coupables de ces faits tombent aux mains de la justice, elles pourront être condamnées tant que la prescription ne leur sera pas acquise. Il est même à remarquer que l'article 77 du code pénal ne vise pas seulement les Français. Il s'applique aussi aux étrangers résidant en France. Cela résulte d'abord de la généralité de ses termes, et aussi du principe que les lois de police et de sûreté obligent tous ceux qui habitent le territoire. La Cour de Cassation a décidé que l'article 77 était applicable à un individu d'origine allemande qui avait son domicile à Nancy au moment de la déclaration de guerre et qui, pendant l'occupation, s'était fait le pourvoyeur de l'armée d'invasion (Crim. rej., 16 juillet 1874 : Dal. per., 1874, 1, 497).

C. — En 1870 le cours de la justice civile et pénale a été interrompu à peu près partout dans les départements occupés, mais cette interruption ne s'est produite que par suite de difficultés que nous examinerons plus loin, portant sur les conditions d'administration de la justice. Le principe du maintien des lois civiles et pénales — sauf les modifications nécessaires — a été, au contraire, expressément reconnu. L'article 5 de l'ordonnance royale du 24 août sur les attributions des gouverneurs généraux portait : « La juridiction civile est exercée d'après les lois du pays. » La juridiction civile doit être entendue ici par opposition avec la juridiction militaire et s'applique aussi bien aux lois pénales qu'aux dispositions du droit civil proprement dit. C'est ce qui résulte de l'ordonnance suivante du gouverneur général de Reims, en date du 5 novembre 1870 :

« D'après les ordres de Sa Majesté le Roi de Prusse, commandant en chef des armées allemandes, les crimes, délits et contraventions commis contre les puissances alliées, leurs armées et les personnes de leur suite; en outre les crimes, délits et contraventions commis par des personnes qui font partie de ces armées ou qui les suivent, sont jugés par les tribunaux de guerre d'après la loi pénale militaire. — Sauf ces cas, il n'y a rien de changé dans la compétence des tribunaux et des officiers judiciaires français qui fonctionneront dans les formes légalement constituées avant la guerre (1). »

VII. — *Lois promulguées par le gouvernement national pendant la durée de l'occupation.* — Les lois promulguées par le gouvernement national postérieurement à l'établissement de l'occupation deviennent-elles exécutoires dans le pays occupé? — Aucune réponse absolue ne peut être faite à cette question. En principe, si les formalités légales pour la promulgation et la publication peuvent être remplies et si l'ennemi ne s'oppose pas à l'entrée en vigueur d'une loi nou-

---

(1) Moniteur officiel du département de Seine-et-Oise du 14 novembre 1870.

velle, celle-ci doit devenir exécutoire. La loi, en effet, est une émanation de la Souveraineté et la Souveraineté n'est pas détruite par l'occupation.

Assurément, l'occupant n'excède pas ses droits en décidant d'une manière générale que les actes législatifs du Souverain seront sans application pendant la durée de l'occupation. Il ne doit pas tolérer, en effet, que l'Etat dépossédé puisse donner des ordres sur le territoire et qu'il vienne ainsi contrarier son action. Dans ces conditions, le gouvernement national aurait tort de décréter que certaines dispositions seront applicables sur le territoire occupé. Par là il forcerait l'ennemi à prendre des mesures rigoureuses pour faire prévaloir sa volonté et obtenir l'exécution de ses ordres. La situation des habitants s'en trouverait considérablement aggravée sans résultat utile.

Cependant l'Etat envahi peut prendre des disposition pour affranchir les habitants ou les fonctionnaires des pays occupés de certaines obligations ou de certaines formalités incompatibles avec la situation momentanée qui leur est faite. On peut citer comme exemple le décret du 25 décembre 1870 autorisant les juges de paix, dans les arrondissements envahis, à coter et parapher les registres publics et privés et les livres de commerce au lieu et place des présidents des tribunaux civils et de commerce. De même encore le décret déjà cité du 9 septembre 1870 portant suspension de toutes les prescriptions péremptions et délais en matière civile. De pareilles dispositions ne tendent qu'à mettre la législation existante maintenue en vigueur par l'ennemi en concordance avec le fait même de l'occupation. Elles ne peuvent que faciliter le rétablissement de l'ordre légal dans le pays, et l'occupant n'a aucun intérêt à s'opposer à leur application.

VIII. — *Ordonnances édictées par l'occupant.* — Le droit qui appartient à l'ennemi sur le territoire occupé de suspendre les lois dans les conditions qui viennent d'être indiquées, implique le pouvoir d'édicter à leur place des dispositions nouvelles. L'article 3 de la Déclaration de Bruxelles et l'article 44 du Manuel de l'Institut de Droit International en posant comme règle générale le principe du maintien des lois, accordent cependant à l'ennemi la faculté de les suspendre et aussi de *les modifier et de les remplacer.* Toutefois il est essentiel de remarquer que, d'après ces textes même, ce n'est là qu'une faculté exceptionnelle et que l'ennemi ne peut en user « *que s'il y a nécessité.* » De plus, en édictant ces nouveaux règlements, l'occupant ne doit pas oublier que sa domination n'est que provisoire et que la Souveraineté légale ne lui a pas été transférée. Il ne peut donc prendre aucune mesure dont l'effet devrait subsister après la période de l'occupation. Lueder lui-même déclare expressément que tous les actes de gouvernement d'un effet durable sont interdits à l'occupant et que, en général, aucune mesure durable ne peut être prise par un pouvoir passager ou qui, provisoirement, doit être tenu pour tel (1). En conséquence, les ordonnances édictées par l'occupant cessent de plein droit d'être applicables aussitôt que l'occupation prend fin ou qu'elle est interrompue. Mais les effets juridiques qu'elles ont pu produire pendant la durée de l'occupation doivent être maintenus avec les conséquences légales qui en découlent.

(1) Lueder ; in Handbuch des Volkerrechts von Holtzendorff : Tom. IV, § 118, p. 512.

CHAPITRE III

1. — Les mêmes raisons qui commandent le maintien des lois civiles dans le territoire occupé motivent la continuation de l'administration de la justice par les magistrats du pays. L'occupant n'a aucune raison de mettre obstacle à l'expédition des affaires qui ressortissent aux tribunaux civils. Quant aux affaires pénales, on ne voit pas non plus en quoi le maintien des juridictions territoriales pourrait nuire en principe à l'autorité de l'occupant. Bien plus, l'exercice des actions judiciaires, en garantissant la sécurité des personnes et des propriétés qui pourrait être compromise si la répression cessait à la faveur de l'invasion, réagit contre le trouble inhérent à l'état de guerre et assure le maintien de l'ordre auquel l'occupant est non moins intéressé que la population.

L'occupant ne doit donc, en principe, apporter aucune entrave au fonctionnement des juridictions établies. Les tribunaux de leur côté ne prorogeront pas leurs séances tant qu'il ne sera pas porté atteinte à leur dignité ou à leur indépendance et qu'aucun obstacle matériel ne s'opposera à l'accomplissement de leur mission. Si l'autorité de l'État est suspendue sur le territoire occupé, sa souveraineté subsiste en droit et s'exerce dans tous les domaines où elle n'est pas contrariée par l'occupant. Or, l'administration de la justice est un des attributs de la Souveraineté et, par conséquent, les magistrats doivent continuer leur service tant qu'on leur en laisse les moyens. Mais, représentants de la Souveraineté nationale et légale, ils ne doivent agir qu'au nom de celle-ci et jamais au nom du pouvoir temporaire qui détient seulement l'autorité de fait.

II. — C'est donc à tort qu'en 1870-71 le commissaire civil allemand adressa au Premier Président de la Cour de Nancy, le 4 septembre 1870, une dépêche lui enjoignant de rendre la justice « *au nom des hautes puissances alliées allemandes* occupant la Lorraine, l'Alsace, etc. » Cette prétention fut, il est vrai, reconnue ensuite comme excessive, puisque le commissaire civil envoya demander les 7 et 8 septembre au Premier Président de convoquer la Cour, afin de savoir si tous ou quelques-uns de ses membres consentiraient à continuer leurs fonctions en disant que, dans le cas où la formule proposée éveillerait des scrupules, l'autorité prussienne se montrerait disposée à en admettre une autre, même celle où le nom de l'Empereur des Français continuerait à figurer. Le Premier Président ayant fait observer qu'en présence de la captivité de Napoléon III et des événements si inattendus et si graves qui venaient de se passer à Paris la formule : « Au nom du peuple et du gouvernement français» paraissait être la seule admissible, son interlocuteur ne lui dissimula pas que cette formule aurait peu de chances d'être admise, parce qu'elle impliquait la reconnaissance de la République.

La Cour, appelée à se prononcer, prit une délibération dont les motifs et le dispositif sont ainsi conçus :

« Attendu qu'une loi du 28 frimaire an VIII annule les jugements rendus pendant l'occupation de Valenciennes et de
quelques places voisines ; — qu'à supposer que cette loi de
circonstance et toute locale n'oblige pas aujourd'hui les Cours
et les tribunaux, elle a du moins pour eux la valeur d'un
précédent considérable ; — attendu qu'en France, à toutes
les époques et sous tous les régimes, la justice a été administrée au nom du souverain, quel qu'il fût ; — qu'aujourd'hui
la captivité de l'Empereur et la proclamation de la République rendent indispensable la modification de la formule exécutoire, et qu'en interdisant celle que l'usage a consacrée et
que les circonstances imposent, l'autorité prussienne place
les magistrats français dans l'impossibilité légale de juger, en
même temps que cette interdiction, qui pourrait plus tard
s'étendre à d'autres points, constitue dès maintenant et à elle
seule une sérieuse atteinte à leur indépendance et à leur
dignité ; — que d'ailleurs, dans l'instruction des affaires et
pour l'exécution des sentences, des difficultés inextricables ne
manqueraient pas de surgir et qu'il convient de les éviter ;
— que sans doute on doit craindre que, profitant des malheurs de l'invasion, la violence, la rapine et le vol ne se donnent autour de nous libre carrière avec une audace de jour
en jour plus grande, et ne désolent ainsi les citoyens paisibles ;
mais que ce danger, quelque grave qu'il puisse être, n'autorise pas la magistrature à enfreindre la loi de son institution
et la loi constitutionnelle du pays ; — Par ces motifs, — La
Cour, ouï M. le Procureur général, décide à l'unanimité de
ses membres présents, qu'il y a lieu pour elle, sans abdiquer
ses fonctions, de provisoirement s'abstenir (1). »

Cette décision a été presque universellement approuvée et

____

(1) Dalloz : Rec. per. 1871, 2, 57 ; — Sirey : 1872, 2, 33.

nous croyons qu'elle est bien fondée. Toutefois elle soulève une question que nous devons examiner brièvement. Nous avons dit que l'occupant peut s'opposer à l'exécution, sur le territoire occupé, des lois nouvellement promulguées par le gouvernement légal. On pourrait en conclure que les autorités allemandes n'excédaient pas leur droit quand elles demandaient que la justice continuât à être rendue au nom de l'Empereur dans les départements régulièrement occupés avant la révolution du 4 septembre. Mais nous croyons qu'il n'y a pas d'assimilation possible entre les lois ordinaires et le principe sur lequel est fondée la Souveraineté nationale. La Souveraineté de tout gouvernement issu d'une révolution ne résulte jamais de l'accomplissement régulier des formalités constitutionnelles ou légales. Elle se fonde sur les nécessités impérieuses de la vie sociale qui rendent indispensable l'acceptation du fait accompli, aussitôt que ce fait a cessé d'être contesté. Sa légitimité — rationnelle, mais non formelle — repose sur l'accord présumé de la majorité des citoyens. La Souveraineté du pouvoir nouveau commence à s'exercer dès qu'elle a pu se faire connaître, sans qu'il y ait à lui appliquer les formalités ou les délais ordinaires de la promulgation des lois. C'est donc avec raison que la Cour de Nancy déclarait qu'en France, à toutes les époques et sous tous les régimes, la justice a été administrée au nom du Souverain quel qu'il fût.

Puisque la Souveraineté nationale subsiste pendant l'occupation, c'est que son principe est au-dessus du pouvoir de l'occupant. Si donc ce principe vient à être changé, il serait contradictoire que l'occupant prétendît maintenir dans son ancienne forme la Souveraineté qui avait persisté jusque là indépendamment de lui et, en quelque sorte, malgré lui. Les Allemands ne pouvaient donc exiger que la justice continuât à être rendue au nom de l'Empereur dès l'instant que la proclamation de la République était devenue un fait accompli.

III. — Mais ce n'est pas seulement à Nancy et dans les départements occupés avant le 4 septembre que les Allemands sont intervenus dans cette question. A Reims, qui fut occupé le jour même du 4 septembre, l'administration de la justice fut suspendue dans les mêmes conditions qu'à Nancy. Il n'en fut pas autrement dans les villes qui tombèrent par la suite au pouvoir de l'ennemi. A peu près partout, des faits identiques se produisirent. Les Allemands s'opposèrent à ce que la justice fût rendue au nom de la République, en alléguant qu'ils ne reconnaissaient pas le nouveau gouvernement, et les tribunaux durent interrompre leur service. A titre d'exemple, nous dirons comment les faits se sont passés à Versailles, dans la ville même où étaient installés le roi de Prusse et M. de Bismarck.

Versailles avait été occupé le 19 septembre. Vers le milieu d'octobre, le préfet allemand fit d'abord appeler le Président du Tribunal pour lui demander comment la justice avait été rendue jusqu'alors et dans quelles conditions elle pourrait l'être à l'avenir. Le Président, après en avoir délibéré avec les membres du Tribunal, répondit par la lettre suivante :

« Monsieur

« J'ai l'honneur de vous informer qu'un décret du gouvernement de la Défense nationale, en date du 6 septembre dernier, inséré au Journal officiel du 7 du même mois, et immédiatement exécuté dans l'arrondissement avant l'occupation allemande, a déterminé en ces termes l'intitulé des jugements et mandats de justice :

« *République Française,*

« *Au nom du peuple français,*

Le Tribunal de... a rendu le jugement dont la teneur suit ; ....

« *En conséquence, la République mande et ordonne à tous huissiers sur ce requis de mettre le dit jugement à exécution, etc...*

« Aux termes des lois sur l'organisation judiciaire, c'est l'autorité législative française qui détermine seule l'intitulé des jugements et mandats de justice, sans que les tribunaux aient le droit de le contrôler ou de le modifier. — Si donc l'autorité que vous représentez n'admettait pas cette formule dans son intégrité, le tribunal se verrait dans l'impossibilité absolue de continuer ses fonctions.

« Il en serait de même s'il ne lui était pas accordé l'entière indépendance qui est garantie à la magistrature française par son institution, si les officiers du ministère public et les juges d'instruction n'étaient pas laissés entièrement libres d'agir ou de ne pas agir, et si encore le tribunal n'avait plus auprès de lui les officiers de police judiciaire et les agents nationaux chargés de constater les délits, de mettre les prévenus sous la main de la justice et d'exécuter les jugements. »

Sur le choix de la formule exécutoire, le préfet avait émis personnellement l'avis que le choix devait en être laissé au Tribunal, mais en ajoutant que c'était un point qui touchait à la politique générale et sur lequel il devait en référer à M. de Bismarck. La réponse suivante qu'il adressa peu de jours après au Président montre quel fut l'avis du chancelier.

« Versailles, le 31 octobre 1870.

« Monsieur le Président,

« J'ai le regret de vous annoncer qu'en réponse à votre lettre du 14 octobre courant, je ne puis vous autoriser à rendre la justice *au nom de la République et du peuple français*, attendu que le gouvernement de la Défense nationale, siégeant actuellement à Paris et à Tours, n'a pu être reconnu par le suffrage universel de la France, ni par aucune des puissances de l'Europe.

« L'autorité supérieure que j'ai consultée à cet égard, ainsi qu'il en avait été convenu entre nous, n'admet pas la formule que vous avez choisie et me charge de vous informer que les tribunaux ne sauraient rendre de jugements, en ce moment, qu'au nom du Gouvernement reconnu par votre pays, comme par toutes les puissances de l'Europe, au commencement de la guerre, c'est-à-dire *au nom de l'Empereur*.

« Je regrette vivement, M. le Président, de ne pouvoir accéder à vos désirs ; cependant je désire, dans l'intérêt de votre pays même, aussi vivement que je vous l'ai écrit dans une lettre, que les tribunaux veuillent bien reprendre leurs fonctions le 3 novembre prochain, de sorte que je crois devoir vous engager à bien vouloir considérer, encore une fois, s'il ne vaudrait pas mieux donner vos jugements au nom de l'Empereur que de laisser les habitants de l'arrondissement plus longtemps sans tribunal et surtout sans juges de paix.

« Agréez, etc...

« Le préfet du département de Seine-et-Oise,

« de Brauchitsch »

Sur quoi le Tribunal, réuni de nouveau, prit la délibération ci-après :

« Attendu que l'établissement du gouvernement de la Défense nationale a été reconnu dans toute la France sans opposition, et que par suite le tribunal a dû, aux termes des lois françaises sur l'organisation judiciaire, exécuter immédiatement le décret en date du 6 septembre dernier, par lequel la formule exécutoire des jugements était déterminée :

« Attendu qu'en d'autres temps, des lois (notamment une loi du 28 frimaire, an VIII) ont annulé des jugements rendus pendant des invasions, parce que les tribunaux avaient enfreint la loi constitutionnelle du pays :

« Attendu qu'en interdisant l'usage de la formule déterminée par le décret du 6 septembre 1870 précité, l'autorité allemande place le tribunal dans l'impossibilité légale de juger :

« Par ces motifs,

« Le Tribunal décide qu'il y a lieu pour lui, sans abdiquer ses fonctions, de provisoirement s'abstenir (1). »

On voit que le seul argument invoqué par les Allemands à l'appui de leurs prétentions consistait à dire que la République et le gouvernement de la Défense nationale n'étaient pas *diplomatiquement reconnus* par eux. Nous croyons que cette considération ne devait pas intervenir dans une question *d'administration intérieure*, alors qu'il ne s'agissait que de permettre aux magistrats d'appliquer librement les lois du pays.

IV. — Pourtant divers tribunaux continuèrent à fonctionner. — Lœning cite la Cour d'Assises de Colmar, le tribunal civil de Strasbourg, les tribunaux de commerce de Strasbourg et de Mulhouse. Nous pouvons y ajouter la Cour d'Assises de l'Eure qui a tenu sa session du quatrième trimestre 1870 pendant qu'Évreux était occupé par les troupes allemandes (2). — Dans quelles conditions rendirent-ils la justice ? Nous ne le savons pas exactement. Lœning dit simplement qu'ils adoptèrent la marche proposée par le gouvernement allemand en vue d'éviter toutes les difficultés de l'exécutoire. A notre avis, cela ne peut signifier qu'une chose : c'est que les tribunaux ont continué à tenir leurs audiences et à prononcer leurs jugements comme si le pays n'eût pas été occupé. On conçoit très bien, d'ailleurs, qu'il

______

(1) Délerot : Versailles pendant l'occupation, pp. 149, 150.

(2) Voir le rapport de M. le conseiller Massé sous Crim. Cass. 12 janvier 1871. — Dalloz per. 1871, 1,73.

ait pu en être ainsi sans qu'aucune susceptibilité ait été éveillée, tant de la part des magistrats français que de celle des autorités d'occupation. La formule exécutoire n'entre pas dans le libellé des jugements prononcés en audience publique; elle ne figure pas non plus sur les minutes de ces jugements signées par les magistrats. Elle est insérée seulement dans la grosse qui est délivrée par le greffier à la partie gagnante lorsque celle-ci la requiert pour procéder à l'exécution. On conçoit très bien que, sans faillir à aucun de leurs devoirs, les tribunaux aient pu continuer à siéger sans se laisser arrêter par les entraves que l'autorité allemande pouvait mettre à la délivrance des expéditions en forme exécutoire.

Loening ajoute que la formule employée était celle-ci « Le tribunal de... a rendu le jugement suivant : ...

« En conséquence, le tribunal mande et ordonne... etc... »

Nous croyons que les expéditions délivrées dans ces conditions étaient légalement destituées de toute force exécutoire et qu'elles auraient pu être déclarées nulles. Les considérants, rapportés par Loening (1), d'un jugement du tribunal civil du Havre du 16 mai 1872 ne nous paraissent pas très convaincants. Il n'appartient pas aux tribunaux, même sous la pression de l'autorité étrangère, d'ordonner l'exécution de leurs propres décisions et de modifier en ce sens la formule exécutoire.

Il est inexact, en tout cas, que la Cour de Cassation ait déclaré valables en la forme les arrêts rendus par la Cour d'Assises de Colmar « sans s'arrêter à la circonstance que la formule exécutoire n'était pas celle prescrite par la loi (2). » L'arrêt cité par Loening (Crim. rej., 21 septembre 1871; Dalloz, per. 1871. 1, 185) n'a nullement la portée que cet auteur

(1) Rev. de Dr. Intern., 1873, p. 96, note 2.
(2) loc. cit. p. 96.

lui attribue. En disant que « c'est au nom de la Souveraineté territoriale française » que la Cour de Colmar a rendu son arrêt, la Cour de Cassation a voulu incontestablement mettre en évidence que le principe de la Souveraineté territoriale avait été sauvegardé malgré l'occupation. En constatant plus loin la régularité de la procédure, elle a implicitement reconnu que toutes les formes de la loi française avaient été respectées. Le rapport très net de M. le conseiller Salneuve dans cette affaire ne fait aucune mention des prétendus changements visés par Loening (1).

Il est regrettable, à notre avis, que la question du maintien de la formule exécutoire ait été présentée à peu près partout comme liée à celle de l'exercice du pouvoir judiciaire. Nous croyons, au contraire, que ces deux questions auraient pu être séparées sans inconvénient. Mais il est bien certain que partout où la difficulté s'est trouvée posée officiellement sous cette forme, l'indépendance des tribunaux a été directement mise en cause, et l'on ne peut que louer les magistrats qui ont cru devoir s'abstenir de remplir leurs fonctions dans ces conditions.

V. — On a généralement critiqué certains considérants par lesquels le Tribunal civil de Laon a cru pouvoir

(1) D'ailleurs, ce n'est pas dans une affaire de cette nature et sur un arrêt de Cour d'assises que la question pouvait se poser. Dans les affaires criminelles soumises à la Cour suprême, la copie de l'arrêt qui est jointe au pourvoi n'est pas libellée en forme exécutoire, c'est-à-dire qu'elle ne porte ni intitulé, ni mandement d'exécution. Nous avons pu examiner au greffe de la Cour de cassation l'expédition même de l'arrêt cité par Loening. Cette expédition est ainsi conçue : « Extrait des minutes du greffe de la Cour d'appel séant à Colmar. — La Cour d'assises du département du Haut Rhin dans sa séance du 21 novembre 1871 a rendu l'arrêt suivant : Vu la déclaration du jury... etc. ». L'arrêt en lui-même et l'expédition qui en a été transmise à la Cour de cassation sont de tous points semblables à ceux émanant à la même époque des parties non occupées du territoire.

motiver sa décision de suspendre les audiences pendant l'occupation (1). Ces considérants sont ainsi conçus :

« Attendu que, quand bien même l'autorité prussienne aurait reconnu au tribunal le pouvoir d'instruire et de juger au nom de la République en vertu de la formule exécutoire du décret-loi du 6 septembre 1870, le tribunal aurait néanmoins l'obligation de rechercher si la continuation de l'exercice de ses fonctions, quoique aussi parfaitement légale, ne serait pas de nature à entraîner des difficultés telles qu'il vaudrait mieux en suspendre le cours ;

« Attendu que le fait seul de l'installation à Laon d'un haut commissaire civil prussien chargé de l'administration du département de l'Aisne doit faire considérer Laon non plus seulement comme passagèrement envahi, mais comme occupée ;

« Attendu qu'il serait à craindre dès lors que plus tard es jugements rendus à Laon pendant cette occupation ne fussent annulés, comme l'ont été autrefois ceux du tribunal de Valenciennes et d'autres places occupées (voir la loi du 28 frimaire an VIII et un arrêt de cassation du 23 frimaire an V).

« Attendu qu'en principe le pouvoir administratif et le pouvoir judiciaire dans un pays doivent provenir de la même origine et agir en vertu des mêmes lois ; que c'est à cette seule condition que peuvent s'établir leurs rapports obligés pour certaines questions ; que l'existence d'une justice française est incompatible avec celle d'une administration étrangère ; que, par la seule force des choses, il pourrait résulter de

<hr>

(1) Ces critiques ne portent que sur les motifs de la délibération. Celle-ci était, en égard aux circonstances, tout aussi bien justifiée en fait que les décisions analogues de la Cour de Nancy ou du tribunal de Versailles.

cette situation des conflits préjudiciables aux justiciables, des difficultés dans l'instruction des affaires et pour l'exécution des jugements, et des atteintes au pouvoir, à l'indépendance et à la dignité des magistrats.....

»Par ces motifs... etc.»

Nous croyons que si la formule exécutoire légale avait été maintenue, l'établissement de l'autorité allemande dans la ville où siégeait le tribunal et l'éventualité de conflits possibles avec l'administration étrangère n'auraient pas dû être considérés comme des causes suffisantes pour empêcher les magistrats de rendre la justice. Quant au motif tiré de ce que le pouvoir administratif et le pouvoir judiciaire doivent avoir la même origine et agir en vertu des mêmes lois, il ne nous paraît nullement applicable en cas d'invasion ou d'occupation. La doctrine du tribunal de Laon, si elle était admise, autoriserait le vainqueur, qui ne peut évidemment renoncer au pouvoir administratif, à imposer dans le pays occupé ses propres tribunaux et sa propre législation. Elle aurait pour conséquence de faire disparaître toute distinction entre l'occupation et la conquête.

VI. — Si la simple éventualité de conflits possibles avec l'autorité ennemie ne doit pas empêcher les magistrats de continuer leur service, cependant leur action ne doit s'exercer que dans une sphère d'absolue indépendance et conformément à toutes les prescriptions légales en vigueur. Loening critique la défense qui fut faite en 1870 par le gouvernement de Tours aux juges des pays occupés de connaître d'affaires à l'instruction desquelles auraient coopéré des fonctionnaires allemands, spécialement des commissaires de police établis par les autorités allemandes : « C'était, dit cet auteur, de la part du gouvernement français, une prétention déraisonnable que d'exiger que les commissaires de police allemands ne fussent point reconnus comme agents de la police judiciaire. Il devait savoir, mieux que personne, que les commissaires de police français étaient principalement des agents politiques et n'avaient pu être maintenus en place par le gouvernement allemand. La nécessité commandait de les remplacer (1). »

Nous ne nions pas le droit de l'occupant de remplacer les fonctionnaires de police du pays occupé. Les nouveaux commissaires ainsi nommés pourront bien remplir en fait les fonctions de surveillance et de police qui appartenaient à leurs prédécesseurs ; mais leur qualité d'étrangers et leur nomination en dehors des formes légales ne permet pas qu'ils soient associés à aucun degré à l'administration de la justice exercée par les magistrats du pays et d'après les lois nationales. Toutefois la défense faite par le gouvernement de Tours aux magistrats des départements occupés, si elle était juste en elle-même, pouvait être critiquée en ce que le Souverain légal n'a pas d'ordres à donner dans le pays tant que dure l'occupation.

VII. — Nous avons examiné jusqu'ici le cas où les tribunaux du pays restent en fonctions. Mais il se peut que l'ennemi, agissant en vue d'une occupation définitive ou d'un prétendu droit de conquête, transforme l'organisation judiciaire du territoire. On admet dans ce cas que les jugements rendus pendant l'occupation par les juges étrangers restent valables après la retraite de l'occupant à moins qu'il ne soit survenu un traité ou des lois contenant des stipulations ou des dispositions qui en modifient ou en annulent les effets (2). La Cour de Cassation s'est prononcée dans ce sens à plusieurs

(1) Rev. de Dr. Intern., 1873, p. 97.
(2) V. Rapp. de M. le conseiller Salneuve : Crim. rej., 21 sept. 1871 ; Dall. per. 1871, 1, 185.

reprises, notamment par un arrêt du 6 avril 1826 à propos d'un jugement rendu par les tribunaux anglais installés en Corse après l'occupation de cette île en 1794. Le motif le plus important de cet arrêt est ainsi conçu :

« Attendu qu'une coutume aussi ancienne qu'universelle chez les peuples civilisés et devenue une maxime incontestable du droit des gens, c'est que les faits, les actes, les contrats, les jugements intervenus entre les habitants pendant l'occupation d'un pays conquis, et revêtus du sceau de l'autorité publique (qui n'est jamais censée défaillir dans les sociétés humaines), restent obligatoires et sont exécutoires après la retraite du conquérant comme ceux intervenus avant la conquête, à moins qu'il n'ait été autrement stipulé par des traités, ou que, par des lois formelles, il n'ait été dérogé à l'usage consacré par le droit public de l'Europe (1). »

Mais, pour qu'il en soit ainsi, il faut au moins que le Souverain qui dirige l'armée d'occupation ait émis un statut ou acte d'autorité publique changeant ainsi les lois avec la souveraineté du pays réputé conquis. Un changement si considérable, à supposer qu'il fût autorisé par le droit international actuel, serait dans tous les cas trop grave pour résulter de simples actes des chefs militaires (2).

---

(1) Req., 6 avril 1826. ; Dal. Rep. V° Souveraineté, n° 52, 1° — V. aussi Cass., 18 février 1814, 15 avril 1819, 27 février 1822, 10 août. 1825.

(2) Morin : Les lois relatives à la guerre ; Tom. II, p. 401.

CHAPITRE IV

DROIT PÉNAL DE LA GUERRE

1. — L'occupation impose aux habitants envers l'occupant des obligations spéciales qui ne sont pas prévues par les lois pénales ordinaires et qui cependant ont besoin d'être énergiquement sanctionnées. Les règles du droit des gens relatives à ces obligations et à leur sanction constituent ce qu'on appelle le droit pénal de la guerre et quelquefois aussi la loi martiale.

Cette expression de « loi martiale » n'a pas eu jusqu'à présent un sens bien déterminé. Les Instructions américaines en font mention en plusieurs articles et lui attribuent une portée extrêmement générale. Voici comment elles s'expriment à cet égard :

« La loi martiale, dans un pays ennemi, consiste dans la suspension, au profit de l'autorité militaire de l'armée occupante, des lois criminelles et civiles, de l'administration et du gouvernement du pays auquel appartient la ville ou le territoire occupé, et dans la substitution en leur lieu et place du gouvernement et de l'autorité militaires, même en ce qui con-

cerne le droit d'édicter des lois générales, en tant que les nécessités militaires exigent cette suspension, cette substitution,
et cette faculté de légiférer (art. 3). — La loi martiale donne
en particulier à l'occupant le droit d'exercer la police et de
percevoir les revenus publics et les impôts, que ceux-ci aient
été décrétés par le gouvernement expulsé ou par l'envahisseur. Elle a principalement pour objet d'assurer l'entretien
de l'armée, sa sécurité et le succès des opérations militaires
(art. 10). — La loi martiale n'est autre chose que l'exercice
de l'autorité militaire conformément aux lois et usages de la
guerre (art. 4). »

Mais il convient de remarquer que les mots de « loi martiale » éveillent plus particulièrement dans l'esprit l'idée d'une
loi de répression, d'une loi *pénale*, sans doute à cause de
l'analogie qui existe avec l'expression de « cour martiale »
qui a une signification beaucoup plus facile à déterminer.
Dans cet ordre d'idées, M. Pillet (1) propose pour arriver à
une notion nette de la loi martiale de n'appliquer cette expression qu'aux seules lois pénales qui visent les devoirs des
habitants envers l'occupant. Elle se distinguerait dès lors soit
de la législation criminelle ordinaire du pays, soit de la législation militaire de l'armée d'occupation. Ainsi entendue, la
loi martiale est « une loi pénale supplémentaire et exceptionnelle correspondant aux besoins particuliers d'une situation elle aussi exceptionnelle. Le but de la loi martiale est
de maintenir dans le calme la population du pays envahi,
elle frappe de peines toujours très rigoureuses les actes dé-
lictueux dirigés contre un soldat quelconque de l'armée d'occupation, ainsi que ceux qui, sans viser spécialement une

(1) Le droit de la guerre, tom. II, p. 229, note.

personne déterminée, sont accomplis dans le dessein d'entraver les opérations de cette armée. (1) »   En attachant à l'expression de loi martiale ce sens restreint et précis, il convient toutefois de se tenir en garde contre un danger qui consiste à ne voir dans cette loi qu'une émanation à peu près arbitraire de la volonté de l'occupant.

II. — C'est le droit des gens bien plus que la législation particulière de chaque belligérant qui devrait servir de base uniforme au droit pénal de la guerre à cause de son caractère international. Mais les sources les plus sûres font ici presque complétement défaut. Il n'y a rien dans la Déclaration de Bruxelles qui se rapporte à notre matière et c'est à peine si le manuel de l'Institut de Droit International y fait allusion d'une manière générale et indirecte dans les articles 42, 47 et 48.

C'est donc la pratique des Allemands en 1870 éclairée par les critiques dont elle a été l'objet de divers côtés qui peut donner lieu tout spécialement à des observations pratiques. Aussi croyons-nous devoir citer tout d'abord, afin de nous y référer par la suite, la proclamation suivante qui fut adoptée par l'état-major général allemand et uniformément affichée, revêtue de la signature des différents commandants de corps d'armée, dans toutes les localités un peu importantes, dès le début de l'occupation :

« 1° La juridiction militaire est établie par la présente. Elle sera appliquée, dans toute l'étendue du territoire français occupé par les troupes allemandes, à toute action tendant à compromettre la sécurité de ces troupes, à leur causer des dommages ou à prêter assistance à l'ennemi. La juridiction militaire sera réputée en vigueur et proclamée pour toute

(1) loc. cit., p. 228.

l'étendue d'un canton, aussitôt qu'elle aura été affichée dans une des localités qui en font partie.

« 2° Toutes personnes qui ne font pas partie de l'armée française et n'établiront pas leur qualité de soldat par des signes extérieurs, et qui

a. — Serviront l'ennemi en qualité d'espion ;

b. — Egareront les troupes allemandes quand elles seront chargées de leur servir de guides ;

c. — Tueront, blesseront ou pilleront des personnes appartenant aux troupes allemandes, ou faisant partie de leur suite ;

d. — Détruiront des ponts ou des canaux, endommageront les lignes télégraphiques ou les chemins de fer, rendront les routes impraticables, incendieront des munitions, des provisions de guerre, ou les quartiers des troupes ;

e. — Prendront les armes contre les troupes allemandes,

« Seront punies de la peine de mort.

« Dans chaque cas, l'officier ordonnant la procédure instituera un conseil de guerre chargé d'instruire l'affaire et de prononcer le jugement. Les conseils de guerre ne pourront condamner à une autre peine qu'à la peine de mort. Leurs jugements seront exécutés immédiatement.

« 3° Les communes auxquelles les coupables appartiendront, ainsi que celles dont le territoire aura servi à l'action incriminée, seront passibles dans chaque cas d'une amende égale au montant annuel de l'impôt foncier. »

IV. — Le premier principe du droit pénal de la guerre et l'un des plus importants consiste dans l'obligation qui est imposée à l'occupant de faire connaître aux habitants les devoirs qui leur incombent par suite du nouvel ordre de choses et les responsabilités qu'ils encourent. Cette règle est inscrite dans l'art. 42 du Manuel de l'Institut de droit international :

« Il est du devoir de l'autorité militaire occupante d'informer le plus tôt possible les habitants des pouvoirs qu'elle exerce, ainsi que de l'étendue territoriale de l'occupation. »

Les Allemands se sont conformés en principe à cette règle par l'affichage de leur proclamation précitée. Toutefois, il était excessif de considérer la juridiction militaire comme établie dans tout un canton dès que la proclamation qui l'instituait avait été affichée dans une des localités de ce canton. C'était là une publicité absolument insuffisante, en égard à l'étendue de certains cantons et à la difficulté des communications qui pouvait exister pendant la guerre. Or c'est un principe fondamental de droit naturel et de législation criminelle que nul ne peut être condamné en vertu d'une loi dont il ignorait l'existence.

V. — *Infractions*. — L'énumération des infractions contenue dans la proclamation des commandants de corps d'armée prussiens ne peut faire l'objet d'aucune critique dans l'état actuel du droit des gens. Elle était empruntée textuellement à une ordonnance royale du 24 juillet 1867 sur l'organisation de la justice militaire en temps de guerre, dont les dispositions à cet égard sont aujourd'hui remplacées par les articles 57, 58, 59, 134, 160 et 161 du Code pénal militaire allemand du 22 juin 1872, ainsi conçus :

« Art. 57. — Quiconque se sera rendu coupable de trahison, en campagne, sera puni du chef de trahison de guerre, des travaux forcés pour une durée d'au moins 10 années ou des travaux forcés à perpétuité.

« Art. 58. — Sera puni de mort pour trahison de guerre celui qui, dans l'intention de favoriser une puissance ennemie ou de porter préjudice aux troupes allemandes ou alliées :

1° Aura commis un des faits prévus dans l'article 90 du Code pénal (1) ;

2° Aura détruit ou mis hors d'usage des routes ou des appareils télégraphiques ;

3° Aura trahi les secrets de la poste, les mots d'ordre ou les signaux de l'armée.

4° Aura, en présence de l'ennemi, falsifié des avis ou communications de service ou négligé d'en donner de véritables ;

5° Aura servi de guide à l'ennemi pour l'aider dans une entreprise militaire contre des troupes allemandes ou alliées, ou, servant de guide aux troupes belligérantes ou alliées les aura induites en erreur ;

6° Aura donné en présence de l'ennemi des signaux militaires ou autres de nature à inquiéter l'armée ou à l'induire en erreur, l'aura excitée à la fuite ou aura empêché le rassemblement de troupes disséminées ;

7° Aura négligé d'accomplir en tout ou en partie un ordre de service ou l'aura modifié de sa propre autorité ;

(1) « Art. 90 (du Code pénal ordinaire). — Sera puni des travaux forcés à perpétuité tout citoyen allemand qui, dans une guerre engagée contre l'empire allemand, aura intentionnellement :

1° Livré au pouvoir de l'ennemi des forteresses, des défilés, des endroits fortifiés ou d'autres postes de défense, ou bien des troupes allemandes ou alliées ou des officiers et soldats individuellement ;

2° Livré au pouvoir de l'ennemi des travaux de fortification, des vaisseaux, des caisses, des arsenaux, des magasins ou autres collections d'armes, des munitions ou autres provisions de guerre ou les aura détruits ou mis hors d'usage, au profit de l'ennemi, ou aura agi de même pour des ponts ou des voies ferrées ;

3° Procuré des troupes à l'ennemi ou embauché des soldats de l'armée allemande ou alliée au profit de l'ennemi ;

4° Communiqué à l'ennemi des plans stratégiques, ou des plans de fortifications ou de positions fortifiées ;

5° Servi d'espion à l'ennemi ou donné asile à des espions ennemis, les aura cachés ou aidés, ou

6° Excité la révolte chez les troupes allemandes ou alliées.

S'il existe des circonstances atténuantes, la peine sera celle de la détention de cinq ans au moins.

8° Se sera permis de correspondre verbalement ou par écrit sur des objets concernant les opérations de la guerre, avec des personnes appartenant à l'armée ennemie, ou à la marine ennemie, ou au pays ennemi, ou aura facilité une pareille correspondance ;

9° Aura répandu dans l'armée des proclamations et avis émanant de l'ennemi ;

10° Aura négligé de prendre pour l'entretien des troupes les soins qui lui incombent ;

11° Aura donné la liberté à des prisonniers de guerre ennemis ou

12° Aura communiqué à l'ennemi un livre des signaux ou un extrait d'un pareil livre.

Dans des cas moins graves la peine sera celle des travaux forcés d'au moins dix ans ou des travaux forcés à perpétuité.

« Art. 59. — Si plusieurs personnes ont tramé une trahison de guerre, sans que celle-ci ait été suivie d'exécution ou d'une tentative punissable d'exécution, elles seront punies de la peine des travaux forcés de cinq ans au moins.

« Art. 134. — Quiconque aura, en campagne et dans une intention frauduleuse, soustrait un objet à une personne appartenant aux troupes allemandes ou alliées et restée sur le champ de bataille ; ou aura soustrait ou bien se sera fait délivrer par contrainte un objet au préjudice d'un malade ou d'un blessé ou au préjudice d'un prisonnier de guerre confié à sa garde, soit sur le champ de bataille, soit dans la marche soit pendant son transport à l'hôpital, soit dans l'hôpital même, sera puni des travaux forcés pendant dix ans au maximum. Dans des cas moins graves, la peine sera celle de l'emprisonnement pendant cinq ans au plus et du renvoi dans la seconde classe de l'ordre militaire ; il pourra en même temps être déclaré déchu de ses droits civils honorifiques.

« Art. 160. — Tout *étranger ou allemand* qui, dans le cours d'une guerre engagée contre l'empire allemand, se sera rendu coupable sur le théâtre de la guerre d'un des faits prévus dans les articles 57, 58, 59 et 134, sera puni conformément aux dispositions de ces articles.

« Art. 161. — Tout *étranger ou allemand* qui, *sur un territoire étranger occupé par des troupes allemandes*, aura commis contre les troupes allemandes ou alliées ou contre une autorité établie par ordre de l'empereur, une infraction prévue par les lois de l'empire allemand, sera puni de la même façon que s'il avait commis le fait sur le territoire fédéral allemand. »

Les textes ci-dessus comprennent toutes les infractions qui peuvent être commises en temps de guerre par les habitants d'un territoire occupé au préjudice de l'armée d'occupation.

Notre législation française est beaucoup moins complète à cet égard. L'article 77 du Code pénal ordinaire qui embrasse dans un texte très large toutes les manœuvres dirigées contre la sûreté de l'État ne paraît pas applicable aux attentats commis par des étrangers dans un pays étranger, même occupé par nos troupes.

D'autre part, l'article 63 du Code de Justice militaire du 9 juin 1857 porte seulement :

« Sont justiciables des conseils de guerre, si l'armée est sur le territoire ennemi, tous individus prévenus, soit comme auteurs, soit comme complices, d'un des crimes ou délits prévus par le titre II du livre IV du présent Code. »

Les mots « tous individus » embrassent assurément et intentionnellement les civils et les militaires, les étrangers et

les nationaux, mais les dispositions portées au tit. II du
liv. IV (art. 204 à 265) ne prévoient en réalité que les infractions
commises par des militaires et dont les personnes étrangères
à l'armée ne se rendront coupables que tout à fait exceptionnellement. D'autre part le Code de Justice militaire a laissé
de côté un certain nombre d'infractions aux lois de la guerre,
et non des moins importantes. Est-ce à dire que celles-ci ne
seraient pas punissables ? Assurément, non. Les conseils de
guerre et la Cour de Cassation ont en effet étendu la compétence des tribunaux militaires « à tous crimes ou délits commis par des étrangers sur le territoire ennemi, même quand
ils ne rentrent pas dans les prévisions du Titre II, s'ils portent
atteinte à la sûreté de l'armée. Ainsi l'exigent impérieusement les règles supérieures du droit public et des gens,
l'armée qui occupe un territoire étranger devant trouver en
elle-même tous les éléments de puissance qui lui sont nécessaires pour pourvoir à sa sûreté (1). » Ainsi, au Mexique, un
habitant du pays ayant empoisonné trois soldats français fut
déféré au conseil de guerre et condamné. Il se pourvut en
cassation, prétextant que le crime d'empoisonnement n'était
pas prévu parmi ceux du titre II, livre IV du Code de Justice
militaire et que le conseil de guerre était dès lors incompé-
tent. La Cour refusa d'admettre l'incompétence, en invoquant
« que l'empoisonnement reproché à Manuel Gonzalès, crime
puni de mort par le code pénal ordinaire devait nécessairement tomber sous le coup d'une juridiction répressive ; que
le seul tribunal de répression régulièrement organisé était le
conseil de guerre et que l'armée française était en territoire
ennemi, que le crime de faire mourir trois soldats français

(1) Crim, rej., 13 sept. 1866 ; Dalloz, 1867, 5, 278. Voir aussi Crim.
rej., 14 décem. 1865 ; Dalloz, 1866, 1, 46 — Crim. cass., 28 décem. 1865,
ibid. — Crim. rej., 31 mars 1866 ; Dalloz, 1866, 5, 84.

devait d'autant moins rester impuni qu'il compromettait à un haut degré la sûreté et la conservation du corps expéditionnaire ; que dans des circonstances aussi impérieuses les règles supérieures du droit naturel, comme celles de la morale publique voulaient que le conseil de guerre eût compétence pour juger le prévenu et assurer ainsi à l'armée française une protection légitime ; qu'en outre et quoique le fait incriminé ne soit pas prévu textuellement par le Code de Justice militaire, il résulte suffisamment de l'ensemble des dispositons de ce code et notamment de la combinaison de l'article 63 et de l'article 77 paragraphe 3, que quand il s'agit de crimes commis en territoire ennemi par un étranger contre l'armée française, le conseil de guerre est compétent pour en connaître. (1) »

Cette jurisprudence a permis de soutenir que « dans ses dernières guerres ou expéditions militaires en pays étranger, la France n'a fait punir par ses conseils de guerre que des infractions prévues et punies par ses lois, sans aggravation par aucun règlement de chef d'armée (2). » Il est possible assurément que les articles 204 à 265 du Code de Justice militaire combinés avec les dispositions du Code pénal ordinaire aient assuré convenablement la sécurité de l'armée dans nos campagnes de Crimée, d'Italie et du Mexique, ainsi que pendant l'occupation des Etats pontificaux. Mais notre législation pénale eût-elle été suffisante dans une grande guerre à l'étranger, comme le fut pour les Allemands la guerre de 1870-71 ? Nous ne le croyons pas. Il nous semble impossible, par exemple, de ne pas prononcer de peine contre le guide qui égare les troupes après avoir

(1) Crim. cass., 24 août 1865 ; Dalloz, 1865, 1, 501.
(2) Morin : Les lois relatives à la guerre. Tome II. p. 439.

accepté de les conduire ; or, il n'existe dans nos codes aucune disposition à cet égard. D'un autre côté la loi sur la police des chemins de fer et les dispositions du Code pénal ordinaire peuvent paraître insuffisantes pour assurer aux armées en pays ennemi toute la sécurité nécessaire.

Notre législation n'est donc pas sans imperfection en matière de droit pénal de la guerre. Il serait préférable à tous égards de combler par des dispositions précises les lacunes les plus considérables de notre code de justice militaire afin qu'en temps de guerre les chefs d'armée n'eussent qu'à faire connaître aux habitants des territoires occupés les obligations qui leur incombent et les peines qui leur seraient applicables.

VI. — *Peines.* — On a universellement réprouvé dans les proclamations allemandes la disposition qui prononçait indistinctement la peine de mort sans circonstances atténuantes pour les infractions de toute nature. « En tenant compte de la sévérité inhérente aux lois militaires, encore ne saurait-on admettre que tous les actes énumérés par la proclamation doivent dans toutes les circonstances où ils peuvent avoir lieu être punis de mort. Il y a là un mépris de la vie humaine que la guerre même n'autorise pas. Si le droit de la guerre est un droit de nécessité, il s'arrête là où cette nécessité finit. Or, il ne peut être ni nécessaire, ni même utile de frapper indistinctement de la peine capitale des actes d'une importance aussi variable. Car ce qu'un pareil procédé peut avoir de terrifiant, est plus que balancé par les sentiments d'horreur et de révolte que doit faire naître son application inflexible. Il eût donc mieux valu laisser à la juridiction militaire une certaine latitude dans le choix de la peine. » (1)

(1) Rolin-Jaequemyns, in Rev. de Dr. Intern., 1871, p. 669.

Il est indispensable que les peines prononcées soient en rapport avec la gravité des infractions. Mais il est à remarquer que dans notre matière la gravité des infractions ne s'appréciera pas relativement à la culpabilité de l'agent mais eu égard au danger que l'acte commis fait courir à l'armée d'invasion. Ainsi l'échelle des peines sera proportionnelle aux conséquences que l'infraction pourrait avoir pour la sécurité de l'occupant. Ce n'est pas à dire que dans l'application de la loi il ne puisse être tenu compte de l'intention de l'accusé ou des mobiles qui l'ont fait agir, mais les considérations de cet ordre ne seront pas prépondérantes et elles seront abandonnées à l'appréciation des juges dans les limites tracées par la loi elle-même.

Pour être efficaces, les peines devront en général être sévères. La sévérité de la peine doit suppléer en ce cas au sentiment de la responsabilité morale qui ne se fait pas sentir ici comme pour les crimes de droit commun. La population du territoire, encore qu'elle ait accepté l'occupation, a le plus souvent une tendance à ne pas considérer comme punissables les actes d'hostilité dirigés contre l'ennemi. Tout au moins elle est disposée à les excuser, parfois à les glorifier comme des témoignages d'un généreux patriotisme. Il y a là une source de danger qui ne peut être contrebalancée que par la sévérité des peines encourues (1). Toutefois un excès de rigueur en ces matières peut être plus nuisible qu'utile, surtout en présence d'une population belliqueuse et exaltée. « L'expérience démontre en effet qu'en temps de guerre comme en temps de paix, la répression poussée au delà d'une certaine mesure, loin d'intimider, ne fait qu'exaspérer

(1) Lœning, Rev. de Dr Intern. 1873, pp. 74 et 75 et Pillet : Le Droit de la guerre, Tom. II p. 250

les populations et donner aux plus craintifs la force du désespoir (1). »

La mort, la détention dans une forteresse en pays étranger, l'emprisonnement, l'expulsion du territoire, l'amende seront les peines les plus usitées. Lorsque certains châtiments répugnent au caractère national dans le pays occupé, il convient de ne pas les prononcer, lors même qu'ils seraient admis chez l'occupant. Le caractère odieux qui s'y attache n'a pas pour effet en général de diminuer le nombre des infractions tandis qu'il surexcite inévitablement chez les habitants la haine de l'envahisseur. Ainsi la mort par strangulation ne devrait pas être employée dans les pays qui ont rejeté cette forme de supplice. Pendant la guerre de 1870, les Allemands ont souvent infligé la bastonnade pour le châtiment de certaines infractions légères. Dans tous les cas, cette peine qui pouvait sembler insigniliante à nos vainqueurs n'a nullement contribué à la pacification des esprits, mais a au contraire soulevé l'indignation publique.

On devrait, semble-t-il, considérer comme excessive et inapplicable la peine de la confiscation des biens. Cependant Loening est d'un avis contraire : « Comme l'autorité que l'ennemi exerce dans le pays occupé n'a qu'un caractère temporaire et provisoire, il faut qu'il dispose de moyens d'infliger, pendant la courte durée de son pouvoir, des peines qui aient un effet durable notamment contre les coupables latitants. Le coupable doit savoir qu'il répond de sa faute sur l'intégralité de ses biens, et qu'alors même qu'il parvient à se soustraire à la sphère d'action de l'ennemi, il peut encore être sévèrement frappé. Une simple condamna-

(1) Rolin-Jacquemyns : Rev. de Dr. Intern. 1871, p. 313.

tion pécuniaire ne suffira pas, car en temps de guerre de telles condamnations ne seront nullement en rapport avec les infractions graves qui auront été commises. L'auteur s'est-il personnellement soustrait à la répression, il faut du moins qu'il puisse être puni par la perte de sa fortune (1). » Ces raisons ne paraissent pas décisives. La confiscation des biens est injuste parce qu'elle n'atteint pas le coupable seul, mais qu'elle frappe en même temps les membres innocents de sa famille. Aux yeux des habitants, elle apparaîtra souvent comme inspirée par la cupidité plus que par la justice. Cette peine enfin a le grave défaut de n'être proportionnée ni à la gravité des faits en eux-mêmes ni à la culpabilité de l'infracteur.

Une peine plus odieuse encore et dont la guerre de 1870 a malheureusement offert de nombreux exemples est celle de l'incendie appliquée soit à des habitations isolées, soit même à des communes entières. On sait l'indignation qu'à soulevée dans toute l'Europe le récit des événements de Bazeilles. Lœning, sur ce point, ne cherche pas à excuser ses compatriotes : « Ce moyen de répression, dit-il, est contraire à toute raison et à toute morale. C'est là, à coup sûr, un reste de la barbarie des siècles passés. De plus, le but de la peine ne se trouve nullement atteint par ce moyen. Au contraire une mesure de cette nature ne fera que compromettre davantage la sécurité de l'armée. Une foule poussée à bout ne sait plus où donner de la tête et se trouve par là même entraînée à se venger par tous les moyens possibles (2). »

VII. — *Peines collectives.* — On a beaucoup discuté sur l'étendue qui a été donnée par les Allemands en 1870 au principe de la responsabilité des communes.

(1) Rev. de Dr. intern., 1873, p. 74.
(2) Ibid.

Disons d'abord que tout le monde est d'accord pour désapprouver l'application d'une peine à la commune dont le coupable est originaire. Il n'y a dans ce cas aucun rapport entre le fait reproché et la commune qui encourt une amende à raison de ce fait. La répression a le défaut de porter sur des personnes qui non seulement n'ont pris aucune part à l'acte incriminé, mais qui même ne possédaient aucun moyen de l'empêcher (1).

En ce qui concerne la commune sur le territoire de laquelle le fait s'est passé, Lœning approuve le principe de la responsabilité collective, et voici comment il essaie de le justifier : Tout d'abord il invoque à l'appui de ce principe le droit Romain et le droit du Moyen-Âge qui ont appliqué systématiquement la responsabilité des communes du chef de rupture de la paix, — l'ancien droit français, notamment l'ordonnance de Blois de 1579 (art. 196) et l'ordonnance de 1670 (titre IV), le décret du 23 février 1790, l'article 44 de la loi du 28 septembre 1791, — la loi du 10 vendémiaire an IV et les artisles 72 et 82 du Code forestier — enfin la loi prussienne du 11 mars 1850 et la loi bavaroise du 12 mars 1850 qui rendent les communes responsables des dégâts commis sur leur territoire en temps de paix. Puis, il ajoute : « La situation, en temps de guerre, est exceptionnelle et elle autorise des lois d'exception. La possibilité de conserver un état de choses légal dans un pays occupé par une armée ennemie dépend du fait que les habitants s'interdisent toute action hostile à l'égard de l'ennemi. Il est donc autant de l'intérêt des populations elles-mêmes que de celui de l'armée occupante, de maintenir intacte cette condition de la communauté de

(1) Voir : Lœning : Rev. de Dr. Intern., 1873, pp. 77 et 78 ; Féraud-Giraud : Occupation militaire, p. 18 ; Pillet : Le droit de la guerre, tom. II, p. 235.

droit qui surgit entre elles. Mais pour assurer cette sécurité les moyens ordinaires ne suffisent pas. Non seulement l'autorité, mais la population entière doit, dans ces circonstances, prendre à tâche de sauvegarder les garanties de l'état légal existant. Tout citoyen doit à cet effet, être rendu responsable du maintien de l'ordre et de la tranquillité dans le territoire de la commune. Ce n'est qu'en faisant participer chaque habitant en particulier à la responsabilité que l'on arrivera à faire prendre toutes les mesures de précaution que la situation commande. Plus la population est hostile et plus cette responsabilité collective doit être exigée. Un méfait a-t-il été commis, par exemple une ligne de chemin de fer ou une ligne télégraphique a-t-elle été endommagée, il est souvent extrêmement difficile à l'ennemi de découvrir l'auteur. Le temps manque pour faire une longue instruction, et la population refusera naturellement d'aider en quoi que ce soit à la découverte du coupable. Dans la plupart des cas, des infractions semblables resteraient donc complètement impunies, et il en résulterait que la sécurité de l'armée serait très gravement compromise. Pour parer à ce danger, le seul moyen efficace est que la population entière soit rendue responsable ; qu'elle ne soit pas seulement tenue à la réparation du dommage, mais qu'elle tombe aussi sous le coup de peines sévères…. On peut dire que s'il a été possible à l'armée allemande de se servir des chemins de fer et des lignes télégraphiques sur une si grande étendue de pays, c'est surtout à la responsabilité des communes que ce résultat est dû. Il faut voir là un grand progrès du droit pénal de la guerre. Il peut cependant arriver des cas où les communes, malgré tous leurs efforts ne parviendront pas à empêcher telle ou telle infraction. Mais ce seront là des cas exceptionnels, dans lesquels on pourra accorder remise de la peine si les communes fournissent une preuve complète de leur propre vigilance. De telles remises ont fréquemment été accordées dans la dernière guerre (1). Cependant on ne saurait faire dépendre l'application de la peine de la preuve d'une culpabilité de la commune elle-même. Il faudrait pour cela s'engager dans des instructions souvent très compliquées, dont il est impossible que les conseils de guerre s'occupent. Et puis il faut, pour que la peine soit efficace, qu'elle suive immédiatement le délit (2). »

Toutes ces raisons ne sont pas absolument concluantes. D'abord ce n'est ni dans le droit Romain, ni dans celui du Moyen-âge qu'il faut aller puiser des arguments en faveur du droit des gens actuel. Les pratiques de cette époque ne sont nullement en harmonie avec l'état social d'aujourd'hui. L'ancien droit français ne paraît pas davantage pouvoir être invoqué à ce sujet, car la personnalité des peines n'y était pas reconnue comme elle l'est de nos jours. En outre la responsabilité écrite dans les lois de cette période ainsi que dans celles de 1790 et du 10 vendémiaire an IV, n'existait qu'en raison d'actes commis par des attroupements que la commune n'avait rien fait pour prévenir ou dissiper. Quant au Code forestier, il n'engage la responsabilité des communes que du fait de leurs agents ou préposés. Enfin jamais aujourd'hui ni la loi prussienne du 11 mars 1850, ni la loi bavaroise du 12 mars 1850, ni le code pénal allemand du 31 juillet 1870 n'ont rendu les communes responsables d'un fait commis par quelques-uns de leurs habitants individuellement.

(1) Il n'est pas sans exemple que les Allemands aient fait remise d'amendes à des communes ; mais, c'est aller bien loin que de prétendre que ces remises ont été fréquentes.
(2) Rev de Dr. Intern. 1873, p 75 à 77.

L'objection la plus décisive au système de la responsabilité des communes est que par le fait de l'occupation l'autorité publique et les pouvoirs de police appartiennent à l'occupant et à ses agents. « Qu'en temps de paix, dit Pillet, une commune qui dispose d'une police municipale qui a en outre le droit de recourir à la force armée toutes les fois que besoin est, soit dans une certaine mesure rendue responsable de méfaits qu'avec un peu plus de diligence ses officiers municipaux auraient pu empêcher, rien n'est plus juste ; mais en présence d'une armée ennemie, les chefs de l'administration communale n'ont plus ni autorité matérielle, ni force publique à leur disposition. De moyens efficaces d'empêcher les délits de se produire, ils n'en ont pas ; faut-il frapper la commune parce qu'ils ont négligé de dénoncer leurs propres concitoyens à l'ennemi commun ? La responsabilité des communes peut être envisagée comme une nécessité, mais c'est incontestablement une nécessité fâcheuse qu'il ne faut invoquer que dans le cas d'un danger pressant. Si l'on se soucie d'être juste, il faudra examiner d'abord si la commune est en faute ; si, mieux administrée, elle eût prévenue les infractions dont on se plaint ; si ses chefs avaient en main la force nécessaire pour se faire obéir. En dehors de ces conditions une répression n'est justifiable qu'en cas de délit également imputable à tous les habitants, en cas d'injures publiques adressées aux corps d'occupation par exemple (1). »

On dit encore que, si les auteurs du crime ou délit restent inconnus, ce sera le plus souvent à cause du mauvais vouloir des habitants. Mais y a-t-il complicité punissable à ne pas vouloir faire de dénonciation. D'ailleurs est-on jamais sûr que la population connaisse les auteurs d'un délit commis

______

(1) Le droit de la guerre, Tom. II, p. 235, not. 2.

peut-être la nuit et loin de toute habitation ? Dans tous les cas, si les coupables sont connus, ce ne sera que d'une petite minorité dans la commune que l'on veut punir tout entière. Enfin le fait peut avoir été accompli par un détachement de troupes de l'armée régulière ayant tout droit de tenter un coup de main dont on entend faire porter les conséquences à une population qui n'est pas sortie de sa neutralité. Il résulte de toutes ces observations que la responsabilité des communes ne devrait être engagée que lorsque les habitants en masse ont pris part au fait incriminé et que l'autorité municipale n'a rien fait pour les en empêcher (1).

Cependant il est à prévoir qu'en cette matière, les nécessités de la guerre et l'intérêt de l'occupant l'emporteront plus d'une fois sur les règles de la justice. Tel est l'avis de M. Rolin Jacquemyns : « La responsabilité pénale collective, dit-il, sera bien difficile à éviter dans le cas où il y aura lieu de croire que le fait incriminé a été favorisé par le mauvais vouloir des habitants et où ce même mauvais vouloir opposera un invincible obstacle à une enquête complète. Il faudra bien accepter alors ces terribles extrémités où l'on atteint inévitablement les innocents avec les coupables, conséquence affreuse mais logique de la guerre qui n'est elle-même que la responsabilité collective imposée à tout un peuple pour les fautes de ses gouvernants (2). »

Le Manuel de Droit International à l'usage des officiers n'indique pas dans quels cas les responsabilités collectives

---

(1) Féraud-Giraud : Occupation militaire, p. 17 et 18. — Voir aussi : Deloyne : Le droit pénal de la guerre ; Rev. de Dr. Intern., 1874, p. 134 et suiv. — Griolet : Influence de la dernière guerre sur les progrès du droit des gens ; in Bulletin de la Société de législation comparée ; janvier 1872. — Morin : Les lois relatives à la guerre, Tom. II, p. 37 et suiv.

(2) Rev. de Dr. Intern., 1871, p. 344.

pourront être encourues, mais il en admet la possibilité puisqu'il dit : « Si des amendes sont imposées à une contrée tout entière ou à une agglomération d'habitants, le montant en doit être fixé et le prélèvement opéré conformément aux règles des contributions (1). » Enfin dans une notice qui est jointe au règlement français du 20 novembre 1889 sur le service des Étapes, il est dit que le commandant d'étapes en territoire ennemi avertit les autorités municipales que *la commune est responsable* des attaques contre les personnes et des destructions opérées sur son territoire. Il est ajouté que le commandant d'étapes prescrit l'établissement d'un état nominatif des hommes valides de 17 à 45 ans résidant dans la commune et *qu'il rend celle-ci responsable* de leur départ (2).

La responsabilité collective prend une forme absolument barbare lorsqu'au lieu de se traduire par une amende infligée à tous les habitants d'une commune, elle se manifeste par la punition d'un ou de plusieurs innocents condamnés au lieu et place d'un coupable qui n'a pu être arrêté. La guerre de 1870-71 en a fourni un triste exemple.

Le 28 octobre 1870, un sous-officier allemand fut tué dans un engagement avec des francs-tireurs sur le territoire de la commune de Vaux-Vilaine (Ardennes). Les Allemands prétendirent rendre le village responsable de cet événement en prétextant que les habitants avaient tiré sur leurs troupes. Ils enfermèrent dans l'église tous les hommes dont ils purent se saisir au nombre de 40. Le lendemain, 29 octobre, à 10 heures du matin, le commandant Prussien entra dans l'église

(1) p. 91.
(2) Réglem. sur le serv. des Étapes ; notice n° 2 : Instruction pour la prise de possession d'un commandement d'étapes en territoire ennemi.

et dit à haute voix : « Levez-vous : je viens vous apprendre une triste nouvelle ; il faut qu'il y en ait trois d'entre vous qui soient fusillés. Il faut que dans 20 minutes vous soyez prêts. Faites votre choix. » Au moment fixé, le commandant rentra dans l'église portant à la main son casque dans lequel se trouvaient des billets dont trois de couleur disposés pour un tirage au sort. Mais dans l'intervalle, sur la désignation d'un des assistants, les trois victimes avaient été choisies. Après avoir reçu les secours de la religion, elles furent conduites au dehors du cimetière attenant à l'église et immédiatement fusillées (1).

Un fait de cette nature se passe de tout commentaire. Il nous suffit de constater que M. Rolin-Jaequemyns, si indulgent d'ordinaire pour les procédés allemands, le considère comme « aussi abominable au point de vue du droit positif qu'au point de vue de l'humanité. (2) »

VIII. — *Compétence et Procédure*. — Aucune peine ne doit être appliquée qu'en vertu d'un jugement ; et le jugement lui-même doit être rendu en suivant une procédure régulière. Il n'y a rien dans ces exigences qui soit contraire au but de la guerre, tandis que la gravité des peines encourues et leur application par l'ennemi rendent plus que jamais indispensable le maintien des garanties accordées aux accusés.

Quels seront les tribunaux compétents ? — Assurément ce ne peuvent être les tribunaux du pays. Les inculpés seront donc soumis à la juridiction de l'occupant. Le plus souvent

(1) Cette lugubre affaire a été connue dans ses moindres détails à la suite de l'action en responsabilité intentée par la veuve d'une des victimes à quelques-uns de ceux qui les avaient désignées. Voir le jugement du tribunal de Rocroy du 16 Janvier 1873 (Dall. 1873, 3, 46 — Sirey 1873, 2, 233) et, sur appel, l'arrêt de la cour de Nancy du 7 mars 1874 (Dall., 1874, 2, 184 — Sirey, 1874, 2, 100).

(2) Rev. de Dr. Intern., 1873, p. 279.

ils seront jugés par les conseils de guerre de l'armée d'invasion, mais on pourrait aussi les traduire devant une juridiction spéciale. Entre les tribunaux ordinaires qui connaissent des infractions de droit commun d'après la loi du pays et les conseils de guerre institués principalement pour les militaires et qui accompagnent les armées dans tous leurs mouvements, il serait nécessaire selon M. Pillet d'introduire un troisième ordre de juridictions se composant de tribunaux militaires établis à titre permanent dans le pays occupé et que l'on pourrait appeler des cours martiales.

« Ces cours martiales, dit cet auteur, connaîtront des délits commis par les habitants contre les militaires appartenant à l'armée d'occupation et inversement des délits commis par ces derniers au préjudice des habitants. Il est impossible de laisser la connaissance de ces faits aux tribunaux ordinaires, dont l'impartialité serait fatalement suspectée ; par contre, il n'est point avantageux, au point de vue des intérêts de la justice, de leur appliquer la procédure forcément très sommaire des conseils de guerre aux armées. En pays occupé, le danger est moins grand pour l'envahisseur que sur le terrain même des opérations, la fièvre des esprits est moins vive et rien ne s'oppose à ce qu'une juridiction militaire tienne compte de toutes les exigences de la justice. C'est précisément dans cette possibilité d'une justice plus parfaite que gît la raison d'être de cette séparation essentielle (1). »

Les Instructions américaines avaient déjà institué un système analogue : « La juridiction militaire » est-il dit à l'article 13 « est de deux sortes : elle comprend en premier lieu les cas déterminés par la loi et qui lui sont attribués, et,

(1) Le droit de la guerre, tom. II, p. 208, note.

en second lieu, les cas prévus par les lois générales de la guerre. Les délits militaires déterminés par la loi doivent être jugés selon la forme qu'elle prescrit; les délits militaires qui ne sont pas prévus par la loi, doivent être jugés et punis conformément aux lois générales de la guerre. Le caractère des cours qui exercent cette juridiction dépend des lois locales de chaque état où elles siègent. — Dans les armées des Etats-Unis, les cas de la première catégorie sont jugés par les cours martiales (martials courts), tandis que les délits qui ne tombent pas sous le coup des règlements et articles de guerre sont jugés par les commissions militaires (military commissions) (1). »

Les avantages que présenterait une organisation de ce genre ne sont pas contestables. En premier lieu, les conseils de guerre mobiles dont il convient de diminuer la tâche autant que possible, seraient déchargés par là d'un certain nombre d'affaires souvent longues et délicates. L'installation de cours martiales en un siège fixe permettrait de recourir devant celles-ci à une procédure plus régulière. Enfin les juges de ces cours plus éloignés du théâtre de la guerre pourraient apporter dans leurs arrêts toute la sagesse et toute l'impartialité désirables. Ce dernier point surtout est important. Quels que soient d'ailleurs les tribunaux compétents il convient de rappeler cette règle de Bluntschli dont ils ne doivent jamais s'écarter : « Les conseils de guerre ne doivent pas procéder arbitrairement et avec passion : ils sont tenus de respecter les lois fondamentales de la justice. Ils doivent en particulier laisser aux accusés la faculté de se défendre libre-

---

(1) A l'inverse de M. Pillet, les instructions américaines appellent « cours martiales » les Conseils de guerre ordinaires et emploient pour les tribunaux chargés de juger les habitants le terme assez impropre (dans la traduction tout au moins) de commissions militaires.

ment, ne point recourir à la violence, établir avec soin quoique sommairement le corps du délit, et ne prononcer contre le coupable qu'une peine proportionnée à ses actes (1). »

D'après la loi française, ce sont les conseils de guerre aux armées qui sont compétents pour juger en pays occupé les habitants poursuivis pour des faits d'hostilité. La procédure ordinaire de ces juridictions reste applicable dans tous les cas et la peine peut être mitigée par l'application des circonstances atténuantes (2). L'article 156 du Code de justice militaire du 9 juin 1857 fait connaître les garanties qui sont accordées aux accusés : « 1° La citation est faite à l'accusé vingt-quatre heures au moins avant la réunion du Conseil ; elle contient notification de l'ordre de convocation : elle indique, conformément à l'article 109, le crime ou le délit pour lequel il est mis en jugement, le texte de la loi applicable et les noms des témoins que le commissaire rapporteur se propose de faire entendre. — Le commissaire rapporteur désigne un défenseur d'office avant la citation. L'accusé peut en présenter un de son choix jusqu'à l'ouverture des débats ; la citation doit notifier à l'accusé le nom du défenseur désigné et l'avertir qu'il peut en choisir un autre. — 2° Le défenseur peut prendre connaissance de l'affaire et de tous les documents et renseignements recueillis : à partir du moment où la citation a été donnée, il peut communiquer avec l'accusé. — Le Conseil de guerre se réunit au jour indiqué et procède au jugement de l'accusé dans les formes prescrites par les articles 113 et suivants du présent Code. L'accusé a le droit, sans formalités ni citations préalables, de faire entendre à sa décharge tout témoin présent à l'audience et qu'il aura

(1) Dr. Intern. cod. n° 548.
(2) Art. 63, 156 et 192 du Code de justice militaire.

désigné au commissaire du Gouvernement rapporteur avant l'ouverture des débats. — Les questions indiquées à l'article 132 sont résolues et la peine est prononcée à la majorité de cinq voix contre deux ou de trois voix contre deux, selon que le Conseil de guerre est composé de sept juges ou seulement de cinq. 5° Le condamné pourra se pourvoir en révision dans le délai et suivant les formes prévues aux articles 143, 159 et suivants du présent Code, à moins que le droit de former ce recours n'ait été suspendu par application de l'article 74. »

Le système allemand en usage pendant la guerre de 1870, tel qu'il est indiqué dans la proclamation que nous avons reproduite, prévoyait pour le jugement des habitants, l'institution d'un conseil de guerre et l'emploi d'une procédure sommaire. Mais Lœning nous dit que cela n'excluait nullement le droit des officiers commandants de punir « d'après les usages actuels de la guerre » c'est-à-dire, sans aucune procédure judiciaire préalable, l'étranger surpris en flagrant délit d'un des actes prohibés. Cela résultait de l'ordonnance du 21 juillet 1867 : art. 16 (1).

Ce point de vue était encore celui du code pénal ordinaire allemand de 1870 ; mais il a été complètement modifié par le Code pénal militaire de 1872. La loi qui déclare ce code exécutoire porte : « Art. 3. — Une peine ne peut être appliquée conformément au Code pénal militaire qu'en suite d'une décision judiciaire. » Comme la trahison de guerre commise par des étrangers est prévue par ce code l'application de la peine de mort sans jugement est par cela-même supprimée.

Les dispositions des ordonnances du 21 juillet 1867 et des

(1) Voir : Lœning ; Rev. de Dr. Intern., 1873, p. 80.

proclamations, qui attribuaient aux officiers ordonnant les poursuites contre des habitants le droit de désigner le conseil de guerre chargé de les juger, ont permis d'instituer en Alsace pendant l'occupation un système semblable à celui qui est réclamé par M. Pillet. A côté des conseils de guerre extraordinaires, on établit à Strasbourg et à Metz des conseils de guerre permanents pour le jugement des actes d'hostilité commis par les habitants. Une ordonnance du Gouverneur général du 19 décembre 1870 régla l'organisation de ces tribunaux et la procédure à suivre devant eux. Chaque tribunal était composé de cinq juges, d'un officier du ministère public et d'un greffier. Trois des juges étaient officiers et nommés par le gouverneur de la place où siégeait le tribunal. Les deux autres, nommés par le Gouverneur général, appartenaient à la magistrature allemande. La procédure était orale et publique : l'accusé pouvait obtenir un défenseur. Les condamnations à mort ne pouvaient être exécutées qu'après la confirmation du Gouverneur général. Ce système ne paraît pas avoir été étendu hors du gouvernement de l'Alsace. Son institution peut être attribuée à l'intention bien arrêtée des Allemands, dès que le sort des armes leur fut nettement favorable, de conserver ce pays après la guerre et, pour en hâter la pacification, d'y rétablir le plus promptement possible un ordre légal.

IX. — L'application des principes du droit pénal de la guerre est souvent contrariée par les dispositions que contiennent sur ce sujet les législations particulières. Aussi ne peut-on qu'approuver la motion qui fut présentée au nom de la France à la Conférence de Bruxelles par M. le général Arnaudeau, tendant à ce que les Puissances s'entendissent pour établir la concordance des modes de répression prescrits par leurs codes militaires et pour rechercher ensuite les bases d'un accord, en vue d'unifier les pénalités applicables aux crimes, délits et contraventions commis en violation du droit international. Il est constaté au protocole que la plupart des délégués ont appuyé la motion de leurs collègues de France. Mais, cette proposition ne rentrant pas dans le programme de la Conférence, dut être abandonnée à l'appréciation des gouvernements et il ne paraît pas qu'elle ait été suivie d'aucun effet.

Avant même de réaliser l'entente demandée par le général Arnaudeau, un progrès très important serait fait si chaque nation édictait à l'avance, dans son code de justice militaire, les dispositions pénales applicables en temps de guerre, soit aux militaires ennemis, soit aux populations des territoires occupés. Il y aurait à énoncer tous les actes interdits comme contraires à la sûreté de l'armée, ainsi que les peines applicables, la juridiction compétente et la procédure à suivre.

Il est trop difficile aux belligérants et surtout aux commandants d'armée, pendant que la lutte se poursuit, de se préserver de la passion et du parti pris, d'apprécier les faits avec calme et équité et d'assurer à la répression l'efficacité nécessaire sans sacrifier les droits de la justice et de l'humanité. Le droit de la guerre ne peut être équitablement fixé qu'en temps de paix.

CONCLUSION

L'impression qui se dégage de cette étude est qu'il reste
de nombreux progrès à faire dans le droit de la guerre et
spécialement dans les rapports qui naissent de l'occupation
entre l'armée d'invasion et la population des territoires
envahis. La réalisation de quelques-uns de ces progrès est-elle
impossible ou lointaine? Nous ne le croyons pas. Rien ne
démontre mieux la puissance croissante du Droit International que les contestations innombrables dont il a été le sujet
à notre époque. Toutes les récriminations échangées entre
les belligérants au sujet de la guerre de 1870 ne prouvent-
elles pas que la guerre, loin d'être de nos jours une œuvre
de pure violence, reconnaît des limites de toute sorte, dans
le but qu'elle poursuit, comme dans les moyens qu'elle emploie?

Le plus grand obstacle à vaincre en cette matière est
dans l'opinion des militaires qui ne voient dans le droit des
gens qu'une œuvre de théorie pure, sans application pratique en campagne, ou un obstacle artificiel qui retarde et
contrarie sans utilité réelle, la poursuite du but de la guerre.
Cette doctrine a trouvé son expression la plus nette en même
temps que la plus autorisée sous la plume du feld-maréchal
de Moltke dans une lettre fameuse adressée à Bluntschli à
l'occasion de la publication du Manuel des lois de la guerre
sur terre, par l'Institut de Droit International :

« Le plus grand bienfait dans la guerre, » écrivait le feld-
maréchal, « c'est qu'elle soit terminée promptement. Il doit

être permis en vue de ce but, d'user de tous les moyens, sauf de ceux qui sont positivement condamnables. Je ne puis en aucune façon, me dire d'accord avec la Déclaration de Saint-Pétersbourg, lorsqu'elle prétend que l'affaiblissement des *forces militaires* de l'ennemi constitue le seul mode légitime de procéder dans la guerre. Non, il faut attaquer toutes les ressources du gouvernement ennemi, ses finances, ses chemins de fer, ses approvisionnements et même son prestige (1). »

Mais, heureusement, tous les militaires ne partagent pas l'opinion de M. de Moltke et nous ne saurions trouver une meilleure conclusion à cette étude que de citer quelques passages d'une lettre adressée à M. de Martens par le duc de Leuchtenberg, lieutenant-général à la suite de l'Empereur de Russie, dans laquelle sont appréciés à la fois le « Manuel des lois de la guerre » et l'opinion de M. de Moltke :

« ... Tout en respectant l'autorité d'un homme aussi remarquable que le feld-maréchal, il me paraît que sa méfiance à l'égard du sens pratique des lois de la guerre est tant soit peu exagérée. Elle trouve son excuse dans le point de vue du comte sur la manière dont il faut nuire à l'ennemi, point de vue qui heureusement n'est pas partagé par d'autres armées.

« J'ai la conviction intime que le niveau de la civilisation moderne est parfaitement à la hauteur des principes humains que le Manuel tend à faire entrer dans la pratique. L'application de ces principes dépend entièrement des chefs, de leur développement moral, de leur connaissance des lois et surtout des exigences du haut commandement. Les cas exceptionnels qui justifieraient les écarts sont forts rares.........

.... « Je dis et je répète, d'après mon intime conviction, que

(1) Rev. de Dr. Intern., 1881, p. 80.

dans les armées modernes où la discipline parvient en temps de paix à empêcher le débordement des éléments brutaux qui entrent toujours dans leur contingent, il dépend entièrement des chefs de contenir par le sages mesures ces passions également en temps de guerre. *Il dépend entièrement des chefs* de maintenir en toutes circonstances les principes du droit des gens. Il n'y a que bien peu ou point de circonstances où les écarts des principes du bon et du juste puissent être excusés. Si la pratique n'en est pas généralisée, c'est que la plupart des commandants ignorent ces lois et que l'application n'en est pas obligatoire.

« S'il n'y a pas d'État tiers qui prenne sur lui la tâchez d'imposer par les armes à un autre État le respect des lois nouvelles de la guerre, au cas où elles viendraient à être violées par une des parties belligérantes, il peut se trouver néanmoins un État qui saura les faire respecter chez soi par ses propres troupes. Le refus par une armée ennemie de reconnaître ces lois ne justifierait nullement la dérogation à ces principes par l'armée qui y déclarerait officiellement son adhésion.......

« Qu'on ne se blesse pas de l'épithète de sentimentalité dont on qualifiera cette reconnaissance! Quand on ne sait comment excuser le mal qu'on veut maintenir on a généralement recours au ridicule...... Un principe de haute morale, avant de devenir l'apanage de tous, se meut d'abord dans un cercle restreint, trouve ensuite son acceptation dans un État, et plus tard seulement dans tout le monde civilisé (1). »

(1) Rev. de Dr. Intern., 1881, p. 307

FIN

POSITIONS

POSITIONS PRISES DANS LA THÈSE

DROIT ROMAIN

I. — Le vol commis par un militaire n'était puni que comme délit de droit commun.

II. — La « *Missio ignominiosa* » n'excluait pas de la tutelle.

III. — Le général en chef concentrait dans ses mains tous les pouvoirs de justice militaire.

DROIT PUBLIC ET INTERNATIONAL

I. — Le droit de conclure avec l'envahisseur des conventions relatives aux conditions de l'occupation d'une ville ouverte ne rentre pas dans les attributions légales des maires.

II. — Dans le cas d'une occupation régulière la population qui se soulève contre l'occupant n'a pas droit aux privilèges des belligérants.

POSITIONS PRISES EN DEHORS DE LA THÈSE

DROIT ROMAIN

I. — La fille de famille pubère est demeurée incapable de s'obliger tant qu'a duré la tutelle perpétuelle des femmes.

II. — Celui qui intente l'action négatoire est toujours tenu de prouver l'inexistence de la servitude.

III. — Lorsqu'une chose est hypothéquée en premier et troisième rang à un même créancier ; celui qui a une hypothèque de rang intermédiaire n'est pas obligé pour exercer le « *jus offerendi* » de payer au premier le montant de ses deux créances.

IV. Le fils de famille peut être poursuivi pour les obligations contractées par lui envers les tiers, mais l'exercice de l'action « *judicati* » est suspendu jusqu'après l'extinction de la puissance paternelle.

DROIT CIVIL

I. — Lorsque des biens ont été vendus ou donnés à une personne morale non reconnue, si le vendeur ou donateur laisse écouler 30 ans sans exercer l'action en revendication, les biens vendus ou donnés ne peuvent plus être revendiqués que par l'État.

II. — Dans les obligations de sommes d'argent, la demande du capital ne suffit pas pour faire courir les intérêts moratoires.

III. — La vente avec faculté de réméré fait perdre au vendeur tous ses droits de propriété et ne lui laisse qu'un simple « *jus ad rem* ».

IV. — La séparation des patrimoines ne tend qu'à assurer le paiement des créanciers héréditaires par préférence aux créanciers personnels des héritiers ; mais elle n'a pas d'effets sur les rapports que les cohéritiers se doivent entre eux.

PROCÉDURE CIVILE

I. — L'appel, même irrégulièrement formé, est suspensif.

II. — La saisie-arrêt ne rend pas indisponible la somme saisie toute entière, mais seulement une somme égale à la créance du saisissant.

III. — Le juge qui a autorisé une saisie-arrêt sans titre, mais « à charge de lui en référer en cas de difficulté » ne peut user de la faculté de rapporter son ordonnance que jusqu'au moment où l'assignation en validité a été donnée.

DROIT PÉNAL

Le jour de l'infraction ne doit pas être compté dans les délais pour la prescription en matière pénale.

DROIT INTERNATIONAL

Les aérostiers civils ou militaires qui tombent aux mains de l'ennemi ne doivent pas être traités comme espions. Ils peuvent seulement être faits prisonniers de guerre.

Vu par le Doyen,   *Le Président,*
COLMET DE SANTERRE.   RENAULT.

Vu et permis d'imprimer :
Le Vice-Recteur de l'Académie de Paris,
GRÉARD.

TABLE DES MATIÈRES

DROIT ROMAIN

ESSAI SUR LE DROIT PÉNAL MILITAIRE DES ROMAINS

DROIT INTERNATIONAL

DE L'OCCUPATION MILITAIRE EN TEMPS DE GUERRE

SES EFFETS SUR LES PERSONNES ET SUR L'ADMINISTRATION DE LA JUSTICE

PREMIÈRE PARTIE

DEUXIEME PARTIE

TROISIEME PARTIE

Tours. — Imp. E. Soudée.

RED. :

20

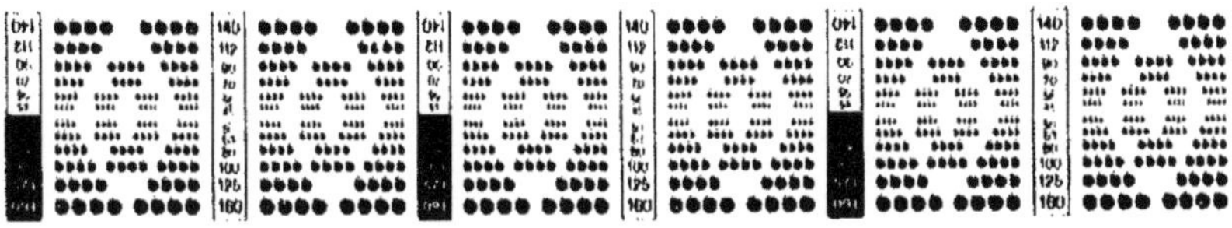

MIRE ISO N° 1
NF Z 43-007
AFNOR
Cedex 7 - 92080 PARIS-LA-DÉFENSE

graphicom
3/98/370

0 1 2 3 4 5 6 7 8 9 10

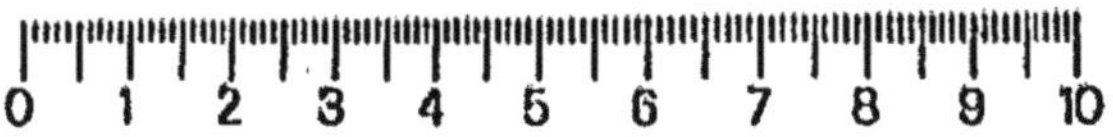